JN441360

릴케의
시적 방랑과
유럽 여행

릴케의 시적 방랑과 유럽 여행

예술과 종교의 풍경 속으로

김재혁

여행을
시작하며

오랫동안 공부해온 릴케를 '그와의 대화 형태를 통해 보다 가까이서 보면 어떨까' 하는 생각에서 이 책을 집필하게 되었다. 겉으로 잘 드러나지 않는 안쪽을 들여다보고 싶었다. 릴케는 방랑의 시인이었다. 릴케가 시를 위해 걸어간 길을 따라가다 보면 보통의 여행객들이 찾는 많은 고장들을 만나게 된다. 대략적으로 보더라도, 먼저 그가 태어난 체코의 프라하부터 시작하여, 뮌헨, 볼프라츠하우젠, 파리, 피렌체, 베를린의 슈마르겐도르프, 아르코, 빈, 모스크바, 페테르부르크, 키예프, 볼가 강, 보릅스베데, 브레멘, 파리, 비아레조, 코펜하겐, 북유럽, 드레스덴, 카프리 섬, 로마, 프로방스, 북아프리카(알제리, 튀니지, 룩소르, 카르나크), 리옹, 볼로냐, 베네치아, 트리에스테, 톨레도, 코르도바, 세비야, 론다, 마드리드, 아시시, 밀라노, 이르셴하우젠, 루체른, 바젤, 취리히, 제네바 그리고 생의 마지막 기착지인 스위스의 시에르에까지 이른다. '라이너 마리아 릴케'라는 상호로 여행사를 차리고 그가 머물렀던 곳에서 지은 멋진 작품들을 함께 읽어도 좋을 것 같은 생각이 든다. 그만큼 릴케는 쉼 없이 방랑의 인생을 살았다. 그가 거쳐 간 나라는 12개국이고 그가 거처로 삼았던 곳이 100군데가 넘는다. 릴케의 시가 초기의 무해한 달콤함을 벗어나 온갖 고통과 번민의 색깔로 물들고 거기서 새로운 영롱한 빛을 선보일 수 있었던 것은 바로 이런 방랑에서 기인한다고 할 수 있다. 그가 한 장소를 거쳐 갈 때마다 그곳에서는 한 권의 새로운 시집이 탄생했다. 이를테면 러시아 여행 뒤에는《기도시집》이 남았고, 북독의 화가촌 보릅스베데를 거쳐 나왔을 때는 그의 손에는《보릅스베데에서 그리고 그 후》와 이 시집의 확장판인《형상시집》이 들려 있었으며, 파리에서 로댕을 만난 뒤에는《신시집》이 탄생했고, 두이노 성과 뮈조 성을 거치면서는《두이노의 비가》와《오르페우스에게 바치는 소네트》가 만들어졌다. 그의 시적 언어의 변모와 발전, 고양에는 그에게 껍질 벗기를 가능케 해준 고장과 사람들의 영향이 컸다고 판단된다. 여행은 시인에게 신선한 낱말들을 선사했다. 새롭고 낯선 말소리가 들리는 곳에서 그는 독일어로 시를 쓰고 편지를 썼다. 그런 환경 속에서 시를 쓴다는 사실 자체가 시인에게 새로운 언어를 가능케 해주었다.

릴케는 눈의 인간이었으며 공간에 대해 민감하게 반응했다. 그는 마리 폰 투른 운트 탁시스 후작 부인에게서 이탈리아 트리에스테 해안에 있는 고성古城 두이노에 초대를 받고는 아직 가보지 않은 그곳을 자신이 '끔찍한 집에서 나와 별들 아래 서는 것으로, 비좁은 고독에서 벗어나 탁 트인 바다를 바라보는 것'으로 그리고 있다. 공간에 대한 그의 특별한 감각은 여행과 방랑을 통해서 창작의 근본 자양이 되었다. 이별이나 사랑 같은 추상적인 개념도 그에게 오면 이런 공간감각을 통해 구상적으로 그려졌다. 파리에 있을 때 그는 자신을 빛에 너무 많이 노출된 사진 인화지처럼 느끼기도 했다. 그만큼 그는 자신이 있던 곳의 영향을 가감 없이 받아들였던 것이다. 릴케는 방랑하여 눈으로, 귀로, 코로, 피부로 그리고 가슴으로 세상 사물을 지각하고 그것들을 문자로 상징화하는 글쓰기를 통해 그만의 세계를 새롭게 구성하여 독자에게 보여준다. 이제 우리는 그가 피부로 느꼈던 바람소리를 듣고 그가 맡았던 유럽 각 고장의 냄새를 맡는다. 그의 지각력에 주목한 이 책은 릴케의 눈으로 보고 느낀 여행풍경의 기록이자 나아가 방랑이 그의 문학에 끼친 영향을 그의 삶의 주요 정거장을 돌아보면서 대화 형식으로 담아낸 시인의 문학 이야기이다. 지금까지 침묵 속에 놓여 있다가 막 풀려나온 많은 편지들과 일기들, 새로운 연구들이 릴케의 생각을 새롭게 조명하는 데 큰 도움이 되었다.

대화 형식의 장점은 서술 대상과의 거리와 시공을 초월하고 화제의 범위와 한계를 용이하게 뛰어넘으며 독자들이 궁금해하거나 이해하기 어려운 것을 쉽게 효과적으로 전달할 수 있다는 데 있다. 독자의 호기심의 길을 따라가며 궁금한 테마를 한 꺼풀 한 꺼풀 벗겨낼 수 있는 것도 강점이다. 지금까지 릴케를 대상으로 하여 전기적으로 묘사하고 서술한 바는 있지만 릴케와 직접 대화하고 릴케가 한 인간으로서, 시인으로서 느낀 삶과 예술의 고통을 허심탄회하게 논한 시도는 없었다. 자료를 가지고 단순하게 대화 형식으로 꾸미는 것이 아니라 지금까지 릴케를 접해왔던 경험을 판단의 기준으로 삼아 되도록 릴케의 세계에 깊이 다가갈 수 있도록 그와 교감하고 생동감과 다채로움을 더하는 방식으로 이끌어갈 것이다. 시인이면서 수도사 같은 삶을 살았던 릴케가 평생을 통해 추구했던 생의 테마와 그가 가졌던 삶의 태도, 여러 예술가들과의 만남, 기독교, 불교, 이슬람 등 각 종교에 대해 품었던 생각, 방랑시인으로서 떠돌며 각 도시와 그곳 사람들에게서 받아들인 느낌, 때로는 독자로서 때로는 번역가로서 다양한 책에서, 다양한 인물들에게서 받은 영향, 우리 독자들에게 늘 거대한 산으로 다가오는 대작《두이노의 비가》에 얽힌 이야기 등을 다채롭게 다루어 독자들의 교양식견을 넓히는 데에도 일조할 생각이다. 그러면서 릴케가 치열하게 추구했던 예술과 그만의 종교성에 초점을 맞추려 한다. 깊은 곳에서 우러나오는 그만의 종교성은 현재를 살아가는 우리에게 시사示唆하는 바가 많으리라고 믿는다. 종교성이 짙은 그의 언어는 치유의 기능을 갖고 있기 때문이다.

이 책은 총 스무 개의 글로 이루어져 있다. 이 스무 편의 글들은 서로 연관성을 갖고 릴케를 조명하지만 각각의 꼭지는 별개의 독립된 글로 이해하고 읽어도 무방하다. 각 편의 글은 릴케의 방랑과 여행지 그리고 그가 그 속에서 만들어낸 삶의 결과물인 문학작품을 긴밀한 피드백의 관점에서 읽어낼 것이다. 독립된 한 개의 글에서 그가 머물렀던 정거장의 분위기와 거기서 만나는 사람들의 모습을 볼 수 있다. 한 편 한 편의 글에서 그 시점, 그 공간이 잉태했던 것이 저절로 드러날 것이다. 특히 이 책에서 놓치지 않으려고 한 것은 북독의 화가촌 보릅스베데이다. 지금까지 릴케 연구에서 다른 장소에 비해 등한시된 면이 있지만 사실 릴케의 예술적 발전에서 획기적 전환이 이루어진 시공간이 보릅스베데라고 생각하기 때문이다. 제1부의 첫 꼭지 '시인과의 만남 - 서울에서'는 전체를 아우르는 총론의 역할을 할 것이다.

릴케가 머물렀던 여러 고장을 되도록 직접 사진에 담아 보여주려고 오랜 시간에 걸쳐 발품을 많이 팔았다. 이를 위해 그가 사물시의 조형성을 발견했던 프랑스 파리, 세잔과 고흐의 흔적을 느꼈던 엑상프로방스, 아를, 마르세유, 기독교의 신에 대해 다시 생각하는 계기가 되었던 아비뇽, 예술적 영감을 위해 찾아갔던 이탈리아의 피렌체, 로마, 베네치아, 나폴리, 태고의 바람을 느꼈던 카프리 섬, 기독교와 이슬람을 다시 생각했던 스페인의 세비야, 코르도바, 창조와 천사의 땅을 보았던 톨레도, 론다, 많은 사랑의 흔적을 남긴 독일의 베를린, 뮌헨, 부르크하우젠, 킴제 호수 같은 많은 장소 외에 어린 시절을 보냈던 체코의 프라하를 탐방하였으며, 그리고《두이노의 비가》의 첫 몇 편의 비가를 얻었던 이탈리아 트리에스테 해안가의 두이노 성과 만년을 보내면서《두이노의 비가》를 완성하고《오르페우스에게 바치는 소네트》를 썼던 뮈조 성이 있는 스위스 시에르 지방과 그의 인생의 종착지인 무덤이 있는 라론 지방을 돌아보았다. 또한 릴케에게 조형적 인식과 시적 성취의 획기적 전환을 마련해주었던 북부 독일 브레멘 근교의 예술가촌 보릅스베데를 방문하여 그 지역 특유의 광활한 습지풍경과 예술적 분위기를 접하고 많은 사진자료를 만들고 글을 썼다. 릴케의 작품들은 육체적 감각과 추상적 정신이 어우러지며 만들어내는 음악이고 그림이므로 글이 탄생한 곳을 직접 체험하고 맛보는 것은 필수적 과정이다. 자연스레 선택된 '릴케의 시적 방랑과 유럽 여행'이라는 제목 아래 릴케와의 동행이 글과 사진이 한데 어울려 부르는 아름다운 합창이 되기를 바라면서 그의 자취를 따라 첫걸음을 떼어놓는다.

차례

4부

5부

에필로그

1부

시인과의 만남

서울에서

한국어판 《릴케전집》 발간 기념으로 우리나라를 방문한 릴케를 필자가 만나보았다. 그와의 대담은 서울 인사동에 있는 한 한정식 집에서 이루어졌다. 릴케는 그의 작품이나 편지글을 읽을 때 느꼈던 대로 목소리가 아주 기름졌고 오스트리아식 독일어 억양이 들어간 또렷한 어투로 차분하게 말했다. 그의 목소리는 부드러우면서도 뭔가 예감이 가득 찬 주문呪文처럼 들렸다. 그 목소리 속에 그의 모든 생이 응축되어 있는 것 같았다. 자신의 생각을 좀 더 힘주어 강조하고 싶을 때는 양손을 앞으로 뻗으며 크게 제스처를 했다. 손은 크지 않고 섬세해 보였다. 누군가가 말했던 대로 썼을 때도 시인 같았다는 바로 그 손의 놀림이었다. 그리고 시종 겸손했다. 그러면서도 유쾌하고 유머가 넘쳤다.

시에르 릴케 박물관

산책 중 휴식을 취하고 있는 릴케.
스위스 시에르 지방.
뒤쪽에 뮈조 성관의 뾰족뾰족한 지붕 모습이 보인다

김재혁 이렇게 뵙게 되어 영광입니다. 한국을 원래부터 방문할 생각을 갖고 계셨나요?

릴케 사실대로 말씀드리자면 동양에서 중국하고 일본까지는 알았지만 한국에 대해서는 잘 몰랐습니다. 일본의 하이쿠에는 관심이 많았거든요. 하이쿠 형태로 시도 써보았고요.

김재혁 제가 질문을 잘못 드렸군요. 작품이나 편지글에서 봤던 대로 솔직하십니다. 질문 속에 답이 있는 경우인데 약간 실망인데요.

릴케 하하하. 농담이었습니다. 사실은 한국에서 내 시가 많은 사랑을 받고 있다는 것을 알고 있었습니다. 꼭 와 보고 싶었던 나라입니다.

김재혁 감사합니다. 선생님의 시 〈가을날〉은 우리 학생들 고등학교 문학교과서에도 실려 있고 가을만 되면 방송이나 신문의 단골손님으로 등장합니다. 이 시를 쓰게 된 배경이랄까 아니면 개인적 사연을 말씀해주시겠습니까?

릴케 내 시가 한국의 교과서에 실려 있다니 놀랐습니다. 그 시에 대한 이야기를 하기 전에 먼저 질문을 하나 드릴까요? 김 선생님은 이번 제 전집 작업을 통해 내 시를 번역도 하셨으니까 잘 아실 텐데요, 그 시에서 가장 마음에 드는 구절이 뭐죠?

김재혁 저는 "포도주" 부분이 마음에 듭니다. "짙은 포도주" 말이죠. 가을날 하면 유럽에서는, 특히 남부유럽에서는 아마 잘 익은 포도가 떠오르지 않을까요? 참, 여기 동동주 한 잔 하시죠.

릴케 아, 네. 고맙습니다. 맛이 아주 좋군요. 이 술에도 부드러운 가을의 햇살이 배어 있는 것 같네요.

김재혁 네. 이 술 역시 뜨거운 가을 햇살을 온몸으로 겪은 쌀로 빚은 것이거든요.

릴케 나도 시를 쓰면서 늘 푸름으로부터 익어감에 대해서 생각하곤 합니다.

내 삶 자체가 그랬습니다. 1902년 여름에 파리에 도착했을 때는 참으로 막막하더군요. 조각가 로댕을 만나고 나니 막막함이 산처럼 커졌습니다. 그의 기운에 눌렸다고나 할까요. 시인으로서 무엇을 해야 할지 모르겠더군요. 그때 떠오른 게 바로 이 시입니다. 신을 향해 비는 겁니다. 시인으로서 내 역할을 하게 해달라고요. 그 신은 언어의 포도원을 가꾸는 농장주입니다. 시인이라면 그렇게 섬기는 대상을 마음속에 하나씩 갖고 있지 않나요?

김재혁 그렇다면《두이노의 비가》에 나오는 천사도 그런 존재로 봐도 될까요?

릴케 그렇게 단정 짓기는 힘들지만 그런 면이 일정 부분 들어있는 것은 사실입니다. 폴란드에서 내《두이노의 비가》를 번역한 훌레비츠라는 분도 그걸 물어왔는데요. 애석하지만 아무튼 시인의 입장에서 정답을 말씀드리기는 좀 그렇습니다. 독자가 빈칸을 직접 채워주기를 바랄 뿐이죠.

김재혁 선생님은 모르시겠지만, 아, 그분은 1944년에 나치에 의해 죽임을 당했어요. 안타까운 일입니다.

릴케 아, 그래요? 그럴 수가! 그런 일이 있었군요. 내 시를 번역도 하고 문학을 사랑하는 성실한 사람이었는데요.

김재혁 그러게 말입니다. 참으로 안 된 일이죠.

릴케 인간 집단에 의해 그런 만행이 있었다니 치가 떨립니다. 이거 동동주를 한 잔 해야겠습니다.

김재혁 평소에도 술을 즐겨하시는가 봅니다.

릴케 아닙니다. 술을 좋아하지는 않아요. 포도주는 가끔 한두 잔 마십니다.

김재혁 아까 그 시로 돌아가서 말씀드릴게요. 끝부분에 보면 편지 쓰는 얘기가 나오는데 선생님은 평소에 편지를 아주 많이 쓰시는 걸로 알고 있습니다만.

릴케 나는 편지 쓰는 걸 원래 좋아합니다. 보통 새벽까지 작업하고 좀 늦은

이탈리아 트리에스테 해안에 있는
두이노 성의 뜰로 들어가는 입구

사진_김재혁

아침에 일어나 커피를 한 잔 마시고서 잠깐 산책을 하고 와서 책상 위에 놓여 있는 편지들을 읽고 답장을 씁니다. 편지를 쓰다 보면 많은 영혼들의 고민을 함께 하며 그들과 잠시 인생의 한 구간을 함께 걷는 것 같은 느낌을 받기도 해요. 내 생각도 정리되고요.

김재혁 한국에서도 선생님이 쓴 편지 10통을 모은《젊은 시인에게 보내는 편지》가 독자들의 사랑을 받고 있습니다. 거기에서 선생님은 젊은이의 고민을 들어주며 고독, 사랑, 시, 신, 직업 등 많은 이야기를 하시더군요.

릴케 사실 내가 문학을 하면서 늘 생각한 것은 '불안으로부터 시를 만든다'는 것이었죠. 행복한 어린 시절을 보내지 못해서 더 그랬습니다.

김재혁 이해가 갑니다. 철학자 마르틴 하이데거가 그랬나요? 불안은 사람을 사유하게 만든다고요. 그와 비슷한 관점 같습니다.

릴케 네, 그래요. 1903년 봄인가 한 젊은 친구가 저한테 아주 두툼한 편지를 보내왔어요. 크사버 카푸스라는 친구인데 사관학교에 갓 들어갔는데 시인이 되고 싶다는 것이었죠. 내가 어렸을 때 군사학교에 다녔던 기억이 새록새록 나더군요. 동병상련이랄까. 그래서 답장을 정성껏 해줬지요. 그 뒤로도 한 5년은 더 편지를 나눴어요.

프란츠 카푸스
(1883-1966)

김재혁 이력을 보니 프란츠 카푸스는 결국 군인의 길로 갔더군요. 그때 아쉽지 않으셨나요? 그렇게 정성껏 편지 답장을 해줬는데.

릴케 아쉽지 않았다고 하면 거짓말이겠죠. 하지만 그게 결국 그 친구 심장의 원천에서 나온 소리를 따른 거라고 생각해요. 나중에 보니 군대에 있으면서 군대 홍보물에 글을 썼더군요. 소설도 쓰고요.

김재혁 정말 최고의 해결책을 찾아낸 거네요. 그런데 그는 당대에는 소설집도 내고 그랬지만 지금은 카푸스라는 이름은 문학사에 안 나옵니다. 아마도 양다리 걸친 것의 후유증이 아닌가 합니다. 선생님이 쓰신 글 중에 《유언서》라는 게 있는데 거기 보면 '창의 비유'가 있더군요. 그 비유를 좀 설명해주시겠어요?

릴케 창은 목표를 향해 날아갈 때 진정한 창입니다. 하지만 진정한 창이 되기 위해서는 땅에 누워 있거나 아니면 울타리에 격자 창살로 꽂혀 있을 때도 자신이 창이라는 걸 잊지 말고 언젠가 날아갈 것을 꿈꾸어야 합니다. 그게 진정한 시인이 갖추어야 할 덕목이라고 생각합니다.

김재혁 자못 비장미가 느껴지네요. 작가 정신이랄까 이런 말이 떠오릅니다. 아까 초두에 조각가 로댕을 말씀하셨는데 그 부분과 연결해서 설명해주시겠습니까?

릴케 잠깐 이것 좀 먹고요. 이 작고 동그란 게 뭐죠? 아주 맛있네요.

김재혁 동그랑땡이라고 하는 건데요. 다진 고기와 야채를 동그랗게 말아서 기름에 부친 겁니다.

릴케 아, 정말 맛이 좋아요. 사실 저는 고기는 잘 안 먹는 편인데 이렇게 먹으니까, 고기와 야채의 조화가 잘 어우러져서 그런지 전혀 고기 맛이 느껴지지 않네요. 내 아내는 고기를 좋아했어요. 그래서 생일 같은 때는 다른 것보다 고기를 선물했죠. 좀 이상한가요? 하하하.

김재혁 아닙니다. 아내가 제일 좋아하는 것을 선물했다는 말씀으로 듣겠습니다.

릴케 로댕 선생 이야기를 해드리지요. 정말 엄숙하고 치열한 분이었죠. 내 아내 클라라의 스승이기도 하셨고요. 나한테 충고를 해주더군요. "젊은이, 일하게" 하면서.

김재혁 '일하게'라는 말은 빈둥대거나 게으름을 떨지 말라는 뜻인가요?

릴케 그렇습니다. 실제로 로댕은 늘 일을 하고 있었습니다. 식사를 하면서도 스케치를 하고 책을 읽었어요. 하나의 작품을 만들기 위해 마흔 번의 스케치를 할 정도였으니까요.

김재혁 작업하는 태도에서 감명을 받으셨군요. 조형예술은 그렇다고 무턱대고 작품을 만드는 것은 아닐 텐데요.

릴케 맞습니다. 중요한 것은 사물을 잘 관찰하는 일이었어요. 로댕 선생도 내게 방에 가만히 있지 말고 베르사유 궁에도 가보고 낙수홈통은 어떻게 생겼고 처마는 어떤 모양새인지 살펴보라고 했습니다.

김재혁 그때 '사물시'를 쓰실 생각을 한 건가요?

릴케 네 그래요. 파리에 가기 전에는 북부 독일의 보릅스베데라는 예술가촌에 좀 있었어요. 거기서 아내를 만나 결혼도 했고요. 그림을 그리는 화가들이 많아서 그들에게서 조형미술에 대한 감을 배웠지요. 그러다가 한 출판사에서《로댕론》을 써달라고 하는 바람에 본의 아니게 로댕을 만나러 파리로 가게 된 겁니다.

김재혁 조형예술에 대해서는 그때 처음 관심을 가지신 건가요?

릴케 그렇지 않아요. 사실 프라하에서 젊은 시절을 보낼 때도 전시회에 자주 갔어요. 대학에서 전공으로 공부도 하고 관련 글도 많이 썼고요. 미술평론을 해서 먹고살 생각을 한 적도 있습니다. 물론 쉽지는 않았지만요.

김재혁 조형예술과 인연이 깊으시군요. 조형예술이 어떻게 언어예술인 시에 접목될 수 있을까요?

릴케 그걸 저는 변환이라고 봐요. 표현매체의 변환이죠. 상상력의 작동이기도 하고요. 언어적 상상력이 조형적 상상력과 만나는 거지요.

김재혁 질감에 대한 고민도 있었을 것 같군요.

릴케 물론이죠. 그림이나 조각의 조형감을 언어의 뉘앙스로 표현해내야 하니까요.

김재혁 정말 〈표범〉이라는 시를 보면 그게 잘 나타나 있는 것 같습니다. 독일어로 읽으면 입체감이 느껴지기도 하고요.

릴케 네 그렇습니다. 그런데 번역을 하면 좀 달라지죠. 고유한 음향 부분이 날아가버리기 때문이겠죠. 선생님은 번역가로서 그것에 대한 고민이 많으실 것 같은데요.

김재혁 저는 번역을 하면서 원작을 오히려 더 완성시킨다는 생각을 합니다. 세계 여러 언어로 번역되면서 원작의 숨은 면모가 더 완벽해지는 거죠. 번역은 원작의 깊이를 더하는 작업이라고 생각합니다.

릴케 좋은 말씀입니다. 내 《말테의 수기》를 프랑스어로 옮긴 앙드레 지드와 모리스 베츠에게서도 그런 느낌을 받았어요. 1910년에 이 작품이 나오자 지드는 1911년에 곧장 일부를 프랑스어로 번역했고 1926년에는 베츠가 전체를 다 번역했죠.

모리스 베츠가 프랑스어로 번역한 《말테의 수기》

김재혁 그렇게 많은 사람들이 번역하려고 열의를 보인 것은 작품의 완성도 때문이었겠죠?

릴케 네, 그런지도 모르겠습니다. 《말테의 수기》 출간되던 해에만 4쇄를 더 찍었죠. 그만큼 폭발적인 반응을 보였습니다.

김재혁 《말테의 수기》 번역에 대해 더 말씀드리자면, 1927년에는 훌레비츠가 폴란드어로 번역했습니다. 영어판은 1930년에 런던에서 출간됐고요. 역자는 존 린턴과 허터 노튼이었습니다.

릴케 네, 그렇군요. 번역은 각각의 언어가 갖는 특징이 있어서 그런지 저도 신기하게 느껴집니다.

김재혁 2017년 겨울에는 《말테의 수기》가 아랍어로도 번역되어 나왔습니다. 작품이 세상에 나온 지 100년이 훌쩍 넘어서야 아랍세계에서도 《말테의 수기》를 읽게 된 거죠. 팔레스타인 사람인 이브라힘 아부 하샤쉬라는 분이 번역을 했고요.

릴케 고마운 일입니다. 이슬람 문화에 대해서는 나도 관심이 많았었는데, 이제야 그쪽 독자들이 나를 제대로 알게 되겠군요.

김재혁 그러게 말입니다. 아랍세계에서 선생님의 《두이노의 비가》와 《오르페우스에게 바치는 소네트》는 1980년대에 소개되었는데 《말테의 수기》는 늦게 나온 거죠. 선생님의 시는 이미 이슬람 문화 속에서 숨 쉬고 있었어요. 이제야 드디어 장편소설 《말테의 수기》가 아랍인들의 머릿속에서 완성되기 시작했습니다.

릴케 그렇습니다. 내가 그 번역을 보지는 못했지만 아랍어가 가진 특성상 시적인 부분은 틀림없이 강화되었을 것 같습니다.

김재혁 네. 코란이 이미 하나의 서정적인 시라는 것은 잘 알려진 사실이죠. 그런 시적 재주의 손길이 닿았을 테니 작품이 풍성해졌을 것으로 생각합니다.

릴케 네, 독일에서는 낭만주의 시인 프리드리히 뤼케르트(1788~1866)의 《코란》 번역이 유명하죠. 그런데 한국어판 《말테의 수기》도 많이 있나요?

김재혁 네. 물론 여러 종이 나와 있습니다. 저도 번역을 했습니다.

2017년에 아랍어로 번역되어 출간된 《말테의 수기》

릴케 고맙습니다, 김 선생님. 한국어의 울림을 들어보고 싶어지는군요. 아까 이야기가 나왔던 〈표범〉의 한 소절을 한국어로 낭송해주시겠습니까?

김재혁 네. "그의 눈길은 스치는 창살에 지쳐/이젠 아무것도 잡을 수 없다./그에겐 수천의 창살만 있고/그 너머엔 아무것도 없는 듯하다.//아주 조그만 원을 만들며 움직이는,/사뿐한 듯 힘찬 발걸음의 부드러운 행보는/커다란 의지가 마비되어 서 있는/중심을 따라 도는 힘의 무도舞蹈와 같다."

릴케 멋지군요. 내 작품이 한국어로 재생되니 신기합니다.

김재혁 원작의 완결성 덕분이라고 생각합니다.

릴케 감사합니다. 시를 옮기면서 어려움은 뭔가요? 나도 프랑스 시인 발레리의 《해변의 묘지》를 독일어로 옮겨봤습니다만.

김재혁 리듬감의 재생 같아요. 선생님의 시는 이미지가 강해서 그것을 머리에 떠올리면서 한국어로 옮깁니다.

릴케 아무튼 한국어가 이렇게 아름다울 줄은 몰랐습니다.

김재혁 네 고맙습니다. 아까 선생님 부인 이야기를 잠깐 하셨는데 두 분이 결혼을 하면서 부인에게 "서로의 고독을 지켜주는 파수꾼이 되자"고 하셨다고 들었습니다. 그 말씀을 좀 해주실까요?

릴케 내 아내도 조각을 하니까 예술가로서 진정한 발전을 꾀하자면 그러해야 하지 않나 그런 생각을 했습니다. 고독이 예술적 자유를 보장해주니까요.

김재혁 보통 사람이 들으면 오해를 할 만한 말인데요.

릴케 저는 젊은이들의 사랑이라는 것도 자기희생을 치러서는 안 된다고 생각해요. 반 더하기 반 해서 하나가 되면 안 돼요. 각 개체로서 완벽하게 발전하면 둘 이상이 되잖아요.

김재혁 그러니까 선생님이 말씀하시는 '소유하지 않는 사랑'이라는 말이 결국 작가정신과 연결되는군요.

릴케 네 그렇습니다. 《말테의 수기》 말미에서 내가 '돌아온 탕아 이야기'를 쓰면서 "사랑받기를 원치 않는 자의 전설"이라고 정의한 것도 이와 무관치 않습니다.

김재혁 선생님은 평생을 방랑하면서 보내셨습니다. 국적은 오스트리아이지만 체코 프라하에서 태어나서 독일 프랑스 스페인 이탈리아 스웨덴 덴마크 스위스 등등 안 거치신 곳이 없어요. 그래서 저는 만약 유럽연합에서 시인을 하나 골라 우표를 만든다면 선생님이 마땅하다고 생각합니다. 그런데 스위스에서 발행한 우표에 보면 선생님 초상 배경으로 뮈조 성이 있고 앞쪽에는 장미가 있더군요. 그 우표에 대해 좀 설명해주시겠습니까?

스위스에서 발행한 우표

릴케 뮈조 성은 중세 때 지어진 저택입니다. 젊었을 때 뮌헨 근교에 있는 부르크하우젠에 갔더니 그곳에 여류작가 레기나 울만이 산을 둘러싼 중세 성의 한 집에 살고 있는 게 여간 부러운 게 아니었습니다. 그 그윽한 분위기하며. 나도 저런 집에 한번 살아봐야겠다, 그때 그런 결심을 했죠. 그러다가 나중에 어느 쇼윈도에서 고풍스런 성의 사진을 하나 발견했어요. 수소문해보니 스위스 시에르 지방에 있는 것이더군요. 친구에게 부탁해서 그 성에 가서 말년을 지내게 됐죠. 성이라고 하지만 사실은 중세의 탑입니다.

김재혁 아주 좋은 친구분을 두셨군요. 그 전에는 이탈리아의 두이노 성에도 체류하셨죠?

릴케 네 그렇습니다. 두이노 성은 투른운트탁시스 후작부인이 잠시 체류하도록 허락해주었어요. 그곳에 머물다가 1912년 겨울에 두이노의 비가의 첫 구절을 얻었죠. 그런 곳에 있으면 편할 것 같지만 꼭 그런 것만은 아닙니다. 상용적인 회계나 서류처리 같은 일을 해줘야 합니다. 시도 낭송해야 하고요.

김재혁 세상에 정말 공짜는 없습니다. 우표에 있는 장미에 대해서도 말씀해주시죠.

릴케 저는 어릴 적부터 장미를 좋아했어요. 뮈조 성에서도 정원에 장미 밭을 만들어놓고 가꾸었어요. 손님이 오면 장미를 꺾어서 선물도 하고요.

김재혁 《신시집》에 보면 장미에 관한 시가 여러 편 있습니다. 어디에 포인트를 두고 쓰셨나요?

릴케 '사물시'로 써보려 한 거죠. 주변의 모든 것을 받아들이면서 빨갛게 익어가는 모습을 저속촬영 하듯이 써보고 싶었어요. 언어로 장미를 되살리는 거지요.

독일에서 발행한 릴케 우표

김재혁 그렇군요. 주변의 영향 속에 무르익어가는 것은 선생님이 《말테의 수기》에서 말씀하신 체험시론과 관련이 있는 것 같습니다. 한국에도 선생님의 그런 영향을 받은 큰 시인이 있습니다.

릴케 그래요? 그분이 누구죠?

김재혁 서정주라는 시인입니다.

릴케 정말 흥미롭군요. 어떤 시가 있는지 알려주시겠습니까?

김재혁 〈국화 옆에서〉라는 시입니다.

릴케 시를 들려주실래요?

김재혁 "한 송이의 국화꽃을 피우기 위해/봄부터 소쩍새는/그렇게 울었나 보다.//한 송이의 국화꽃을 피우기 위해/천둥은 먹구름 속에서/또 그렇게 울었나 보다.//그립고 아쉬움에 가슴 조이던/머언먼 젊음의 뒤안길에서/인제는 돌아와 거울 앞에 선/내 누님같이 생긴 꽃이여.//노오란 네 꽃잎이 피려고/간밤엔 무서리가 저리 내리고//내게는 잠도 오지 않았나 보다."

릴케 정말 내가 한 발상과 비슷하군요. 한 송이 꽃을 위해 주변의 모든 것이 작용한다는 내용 말이죠. 성숙에는 그만큼의 고통이 동반되는 겁니다.

김재혁 그러면 선생님의 사랑시에도 그런 고통들이 들어 있는 건가요? 독일에서 발행한 선생님 우표에는 다른 그림이나 초상화 없이 하트만 쭉 그려져 있는데요. 독일에 있을 때 그만큼 많은 사랑을 나눴다는 거겠죠?

릴케 잠깐만요. 생각해보니 그렇군요. 그런 사랑 이야기는 나중에 하는 걸로 하죠.

김재혁 루 살로메와의 사랑은 이미 우리 독자들도 잘 알고 있습니다. 직접 시인의 입으로 확인해보고 싶었던 거라 결례를 무릅쓰고 물어봤습니다.

릴케 사랑은 누구나 아픈 거라고 말씀드리겠습니다.

김재혁 아마 사랑할 때 겪는 아픔까지 포함해서 말씀하시는 거겠지요?

릴케 물론이죠. 하지만 사랑은 언제나 필요하다고 봅니다. 사랑이 없는 삶은 인간적이지 않으니까요.

김재혁 이제 인터뷰를 마무리할 시간이 되었군요. 서정시는 괴테의 말대로 인간의 기본적인 심성 중 하나를 형성하기 때문에 이 지상에 인간이 존재하는 한 앞으로도 끝없이 쓰일 것이라고 생각합니다. 한국에서 시인을 꿈꾸는 젊은이들을 위해 귀한 말씀 한마디 부탁드립니다.

릴케 간단히 말씀드리자면 거듭 읽어도 자꾸만 읽고 싶은, 언어의 기쁨을 제공하는 작품을 쓰고자 노력하라는 것입니다. 시에서 사유의 여지를 둔다면 더 좋겠고요.

김재혁 지금까지 새겨들어야 할 소중한 말씀 해주셔서 고맙습니다. 그리고 이건 제가 번역한 것입니다. 선생님의 후기 작품 중에서 골랐습니다. 읽어드릴게요.

이 세상 어디선가 이별의 꽃은 피어나 우리를 향해 끝없이
꽃가루를 뿌리고 우리는 그 꽃가루를 마시며 산다.
가장 가까이 부는 바람결에서도 이별을 호흡하는 우리.

릴케 멋지군요. 고마웠습니다, 김 선생님, 나중에 시간 되시면 내가 살고 있는 스위스 시에르 지방의 뮈조 성관으로 한 번 놀러 오십시오. 내가 뮈조 성 뜰에 폴 발레리와 함께 심은 버드나무 아래서 식사를 한 번 대접해드리겠습니다.

릴케는 내가 족자에 쓴 그의 시 〈이별의 꽃〉을 받아들고 무척 고마워했다. 이 시는 1924년 10월 중순 그가 뮈조 성에 살 때 쓴 시였다. 《두이노의 비가》를 끝내고 틈틈이 일본의 시 형태인 하이쿠에 관심을 보이던 시점이다. 실존의 근본을 이루는 낱말인 이별이 한 점의 그림처럼 다가온다. 이별은 생과 사를 가로지르며 늘 피어나고 또 진다. 릴케는 그가 노래했던 가신 오르페우스 같은 뒷모습을 남기고 떠났다. 1924년 4월 8일, 뮈조 성으로 찾아온 폴 발레리와 함께 심은 그 어린 버드나무는 이제는 고목이 되어 있으리라. 언제가 될지 모르지만 그곳에서의 릴케와의 식사가 기다려진다. 헤어지기 전 내게 죽음을 제대로 이해하고 축복할 줄 알아야 삶을 풍요롭게 만들 수 있다고 했던 그였다. 그는 반쪽짜리를 싫어하고 온전한 것을 좋아했다. 앞으로 그를 만나 부족했던 것들, 결핍되었던 것들에 대해 자세히 물어보아야겠다.

뮈조 성의
릴케

작년에 서울 인사동의 한 한정식 집에서 나와 만나 기분 좋게 이야기를 나누고 스위스로 돌아간 릴케는 뮈조 성 뒤쪽 직접 가꾸는 사과나무 밭에 올 들어 사과가 무척 잘 열렸다며 꼭 초대하고 싶다고 내게 편지를 보내 왔다. 나도 릴케가 《두이노의 비가》와 《오르페우스에게 바치는 소네트》를 완성한 그곳 스위스 시에르 지방의 풍광과 중세의 짐승처럼 웅크리고 있는 뮈조 성을 직접 보고 싶은 마음이 절실했다. 마침 이탈리아 밀라노에 학회가 있어 그곳에 들렀다가 스위스 브릭 역에서 시에르로 가는 열차로 바꿔 타고 그곳에 도착했다. 시에르의 크지 않은 시골 역에서 택시를 타니 5분도 채 안 걸려 사진으로만 보았던 뮈조 성의 모습이 보이기 시작했다. 나는 대문 옆에 달려 있는 초인종을 당겼다. 짙은 밤색으로 칠한 작은 나무문이 열렸다. 릴케는 정원 나무 밑 테이블에 앉아 나를 기다리고 있다가 자리에서 일어섰다. 테이블 위엔 짙은 갈색 병에 포도주가 하나 놓여 있었다.

뮈조 성으로 가는 길

사진_김재혁

릴케 어서 오십시오, 김 선생님! 이곳 멀리까지 오신 것을 정말 환영합니다.

김재혁 이곳에 와서 다시 뵈니 정말 꿈만 같습니다. 기름진 바리톤 목소리도 여전하시고요.

릴케 환영의 인사로 먼저 포도주 한 잔 하시지요. 여기 뒷밭에 내가 가꾼 포도로 직접 담근 술입니다. 김 선생님 입맛에 맞을지 모르지만 색깔은 완벽합니다.

김재혁 이곳 시에르가 와인으로 유명한 것은 익히 알고 있습니다. 차를 타고 오면서 보니 집집마다 뜰이 다 포도원이더군요. 어릴 적 시골에서 뒤뜰에 있던 포도나무에서 포도를 따먹던 생각이 납니다.

릴케 그렇습니다. 뮈조 성 텃밭도 포도원입니다. 지금은 포도가 아직 익지 않았지만 자잘하게 매달려 있을 겁니다.

김재혁 선생님이 직접 담그신 것이라 그런지 아, 정말 맛이 좋습니다. 이렇게 고급스러운 백포도주 맛은 처음입니다.

릴케 감사합니다. 사실 나는 술을 별로 좋아하지 않지만, 손님들을 위해 이렇게 준비해놓고 있어요.

김재혁 정말 생각이 깊으십니다. 저기 정원에 장미들이 아직도 붉게 피어 있군요. 늦은 가을인데도 정말 아름답군요.

릴케 평소에는 장미를 여러 종류로 100그루 정도 가꾸고 있어요. 손님들이 봄에만 찾아오는 건 아니니까요.

김재혁 정원을 가꾸는 선생님의 모습, 생각만 해도 아름답습니다.

릴케 정원을 가꾸다 보면 나같이 정신적인 일에만 매달리는 사람도 손일의 즐거움을 느끼게 됩니다. 그러다 보면 나의 내면의 정원도 깨어나게 되니까요. 참, 김 선생님에게도 장미를 선물해야죠.

김재혁 그런데 지금 보니 장미가 별로 없군요. 많이 미안하고 송구스럽습니다.

(릴케는 전정가위를 들고 정원으로 가서 몇 포기 되지 않는 장미나무에서 장미를

PRIVÉ

사진 왼쪽에 아래로 당기는 초인종이 있고 오른쪽에 "바이라스 6번지. 뮈조"라는 팻말이 있다. 릴케가 5년 남짓 만년의 시간을 보냈던 뮈조 성에는 지금 그에게 집을 쓰게 해주었던 후원자 베르너 라인하르트의 후손들이 살고 있다. 그들은 릴케가 쓰던 가구를 그대로 사용하고 있다. 뮈조 성의 현 주인은 나니 라인하르트 닌츠이다. 죽기 전에 릴케는 그 가구들이 라인하르트의 소유임을 확인해주었다_위
뮈조 성관의 현관문_왼쪽

사진_김재혁

한 송이 잘라 그것을 내게 건네주었다. 나는 향기를 한 번 맡고서 말을 이었다.)

김재혁 학생들에게 지난 번 인사동에서 한 인터뷰를 보여줬더니 몇 가지 질문을 하더군요.

릴케 아, 그렇군요. 아주 훌륭한 학생들을 가르치고 계시군요. 그렇게 궁금증을 갖는다는 것이 학문의 기본이거든요.

김재혁 저 자신도 우리 학생들을 자랑스럽게 생각하고 있습니다. 언제 한 번 선생님을 강의에 초대하고도 싶고요.

릴케 아, 그거 너무 좋은 말씀입니다. 기회가 되면 꼭 갈게요. 그런데 학생들이 무엇을 궁금해하던가요?

김재혁 무엇보다 릴케 선생님이 영향을 받은 시인이랄까, 작가, 이런 것에 관심이 많습니다.

릴케 사실 그런 이야기는 썩 내키지는 않아요. 꼭 자기 비밀을 공개하는 것 같거든요.

김재혁 아, 그러시다면 꼭 하실 필요는 없습니다.

릴케 네, 말씀드리겠습니다. 여기 포도주 일단 한 잔 하고요. 괜히 가슴이 타는군요. 자, 같이 한 잔 하시죠. 프로스트!(독일어로 건배라는 뜻)

김재혁 프로스트! (나도 릴케의 눈을 똑바로 바라보며 건배를 외쳤다)

릴케 사실 나는 대학을 제대로 다니지 못했어요. 중퇴를 한 셈이죠. 방랑벽 때문이기도 하고 집안 사정 때문이기도 해요.

김재혁 사실을 말씀드리자면, 사랑 때문 아닌가요?

릴케 김 선생님은 내 뒤를 낱낱이 캐가지고 계시군요.

김재혁 연구자이다 보니까 그런 면이 좀 있지요. 실례가 된 것 같군요.

릴케 네, 이해합니다. 말씀드리죠. 나는 한 번도, 삶에서나 독서에서나, 소위 말하는 유명세에 일부러 신경을 쓰지 않았어요. 나는 〈햄릿〉도 잘 몰라요. 괴테를 읽은 것도 나이 사십이 넘었을 때였죠.

사진_김재혁

뮈조 성

정원과 장미

사진_김재혁

측면 가까이서 본 뮈조 성

김재혁 정말이세요?

릴케 김 선생님은 다 아실 텐데요. 내가 좀 솔직한 편입니다. 한 번은 나하고 한때 같이 지냈던 여류화가 루 라사르가 니체를 한번 읽어보라고 하더군요. 나는 싫다고 했어요.

김재혁 왜 그러셨죠?

릴케 사실 너무 비슷해서 피한 거죠. 겉으로 보기엔 니체하고 나하고 완전히 반대되는 것 같지만 실은 많이 비슷합니다.

김재혁 어떤 면에서죠? 제가 맞춰볼까요? 추측입니다만, 아마도 그건 생명력에 대한 열망 아닐까요?

릴케 네, 맞습니다. 한 가지 덧붙이자면, 이승에 대한 사랑과 일원론이죠.

김재혁 저도 사실은 일원론에 동조합니다. 세상은 모든 존재가 하나로 연결되어 있다는 생각 말입니다.

릴케 그래요, 세상에 독자적으로 존재하는 것은 없습니다. 서로 암암리에 영향을 주고받는 것이죠.

김재혁 니체는 그렇다고 치고 괴테는 많이 읽으셨지요? 장미에 관한 선생님의 시를 읽다 보면, "복면을 한 운명" 같은 말이 나오는데, 그건 제가《파우스트》에서도 읽은 기억이 있습니다. 어떠세요?

릴케 네, 맞습니다. 바로《파우스트》를 읽다가 너무 강렬하게 내 가슴속으로 메시지가 들어와서 그것을 좀 이용했어요. 운명이 복면을 했다는 것, 멋지잖아요?

김재혁 저도 그렇게 생각합니다. 빅토르 위고의《파리의 노트르담》이라는 소설도 바로 그 "숙명", 그리스어로 "아낭케Ανάγκη"라는 말로 시작해서 아낭케로 끝나죠. 숙명의 절대적인 힘은 피할 수가 없나 봅니다.

릴케 김 선생님은 그리스어도 하셨나요?

김재혁 아닙니다. 그냥 읽을 줄 아는 정도죠.

릴케 저도 외국어에 관심이 많은 편입니다.

김재혁 선생님의 프랑스어 실력은 정말 대단하십니다. 번역도 하시고, 직접 프랑스어로 시집도 내셨죠.《과수원》,《장미》,《창문》, 물론《발레의 4행시》도 있고요. 무려 네 권이나 되네요.

릴케 예, 저는 프랑스, 특히 파리를 좋아하고 프랑스어도 좋아해요. 프랑스 문학잡지도 많이 읽었고요.

김재혁 러시아어는 루 살로메 때문에 익힌 게 아닌가요? 선생님 젊었을 때 러시아 여행을 위해 러시아 공부에 빠지신 적도 있었지요.

릴케 일면 맞는 말씀입니다. 하지만 나는 근본적으로 새로운 것을 찾아나서는 것을 좋아했죠.

김재혁 정말로 선생님의 삶 자체는 그런 길을 걸었다고 보입니다.

릴케 그것이 내 시 쓰기의 원천이고 에너지원이기도 하니까요.

김재혁 러시아의 유명한 서사시인 〈이고르의 노래〉도 번역하셨죠?

릴케 네, 그 민중서사시는 꼭 번역하고 싶었어요. 길지는 않지만 러시아 민족의 광활한 표상이 잘 나타나 있어요. 김 선생님도 읽어보셨나요?

사진_김재혁

바이마르 소재 괴테의 가르텐하우스.
법률을 공부한 시인이었던 젊은 괴테가 카를 아우구스트 공의 초대를 받아
추밀고문관 직의 관리로서 바이마르에 처음 와서 이곳에서 지냈다

김재혁 예, 저는 선생님이 독일어로 번역하신 걸로 읽어봤어요.

릴케 아, 네, 고맙습니다. 제가 한 번역으로 읽으신 느낌이 어떻던가요?

김재혁 솔직하게 말씀드려도 될까요?

릴케 네 그렇게 해주시면 더 고맙죠.

김재혁 릴케 선생님이 직접 쓰신 게 아닐까 했어요. 너무 박진감 있게 잘 읽혀서요.

릴케 아, 그런가요? 칭찬이겠죠?

김재혁 물론 칭찬입니다. 사실 선생님은 번역에 대한 생각이 남다르시잖아요. 언젠가는 선생님과 친분이 있었던 프랑스 여류시인 아나 드 노아유의 시를 독일어로 옮겨주었죠? 그런데 그 번역이 원래 그 시인이 쓴 시보다 더 멋지다고 하는 평이 났어요. 어떻게 생각하세요?

릴케 네, 그 여류시인이 저를 참 좋아했어요. 그러다 보니 시를 우리 독일문학지에 소개해줬지요. 사람들이 아마 그걸 가지고 그러나 봅니다.

김재혁 1908년에는 1800년대 중반 전 유럽을 풍미했던 사랑의 시인 엘리자베스 배럿 브라우닝의 《포르투갈인으로부터의 소네트》를 독일어로 번역하셨죠.

릴케 남편 로버트 브라우닝을 향한 사랑을 마치

릴케가 러시아어에서 독어로 번역한 〈이고르의 노래〉

아나 드 노아유 (1876-1933)

번역 시처럼 포르투갈 여인의 옷을 입고 절절하게 읊은 시들이죠. 거기서는 포르투갈의 전설적인 수녀 마리아나 알코푸라도의 분위기가 느껴집니다. 알코푸라도가 쓴 다섯 통의 사랑의 편지도 〈포르투갈 여인의 편지〉라는 제목으로 내가 번역해서 세상에 내놓은 적이 있어요.

김재혁 선생님께서는 어떻게 보면 괴테 같은 면이 있기도 합니다. 시인으로서의 성취에 대한 열망 같은 면에서요. 괴테는 자신을 하나의 작품으로서 완성하고 싶다고 했어요. 피라미드처럼 말이죠. 루 라사르의 말에 따르면 선생님은 아침 산책할 땐 괴테의 시집과 〈자연〉이라는 산문을 손에 들고 나가서 읊조렸다고 하더군요.

릴케 괴테는 아무래도 나의 모범입니다. 특히 자연을 바라보는 그 범신론적 시선이 좋아요. 이승의 것을 오롯이 인정하고 찬양하는 태도가요. 괴테에 대해서는 관심이 많아서 문학사가 군돌프가 쓴《괴테》를 읽기도 했어요. 그의 언어는 슈바르츠발트 숲에 솟아나는 샘물이나 울창한 숲에 울리는 바람 소리 같습니다.

김재혁 정말 멋진 표현이십니다. 선생님의 〈이별〉이라는 시에서 이별을 뻐꾸기가 앉아 있다가 날아가버린 자두나무에 비유한 것을 보고 저는 무릎을 쳤습니다. 뻐꾸기가 몸무게로 살며시 눌러줄 때의 그 존재감이 뻐꾸기가 날아가면서 공허감으로 바뀌는 순간을 어찌 이보다 절묘하게 표현할 수 있을까요

릴케 과찬이십니다. 자연에 대한 애정 때문에 20세기 전환기에 독일에서 인기를 누렸던 미국의 시인이자 사상가인 랠프 월도 에머슨(1803-1882)의 에세이 〈자연〉을 늘 손에 들고 다니기도 했어요.

김재혁 선생님이 정말로 늘 손에 들고 다녔던 것은 그게 아니라 다른 게 있었던 걸로 알고 있는데요.

릴케 사실 내가 평생 손에 지니고 다녔던 책은 성경과 섬세한 영혼의 움직임

을 그려낸 덴마크 작가 옌스 페터 야콥센(1847-1885)의 작품이었어요.

김재혁 옌스 페터 야콥센 같은 작가는 우리나라에서는 별로 유명하지 않아요. 제가 소개해보려다가 그의 작품을 내주겠다는 출판사가 없어서 못 내고 있습니다. 조금 안타깝죠. 선생님은 왜 그 작가에 애정을 갖게 되었죠? 매일 품에 지니고 다닐 정도로 좋아하는 이유가 있나요?

릴케 사람들이 이제는 망각한 옌스 페터 야콥센이 내게 준 영향은 참으로 지대합니다. 내가 가장 사랑하고 가장 가깝게 느끼고 내게 누구보다 가장 많은 것을 준 사람, 그 분은 다함이 없는 사람입니다. 그의 소설 〈닐스 뤼네〉를 보면 예술가인 주인공이 자아를 찾아가는 과정에서 드러나는 존재의 불안과 번뇌의 과정이 아주 매력적이에요.

옌스 페터 야콥센

김재혁 그러면 선생님이 쓰신 《말테의 수기》와 분위기가 비슷한 거네요.

릴케 아무래도 그 주제에 나는 자꾸 마음이 끌렸어요.

김재혁 《신시집》의 시 〈탕아의 가출〉도 같은 주제를 형상화한 것 같은데요.

릴케 네, 그렇습니다. 미지의 세계로 달려가는 시인의 모습이지요.

김재혁 그런데 무엇보다도 저는 〈두이노의 비가〉와 프리드리히 횔덜린(1770-1843)의 시 〈빵과 포도주〉가 비슷하다는 느낌을 지울 수가 없습니다. 선생님의 천사와 횔덜린의 신들은 하는 역할이 비슷한 거 같고요, 시적 화자의 자세도 비슷해 보입니다.

릴케 김 선생님은 그냥 읽으시기만 해도 그런 느낌이 팍팍 오나 봅니다.

김재혁 그냥 느낌일 뿐입니다.

릴케 노베르트 폰 헬링라트(1888-1916)라는 젊은 독문학자가 있었어요. 그가

1909년 슈투트가르트 대학도서관에서 횔덜린의 원고를 찾아냈죠. 1차 대전에 참전했다가 안타깝게도 목숨을 잃었어요. 잘 생긴 젊은이였는데. (릴케는 잠깐 기다려 보라고 하더니 안에 들어가서 사진을 하나 들고 나왔다. 바로 그가 노베르트 폰 헬링라트였다.) 이것이 횔덜린 르네상스의 기폭제가 되었죠. 그때 나도 횔덜린에 많은 관심을 갖게 되었어요. 횔덜린의 메시지가 아주 강하다 보니 나도 모르게 거기에 많은 영향을 받은 거 같아요.

노베르트 폰 헬링라트

김재혁 시인으로서의 사명에 대한 부분이 마음에 와 닿습니다. 큰 시인들은 뭐가 달라도 다릅니다.

릴케 시대에 따라서 그런 분위기가 생기는 것 같아요. 어두운 시대엔 그것을 극복하려는 사명을 가슴에 지닌 시인이 나타나는 거죠. 횔덜린이 그랬듯이.

김재혁 이야기가 무거워지는군요. 이 버드나무가 프랑스 시인 폴 발레리와 함께 심으신 건가요? 나뭇가지가 멋지게 늘어졌군요. 이 나무가 두 분의 시의 나무인가 봅니다.

릴케 내가 워낙 발레리 시인의 시를 좋아해서요. 1921년부터 그 분의 작품들을 독일어로 번역하기 시작했어요. 정말 훌륭한 시인이죠.

김재혁 선생님은 프랑스어도 잘하시고, 게다가 프랑스 문학과 예술에 조예가 깊으시니 발레리를 받아들이는 데 어려움이 없었을 것 같아요.

릴케 물론 그런 면도 있어요. 발레리는 독일어를 전혀 못해요. 그래서 그 분은 내가 쓴 글들을 곁에 있는 친구들을 통해 접했습니다. 앙드레 지드 같은 분이 옆에 있었으니까요.

김재혁 선생님은 프랑스어로도 시를 쓰셨으니 발레리가 선생님의 세계를 알아내는 것은 수월했을 것 같습니다.

릴케 나와 1924년 봄에 직접 만났으니 그때 많은 것을 알았을 겁니다. 그가 스위스에 강연을 왔다가 뮈조 성으로 찾아왔죠.

김재혁 그 만남은 프랑스와 독일의 만남이기도 하지만, 전 유럽 서정시의 만남이라고도 할 수 있어요. 저는 그 만남이 오늘날까지도 영향을 끼치고 있다고 봐요.

릴케 그런 말씀을 들으니 정말 마음이 든든해집니다. 선물을 드려야죠. 올해는 뒤뜰에 사과가 많이 열렸습니다. 그래서 김 선생님을 초대했지요. 가실 때 이 뮈조 성의 사과를 좀 가져가십시오. 사실 사과나무에 열린 사과들 중에서 약 10프로 정도는 수확을 안 하고 그냥 놔둡니다. 이곳에 사는 새들이 먹게요.

김재혁 정말 자연을 사랑하시는군요. 그게 다 생명력에 대한 사랑 아닐까요? 발레리의 〈해변의 묘지〉 번역은 어땠나요?

릴케 그거 번역 하느라 머리 좀 빠졌습니다. 내가 그 시인을 아주 존경하지 않았다면 끝내지 못했을 겁니다.

김재혁 저는 그 마지막 대목이 너무 좋습니다. 한국어로는 "바람이 분다. 살아 봐야겠다."라고 되어 있어요. 그런데 선생님 번역은 정말 시를 잘 살려 내는 것 같습니다.

릴케 그런가요?

김재혁 한국어로는 앞에 말한 것처럼 하지만, 선생님은 "바람이 일어난다! 삶, 나 그것을 시도하리라!"라고 하셨어요.

릴케 나는 바람 부는 날, "삶"을 강조하고 싶었습니다. 이승만큼 확실한 것이 어디 있겠습니까?

김재혁 언제나 이승의 삶에서 눈을 떼지 않으니 선생님의 시는 현재에도 그 생명력을 잃지 않는 것 같습니다. 그런 의미에서 한 잔 하시죠! 건강을 위하여!

릴케 건강을 위하여! 와인이 우리에게 축복을 주는군요.

김재혁 포도주를 마셔서 그런지 이야기가 아주 잘 흘러가는 것 같습니다. 아주 보기 좋게 얼굴이 붉어졌습니다.

릴케 이 과수원에서 나는 사과를 보고 느낀 것이 〈오르페우스에게 바치는 소네트〉에 그대로 들어갔지요. 과일은 많은 생각을 갖게 해요. 과일이 하는 언어가 있지요. 우리 입 속에 와서 톡톡 터지는 언어요.

김재혁 아주 감각적인 말씀이네요. 무엇보다 저는 "오렌지를 춤추어라"라고 하신 글귀가 뇌리에 남습니다.

릴케 그렇군요. 저는 〈오르페우스에게 바치는 소네트〉를 19살의 젊은 나이에 숨진 무용수 베라 오우카마 크노프에게 헌정했어요. 그녀라면 오렌지의 언어를 춤으로 충분히 표현해냈을 테니까요.

김재혁 정말 훌륭하십니다. 그런 생각을 하기가 쉽지 않을 텐데요.

릴케 많이 관찰하고 생각하다 보면 나오는 것 같습니다.

김재혁 선생님은 정말 호기심이 많으신 편이세요. 과학저술도 그때마다 많이 읽으셨고요. 또 새로운 외국 시가 소개되면 관심을 가지고 보셨죠. 그 중에 하나가 일본의 하이쿠가 아닌가 합니다.

릴케 하이쿠는… 아주 매력이 있죠. 원래는 일본 중세 때 바쇼라는 유명한 시인이 즐겨 사용하던 시 형태죠.

김재혁 저도 하이쿠에 대해서는 좀 압니다만, 총 17자로 이루어지죠. 5, 7, 5, 이렇게 세 행으로요. 계절을 나타내는 표현이 꼭 들어가고요.

릴케 네, 그 계절의 표현을 계사季詞라고 하지요. 그것으로 인생의 한 부분을 나타냅니다. 계사는 봄 여름가을 겨울, 꼭 이런 게 아니라 그 계절의 식물이나 곤충도 가능하죠.

김재혁 맞아요. 이를테면 나비는 봄을 나타내고, 하루살이는 여름을, 붓꽃도 봄을 나타내죠. 얼음은 겨울이고요.

릴케 네, 맞습니다.

김재혁 그런데 하이쿠에 관심을 갖게 된 계기가 있으신가요?

릴케 1920년 9월의 일이었죠. 그때 프랑스에서 나오는 한 문학잡지를 보다가 프랑스어로 번역된 몇 편의 하이쿠 시를 읽게 됐어요.

김재혁 그때 감흥을 받으셨군요.

릴케 그래요! 딱 보니 내가 시도해보기에 적격으로 보였어요.

김재혁 그럴 것 같습니다. 응축과 이미지를 생명으로 하는 시이니 선생님에게 적격이었겠죠. 평소에도 그런 시를 즐겨 쓰셨죠.

릴케 나는 그냥 새로운 형태의 시로 보고 하이쿠를 시도해봤어요. 그런데 그게 왜 독일에 그렇게 유행하게 됐는지는 모르겠습니다.

김재혁 제 생각으로는 아마도 러일전쟁(1904-1905)에서 일본이 승리한 것이 계기가 된 것이 아닌가 합니다. 유럽 세계가 일본에 주목하게 된 거죠. 물론 그 전에 있었던 몇 번의 세계박람회(파리: 1855, 1867, 1878; 런던: 1862; 빈: 1873)도 중요한 역할을 했습니다. 특히 독일 사람들은 일본에게서 자신들과의 정신적 유대감을 발견하게 됐어요. 그러니까 1900년대 초반에 독일에서는 처음으로 하이쿠가 소개되었을 겁니다. 지금은 독일에 하이쿠 협회가 있어서 회원들이 하이쿠로 시를 쓰고 있죠.

릴케 정말 꿰뚫고 계십니다. 영국과 미국에서 하이쿠의 영향으로 이미지즘 운동이 일어났던 것은 사실이죠. 독일에서는 그 정도는 아니었지만요.

김재혁 선생님이 〈묘비명〉으로 작성해놓으신 "장미여, 오, 순수한 모순이여," 이것도 하이쿠의 영향인가요?

릴케 네, 그렇습니다.

김재혁 하이쿠는 몇 편이나 쓰셨지요?

릴케 세 편 정도 시도해봤어요. 독일어로 두세 편, 프랑스어로 한 편, 이렇게 썼습니다.

김재혁 〈묘비명〉이나 〈이별의 꽃〉 말고 한 편만 더 소개해주시겠어요?

릴케 그건 나중에 할게요. 와인을 많이 마셨더니 기억이 가물가물하군요.

김재혁 아, 네. 어느 덧 땅거미가 졌습니다. 이곳은 산이 깊어서인지 해가 빨리 지는군요.

릴케 그래요. 이곳은 아직 전기도 들어오지 않아요. 물론 중앙난방 같은 것도 없고요. 석조난로가 하나 있죠. 이 뮈조 성이 좀 무섭지 않나요?

김재혁 조금은 으스스하군요. 이런 분위기는 처음입니다. 중세의 과거 속으로 들어온 기분입니다. 일층의 부엌이나 응접실은 그래도 괜찮은데요.

릴케 저는 늘 이곳에서 지내다 보니 익숙해졌습니다. 이 성의 이층이 제 서재인데요, 거기서 지붕창을 열면 별들이 보이고, 그곳이 곧 우주와 통하는 길이죠.

김재혁 그래서 이곳에서 그런 대작이 완성될 수 있었던 것이군요.

릴케 이리로 오셔서 이 성의 외벽을 한 번 만져보세요. 꼭 짐승의 등 같지 않나요?

김재혁 대작을 완성하고서 선생님께서 달빛 속의 뮈조 성을 어루만져 주었다고 하셨는데, 바로 그 순간을 저도 맛보는 것 같습니다. 이렇게 웅장한 돌의 비호를 받았으니 그 영감의 폭풍을 견딜 수 있었겠어요.

릴케 네, 맞습니다. 허리케인처럼 불어오는 그 폭풍을 이곳에서 온전히 홀몸으로 받아낸 거죠. 그리고 오시면서 이곳 풍광을 보셨지요? 어떠셨나요?

김재혁 푸른 산과 포도밭, 향기로운 공기, 곳곳의 하늘을 화려하게 장식한 푸른 나비들. 모든 것이 너무 아름다웠습니다.

릴케 그래요, 바로 이곳의 풍광이 내 영혼 속에서 움직이던 언어를 대신해주

사진_김재혁

뮈조 성의 현관과 거친 외벽.

이 외벽은 릴케에겐 "외부세계를 막아주는 외투" 같은 것이었다었어요. 이 풍광이 아니었다면 나는 내 작품을 위한 적당한 등가물을 발견하지 못했을 겁니다.

김재혁 이곳의 풍경들이 선생님의 언어에 영감을 주었군요. 하나의 위대한 작품이 탄생하기 위해서는 주위의 모든 것이 한데 힘을 모아줘야 한다는 것을 느낍니다.

릴케 좀 쌀쌀해졌습니다. 이곳까지 오셨으니 오늘은 이곳 뮈조 성에서 주무시고 가세요. 이층 내가 쓰는 서재 옆에 침실을 마련해놓았습니다.

김재혁 선생님이 사귀던 밤의 영혼들을 만날 수 있는 절호의 기회군요. 정말 영광입니다.

릴케 아닙니다. 내일 폴 발레리가 들른다고 했으니 그 시인이 오면 같이 근처 산으로 산책을 나가기로 하죠.

김재혁 네, 정말 감사합니다. 안녕히 주무십시오!

릴케 네, 편히 주무세요.

전기가 들어오지 않는 중세의 석조 건물 이층에 있다 보니 색다른 느낌이 찾아왔다. 릴케는 이런 고성을 일부러 찾았던 것 같다. 거기서 작품의 고전성도 나오고 비가의 웅장한 울림도 가능했다는 생각이 들었다. 천장 위로 난 창 틈으로 스위스 시에르 지방 위에 뜬 별들이 태고의 빛을 보내주었다. 이런 분위기라면 나도 몇 편의 시를 쓸 수 있을 것 같았다. 나는 릴케가 지하실에서 특별히 새로 가져다준 그가 빚은 포도주를 마시면서 하늘에 보르도 색깔의 소리를 내보았다. 한국에서 온 현재의 숨결이 알프스의 만년설 위 오래 묵은 별빛과 섞이는 순간이었다.

시에르 릴케 박물관

뮈조 성의 릴케 서재 모습

(1926년)

그리고 생각은 밤으로 번졌다. 그의 시 한 편이 생각났다. 그가 뮈조 성의 밤하늘을 보며 1924년 10월 초에 쓴 시이다. 뮈조 성과 밤하늘과 그 아래 뜰에 서 있는 릴케가 하나의 그림으로 보이는 시작품이다.

밤이여, 오, 내 얼굴에 닿아
깊이 풀려 버린 얼굴이여.
너, 내가 놀라워 바라보는 가장 위대한
압도적인 존재여.

밤이여, 너는 내 눈길에 깜짝 놀라면서도,
하지만 안으로는 탄탄하다.
다함이 없는 창조여. 너는 지상에 남은
나머지 영혼 위에서 존속하며

젊은 별들로 가득하다, 도망치는
가장자리에 불꽃들을
소리 없는 사이공간의
모험 속으로 던지는 별들로.

너의 단순한 존재만으로도, 나는
작게만 느껴진다, 너 우월한 존재여,
그렇지만, 이 어두운 대지와 하나 되어,
나 네 안에 있어 보리라.

거의 매일 밤마다 유튜브를 통해 독일어 낭송으로 듣는 시이다. 듣다 보면 릴케가 왜 언어의 마법사인지 알 것 같다. 시 속에서 나와 밤이 친해진다. 그의 시는 달콤하다. 릴케는 밤하늘을 호명하여 지상으로 내려오게 한다. 만년의 릴케는 오히려 창작기법을 쉽게 노출한다. 속마음을 일부러 감추려 하지 않고 소박한 자세를 취하기 때문이다. 이미 《두이노의 비가》를 완성한 시점, 뾰족뾰족한 계단 같은 지붕이 밤을 오려낸 뮈조 성에서 밖으로 나온 시인은 우람한 적막강산 위로 펼쳐진 밤과의 조우를 밤의 얼굴과 "나"의 얼굴과의 접촉으로 느낀다. 밤은 세속적인 "나"의 얼굴에 닿아 녹는다. 밤은 소리처럼 부분적으로 오지 않고 온몸으로 "나"를 누른다. 밤은 무겁다. 밤은 "나"보다 우월한 존재로서 성스러움을 갖고 있다. "나"는 밤과 하나가 되고 싶다. 그것은 모험을 통해 가능하다. 여기서 "나"는 지상에 머무는 영혼이다. "지상에 남은 영혼Erdenrest"은 괴테의 《파우스트》 2부에 나오는 말이다. 하늘로 가지 못한 영혼이 머무는 이 지상을 밤은 보고 있다. 밤에서 느끼는 신성은 횔덜린에 뿌리를 두고 있다. 그의 비가 〈빵과 포도주〉가 그것을 알려준다. 밤은 감각을 통해 초월적인 것으로 상승한다. 밤하늘은 어둡기만 하지 않다. 별이 가득한 밤하늘이기 때문이다. 지금 올려다보는 저 밤하늘엔 불빛들이 도주경로를 그리며 수없이 떨어진다. 별빛들은 가장자리에 윤곽을 갖고 있다. 그러면서 그 불빛은 지상을 향해 떨어진다. 그것을 시인은 불꽃들의 도주로라고 표현한다. 밤하늘은 지상의 영혼을 향해 어둠을 견딜 수 있게 불빛을 던진다. 이 속된 존재를 하늘이 바라주기를 바라며 시인은 밤을 향해 얼굴을 내민다. 그때 밤은 소스라치게 놀란다. 아픈 몸의 릴케는 아직은 지상의 영혼이다. 하늘과 교접할 수 있는 영혼이 우선 밤과 만난다. 시인은 밤 속에 포섭되기를 바란다. 하늘과 땅 사이의 임시 공간에 있는 릴케의 심정이 시에서 잘 나타나고 있다. 나는 그의 마음을 이렇게 시로 표현해 보았다.

사진_김재혁

비안개에 싸인

시에르의 산과 하늘

봄 날이 얼마 남지 않아
아쉬운 밤과 하늘, 대지.
내 얼굴이 녹아든 공간,
호흡하라 대지의 어둠을,
밤의 얼굴은 크고 무겁다.
그리고 이 땅과 하나가 되어
다시 하늘을 올려다보라.

그리고 포도주의 향기로운 기운에 취해 나도 모르게 시 속에서 길을 잃고 잠이 들었다.

이곳의 삶을 위하여

《발레의 4행시》

뮈조 성이 있는 스위스 시에르 지방은 해가 지자 금세 어둠이 뒤따라 찾아왔다. 캄캄한 어둠 속이라 별들은 구멍이 숭숭 뚫린 검은 보자기 사이로 비치는 들짐승들의 예리한 눈빛 같았다. 천장 위로 쏟아지는 별들을 바라보는 사이 어느새 잠이 들었었는지 눈을 떠보니 별들은 사라지고 환히 아침이 밝아 있었다. 멀지 않은 어디선가 닭이 홰치는 소리가 들렸다. 이곳의 닭울음소리는 한국의 닭울음소리와 다를 것이 없었다. 아니다, 그들끼리는 구별할지도 모를 일이었다. 한밤중에 릴케를 잠에서 깨웠던 계곡에서 들려오던 나이팅게일의 울음소리가 생각났다. 닭도 울 때는 온몸이 하나의 목소리로 변용되는 것 같다. 모습과 몸짓, 발과 얼굴이 그냥 하나의 목소리가 되어 뭔가를 불러내는 것이다. 위풍당당한 그 울음소리가 무엇을 불러냈을까? 오늘은 릴케의 친구인 프랑스 상징주의 시인 폴 발레리가 온다는 날이다. 나는 밖으로 나갔다. 이층의 돌계단을 내려가니 릴케는 정원 탁자에 앉아서 뭔가를 쓰고 있었다. 그는 나를 밝은 표정으로 맞아주었다. 나도 아침 인사를 하고 릴케 옆의 빈 의자에 앉았다.

뮈조 성에서 내려다본 시에르 지방의 풍경.
산언덕과 평지 곳곳에 포도밭이 널려 있다

사진_김재혁

릴케 편히 주무셨습니까?

김재혁 언제 잠들었는지도 모르게 편히 잤습니다.

릴케 정말입니까?

김재혁 왜 그러시죠?

릴케 이 성이 오래돼서요. 귀신들 때문이랍니다. 내가 두이노 성에 있을 때도 며칠 묵을 예정으로 왔다가 다음 날 바로 떠나는 사람들을 많이 봤거든요.

김재혁 저는 그냥 별들만 아름답게 보이더군요.

릴케 귀신을 안 무서워하는 것 보니 김 선생님도 나와 같은 길드 소속이네요.

김재혁 하하하. 선생님도 농담을 하시는군요. 그런데 아침부터 뭘 쓰시고 계신가 보네요.

릴케 요 며칠 동안 온 편지를 보내온 사람들에게 답장을 쓰는 중이었어요. 저는 오전 중에는 차를 한 잔 하면서 편지를 읽고 답장 쓰는 걸 좋아합니다. 벌써 수십 년째 해오는 일이지요.

김재혁 수십 년씩이나 편지 쓰는 일을 정해놓고 하시다니 정말 대단하십니다. 그런 정성이 시에도 반영되나 보군요.

릴케 편지 답장을 쓰다 보면 생각도 정리가 되고 어떤 새로운 아이디어가 떠오르기도 해요. 시에르 시내에 작은 우체국이 있어요. 그곳에 근무하는 사람들은 내가 월요일마다 편지를 부치러 오는 걸 알아요. 한 아가씨는 아예 내 팬이 되었어요.

김재혁 그 아가씨한테 선생님의 시집도 선물했다지요? 어디서 들었는데요.

릴케 김 선생님은 참, 별걸 다 아십니다.

김재혁 아닙니다. 저라도 그랬을 것 같습니다.

릴케 네, 시집을 받으면 사람들이 좋아하니까요.

김재혁 이곳에 오기 전에 시에르에 들렀더니 그곳에 '릴케 거리'가 있더군요.

릴케 아마 그 거리에 릴케 가 1번지 집이 있을 겁니다.

김재혁 네, 봤어요. 거리 이름도 그렇고 그 집과는 무슨 사연이 있나요?

릴케 그 집에 내가 시집 《발레의 4행시》를 헌정했던 잔 드 세피뷔스 드 프뢰 부인(1886-1977)이 살았어요. 그녀의 남편 쥘 드 세피뷔스는 의사였죠. 가끔 초대로 그 집에 들렀습니다. 그 집 호두나무 아래서 잠시 쉬기도 했고요.

김재혁 각별한 사이였나 봅니다.

릴케 그런 셈이죠. 부인은 뮈조 성으로 사람을 보내 내게 제비 문양이 들어간 베개를 선물로 보내기도 했어요.

김재혁 아, 그렇군요. 그 시들은 언제 쓰셨죠?

릴케 1924년 여름부터 썼어요. 그 부인에게 헌정한 것은 1925년 가을이고요. 수첩에 써서 선물했죠.

김재혁 그 시집이 독자들에게 많이 알려져 있지는 않은데, 그건 프랑스어로 쓰셔서 그런 것 같습니다.

릴케 그래서 1926년에 파리에서 먼저 출간됐어요.

김재혁 제가 듣기로는 그 시들은 이곳 발레 지방의 아름다움을 있는 그대로 묘사했다고 합니다만.

릴케 그렇습니다. 시에서 다른 수식어들을 개입시키지 않고 발레를 있는 그대로 그려냈습니다.

김재혁 제가 알고 있는 선생님의 시 쓰기 방식과 많이 다른 것 같은데요.

릴케 이곳이 이렇게 아름다운데 뭘 더 가미하겠어요. 그러니까 이곳을 직접 보지 못한 사람은 그 시들을 제대로 이해하지 못할 겁니다.

김재혁 그렇군요. 선생님에게 그렇게 직설적인 면이 있는 줄은 몰랐습니다.

릴케 아름다운 고장이죠. 계절마다 서로 다른 색깔과 향기로 가득합니다. 사

사진_김재혁

릴케가 시집《발레의 4행시》를 헌정했던
잔 드 세피뷔스 드 프뢰 부인(1886-1977)이 살던 집.
현재 주소가 '릴케 가 1번지'이다

시사철 나비들도 볼 수 있고요. 나는 그 모습들을 보고 새로운 언어로 사진 찍듯이 고정시켜 놓고 싶었어요.

김재혁 선생님이 그려내는 언어의 풍경화가 느껴질 것 같습니다. 그래도 선생님은 그 시에서도 여전히 구체성에서 추상성의 길을 걷고 있죠. 선생님 시에 나오는 교회의 종소리에서는 시간을 느낄 수 있어요. 사이사이 언어상의 비약도 있고요.

릴케 김 선생님은 시 전문가라 어쩔 수가 없어요. 이곳의 일상은 교회의 종소리로 규정되죠. 거기에 따라 의미도 부여되고요. 아침 종소리는 저녁을 향해 가고, 월요일의 종소리는 일요일을 향해 갑니다. 거기에 시간의 규칙이 있는 거죠. 인간의 일상은 그렇게 움직여 갑니다.

김재혁 마지막 종소리와 함께 사방은 고요해지는 거죠. 그것이 바로 일상의 것의 추상화 아닌가요?

릴케 죽음이죠. 만물의 소리가 다 잦아드는 겁니다.

김재혁 선생님 시에서 두드러지게 나타나는 요소는 하늘이 아닌가 합니다. 하늘의 모습이 자연풍경을 규정하는 경우가 많거든요.

릴케 그래요. 나는 하늘의 무궁무진한 모습을 프로방스와 스페인에 머물 때 봤는데, 그것을 이곳 발레 지방에 와서 다시 발견했습니다.

김재혁 네, 선생님의 글에서 봤던 프로방스와 스페인의 론다가 떠오릅니다. 그 무한한 하늘에서 선생님은 신성을 발견하는 것 같습니다. 제가 이곳에 와서 본 것도 자연풍경 속에 깃들어 있는 왠지 모를 신성함이었거든요.

릴케 아, 그런가요? 혹시 왜 그런 것을 느꼈는지 말해줄 수 있을까요?

김재혁 이곳의 그 무한한, 출렁이는 포도밭에서 저절로 그렇게 느껴졌습니다. 굳이 어떤 신의 이름을 대지는 않겠습니다.

릴케 내 시가 그 디오니소스를 그린 것은 아닙니다. 물론 그런 신성을 느꼈을 수는 있어요. 나는 이곳의 자연풍경 속에서 자연스레 신의 기운을

사진_김재혁

스위스 시에르의 하늘.

하늘이 땅의 풍경을 규정짓는 듯하다

보았고 거기서 청명함과 단순함, 고요를 알아봤어요. 어떤 신의 기운이 자연풍경 속에 스며든 거죠.

김재혁 그러니까 본질을 꿰뚫어보는 선생님의 눈빛이 이 자연풍경 속에 갇혀 있던 신성을 잠에서 깨워낸 거죠.

릴케 너무 거창한 말씀입니다. 물론 시의 근본기능 중 하나가 바로 그런 소환에 있기는 합니다. 불러내는 거죠. "모든 사물들 속에는 노래가 잠들어 있다,/이들은 그곳에서 줄곧 꿈만 꾸고 있어,/그러다가 세상은 노래하기 시작한다네,/네가 한 마디 주문을 던지는 순간."이라고 낭만주의 시인 아이헨도르프가 노래했듯이. 나는 자연풍경 속에서 님프도 보고 그 밖의 신들도 느낍니다.

김재혁 발레의 풍경 속에 신화가 깃들인 거죠. 그런데 순수 독일어로만 쓰신 작품과 달리 이 작품들은 쉽게 이해가 되는 장점이 있어요. 그래서 소박해 보이고요.

릴케 내 프랑스어 실력 때문일까요?

김재혁 아무래도 모어母語가 아닌 언어로 표현한다는 것이 쉽지는 않겠지만 그건 아닌 것 같습니다. 그것보다는 선생님이 순수성을 추구하기 때문이겠죠?

릴케 사물을 그냥 있는 그대로 그렸기 때문일 겁니다. "종이 울리며 과거를 기억하는 것만큼,/이 옛 지방의 탑들은 굳건히 버티고 있다." 이런 표현들은 이곳에서 보는 풍경을 그대로 그려 보인 것이거든요.

김재혁 정말 그렇습니다. 포도나무, 포플러나무, 호두나무, 느릅나무, 올리브나무, 송진가지, 참으아리, 메꽃 등 모두 이 지역에 사는 식물들이죠.

릴케 식물만 있나요? 폭포, 위대한 하늘, 번지는 종소리, 빛나는 햇살도 있습니다. 이런 모든 것들이 모여서 성스러운 풍경을 만들어냅니다.

김재혁 선생님의 말씀을 듣다 보니 이 시들이 거짓 없는 묘사에 아름다움을 추구하기 때문에 편하게 가슴에 와 닿는 것 같습니다.

릴케 아마 그럴 겁니다.

김재혁 저는 "하늘 높은 곳으로부터/아무도 모르게/하늘의 온 젊음이 이 고장을 향해 내려온다." 같은 구절이 멋지다고 생각합니다.

릴케 네, 시에르 역에서 내려서 이 쪽을 바라보면 벌써 보이는 것이 웅장한 바위와 그것을 감싸고 있는 통 큰 하늘이지요.

김재혁 처음에는 저는 그냥 그렇고 그런 자연풍경으로 보았어요. 스위스의 하늘이 이토록 크고 광대할 줄은 몰랐습니다. 선생님의 풍경묘사를 보고 다시 보니 정말 그런 것 같습니다.

릴케 애당초에는 공감하지 못했다는 말씀이군요.

김재혁 그럴 리가요! 정말 아름다운 시들로 가득합니다. "무한한 평화 속에서/온종일 바람 부는 하루가 가고,/저녁은 유순한 애인처럼/안정을 되찾았다." 같은 구절도 마음에 들고요. 그러면서도 향토의 노래 같은 면이 많아서 좋습니다.

릴케 그렇죠. "어머니를 말하면서 어머니를 닮는다."는 구절도 있으니까요. 그것이 곧 향토에 대한 사랑이니까요.

김재혁 순수하고 건강하게 보입니다. "일하면서 노래 부르는 땅,/일하는 행복한 땅,/물들이 끊임없이 노래하는 동안/포도나무는 한 코 한 코 뜨개

벨레뷔 호텔. 지금은 시에르 시청으로 쓰이고 있다.
릴케는 뮈조 성에서 생활하다 몸이 안 좋을 때에는 이곳 호텔에 와서
며칠씩 머물다 올라갔다

사진_김재혁

질을 한다." 억지 없이 감동을 줍니다. 이 연작시를 제가 직접 한국어로 옮겨보고 싶은 생각이 듭니다.

릴케 그렇게 해주시면 더없이 좋은 일이지요. 그러면 일단 마지막 시 한 편을 이곳에서 번역해보시면 어떨까요?

김재혁 어렵겠지만 한 번 시도해보겠습니다. 먼저 텍스트를 몇 번 읽어볼게요.

아름다운 나비는
땅 가까이 날면서
날갯짓의 다채로운 그림을
유심한 자연에게 보여준다.

다른 나비 하나는 우리가 향기를 맡는
꽃의 끝에 앉아 날개를 접는다.
지금은 읽을 순간이 아니다.
그리고 수많은 다른 나비들,

작고 파란 것들은 펄럭거리며
떠돌며 사방으로 흩어진다,
바람결에 연애편지의
파란 조각들처럼,

찢어진 편지 조각들처럼,
지금 막 편지를 썼는데
편지를 받을 여인이
문간에서 서성대니.

스위스 발레 지방의 로네탈
즉 론 강 계곡에 서식하는 유럽푸른부전나비 수컷.
발레에서는 이 나비를 흔히 볼 수 있다
(사진은 발레 지방의 나비전문가이자 사진작가인
힐데가르트 슈탈더가 찍은 것이다)

릴케 시에르에는 나비가 아주 많아요. 가을에는 더 많죠. 이 시는 진짜 나비를 보고 쓴 겁니다.

김재혁 파란 나비를 쓰다가 찢어버린 파란 편지지에 비유한 것이 너무 멋집니다.

릴케 편지를 받을 여인이 문간에 나타나니 찢어버릴 수밖에요. 굳이 읽을 필요도 없고요.

김재혁 선생님이 나비를 지켜보니 그것을 알고 꽃에 앉았던 나비들이 마구 흩어져 파닥거립니다.

릴케 진정 나비의 아름다운 모습을 읽으려면 주위의 아무런 간섭이 없어야 지요.

김재혁 나비의 모습이 사랑하는 여인에게 쓴 파란 편지로 이미지가 전이되고 있어요. 첫 번째 연의 느긋한 나비가 아름답게 보이는 까닭은 현실관계에 의해 이상적인 것이 깨지지 않았을 때라는 뜻이죠?

릴케 그때는 편지를 읽을 수가 있죠. 아름답게, 상상하면서.

김재혁 나비도 사람이 가까이 가면 날아가 버리죠. 사랑이 그런 것 같습니다. 가까이 있을 때 잡으려 하면 아름다움을 버리고 날아갑니다.

릴케 나는 그냥 나비의 모습을 묘사한 건데, 김 선생님의 해석이 아주 훌륭합니다.

김재혁 그런데 선생님은 편지지를 시에서 그린 나비의 색깔처럼 늘 푸른색만 사용하시나 봅니다.

릴케 이것도 이젠 하나의 의례처럼 된 것이죠. 다른 편지지를 쓰면 글이 잘 안 돼요. 종이규격도 일정해야 하고요.

김재혁 아, 그렇군요. 서재에 보니 서서 책을 볼 수 있는 입식책상이 있더군요. 그것도 그런 격식이 있는 건가요?

릴케 잠깐만요. 차가 다 내려졌군요. (릴케는 손수 차를 가져왔다.) 자, 여기 드시죠.

김재혁 잘 마시겠습니다.

릴케 아까, 입식책상 말씀하셨나요? 그것도 제 생활필수품 중의 하나입니다. 어디를 가나 정해진 틀에 맞게 목공소에 맡겨서 짜오게 합니다. 거기에 책을 올려놓고 서서 책을 보면 정신이 자유로워집니다.

김재혁 어떤 규율 같은 게 느껴집니다. 작품에서처럼 생활에서도요.

릴케 일종의 자기 지키기입니다. 안 그러면 방랑생활에서 살아남을 수가 없어요. 내가 아끼는 물건들은 멀리서 봐도 그 자태가 눈에 익어요. 그와 비슷하게 생긴 것만 봐도 반가움에 깜짝깜짝 놀라죠.

김재혁 이승에서의 삶을 가장 철저하게 즐기고 그것을 잘 가꾸어가려는 의지가 평소의 생활에서도 엿보이는 듯합니다. 그래서 《두이노의 비가》 제7비가에서 "이 세상에 존재한다는 것만으로도 찬란하지 아니한가?"라고 하신 건가요?

릴케 나는 이승이 좋습니다. 여기, 이 순간만을 믿을 수 있으니까요. 중세 기독교에서 저승으로 넘겨버린 죽음도 다시 이승으로 불러와야 한다고 생각합니다. 죽음 이후를 저승으로 떠넘겨 놓으니 이승의 가치가 하찮아지는 거지요. 삶과 죽음이 함께 있는 것이 좋습니다.

김재혁 선생님 말씀을 듣고 보니 정말 그렇습니다. 우리가 부정적인 것, 불편한 것은 전부 저승으로 밀어내버렸죠.

릴케 네, 그렇습니다. 죽음을 삶의 꽃이요, 열매로 생각해야 합니다. 자기 고유의 죽음을 죽는다는 것은 곧 삶을 하나의 열매로 맺는 일입니다.

김재혁 선생님은 "죽음이란 우리에게서 등을 돌리고 있는 달의 반대면"이라고 하셨죠. 그것은 죽음이란 결국은 삶과 한 덩어리라는 뜻인가요?

릴케 예, 전혀 다른 것이 아니죠. 삶과 하나입니다, 죽음은.

김재혁 선생님께서는 낭만주의적인 성향을 갖고 계신 걸로 알고 있는데, 죽음을 동경하는 것은 아니군요. 나비와 편지지 이야기도 그렇고요.

릴케 네, 제가 낭만주의적인 성향을 보이는 것은 그쪽과 기질적으로 닮은 데가 있어서 그렇습니다. 이승을 팔아서 저승을 사려는 중세 기독교적 자세에 대해서는 제가 대놓고 비판한 적이 있지요.

김재혁 낭만주의의 개인적인 자유가 선생님의 기질과 맞는 것 같기는 합니다.

릴케 고전주의처럼 어떤 틀에 얽매이는 게 나는 싫습니다. 그저 자유롭게 무한한 상상의 날개를 펼치는 게 좋아요.

김재혁 그러니까 선생님에겐 낭만주의가 순수 시적인 것의 다른 말이군요.

릴케 자유이기도 하지요. 그리고 제가 《두이노의 비가》에서 말했듯이 "습관에의 맹종"으로부터 벗어나는 것이기도 하고요.

김재혁 정말 가슴에 와 닿는 말씀입니다. 우리는 잘못된 관습의 노예가 될 때가 많거든요. 자신의 판단으로 옳고 그른 것을 따져야 할 때 맹목적으로 정해진 사회적, 관습적 규칙이나 규범에 굴복합니다.

릴케 낭만주의는 인간의 신비로움을 믿지요. 이성으로 모든 것을 해결할 수 있다는 과장법에 대한 도전이고요. 시에서 메타포를 많이 쓰는 것도 신비로움을 향한 몸짓이라고 봐요. 그것은 지루함을 덜어내는 일이지요. 모든 것을 이성으로 다 해결할 수 있다면 삶이 얼마나 삭막하고 지루하겠어요.

김재혁 선생님께서는 역시 지난 날 노발리스와 횔덜린 같은 대시인들의 기를 이어받은 것 같습니다. 하시는 말씀이나 생각에 깊이가 있고 감히 건널 수 없는 심연이 들어 있는 것 같습니다.

릴케 그게 아마 낭만주의적 무한성에 대한 그리움에서 나온 것이 아닌가 해요. 사실 나는 낭만주의적인 것을 좋아하는 것이지 낭만주의자는 아닙니다. 1800년경의 노발리스나 아이헨도르프 같은 시인은 아닌 거죠. 나는 1900년대를 사는 시인이니까요.

김재혁 《젊은 시인에게 보내는 편지》를 보면 노발리스의 영향이 많이 보이는 것 같습니다. 특히 문학을 추구하는 정신에 대한 이야기가 그런 것 같아요.

릴케 사실 나는 늘 방랑생활을 하면서 살아왔어요. 오래 한 곳에 머무는 것을 끔찍이도 싫어했습니다. 어떤 타성에 빠지는 것, 속된 것으로 전락하는 것, 평범함에 물드는 것, 이런 것들을 경계했지요. 이것이 사실은 낭만주의적인 것 아니겠습니까?

김재혁 실제 많은 부분이 선생님은 낭만주의적 세계관 속에 있는 것 같습니다.

사진_김재혁

뮈조 성과 바로 붙어 있는 포도원

빛보다는 어둠을 좋아하고, 뚜렷한 경계보다는 무한한 것을 좋아하는 성향 속에 잘 나타나고 있어요. 낭만주의 시인 아이헨도르프의 〈어느 건달 이야기〉가 생각나기도 합니다.

릴케 기질이라는 것은 어쩔 수가 없나 봐요. 일종의 바탕이죠.

김재혁 선생님께서는 정말 순수하십니다. 이름도 라이너 마리아 릴케, 아닌가요? 발음상 "라이너"는 "순수한"이라는 뜻이 되죠. "순수한" 마리아 릴케 선생님!

릴케 또 농담을 하시네요. 잠시 그쳤나 했더니만…

김재혁 사실 이 책을 읽을 우리 학생들을 위해 한 농담입니다.

릴케 정말 직업에 충실하시네요. 내가 베네치아에 한때 머무른 적이 있는데, 그 집의 가정부가 나를 "포에타 마리아Poeta Maria"라고 불렀었죠.

김재혁 참 재치 있는 표현입니다. "시인 마리아 님!" 선생님께서 그만큼 순수하신 거죠. 그래서 사람들이 그렇게 편하게 대하는 겁니다.

릴케 좀 있다가 산책이나 함께 나가시죠. 오후에는 어제 말씀드렸던 대로 폴 발레리 시인이 오기로 되어 있어요.

김재혁 아, 여기 왔다가 그 시인까지 만나게 되는군요. 정말 복 받은 일정입니다.

릴케 그럼 산책 준비를 하고 오겠습니다.

릴케는 지팡이와 흰 장갑을 챙겨들고 중절모를 쓰고 나왔다. 손에는 그의 소지품이 들어 있는 작은 가방을 들고 있었다. 사진에서 많이 보아온 차림새였다.

산책에 나선
릴케의 모습

시에르 릴케 박물관

릴케 나이가 드니까 머리가 휑해서요. 중절모를 쓰지 않으면 너무 허전합니다. 지팡이도 허전한 손을 달래주는 거죠. 산책을 다녀와서 함께 점심을 드시지요.

김재혁 네, 감사합니다. 식사도 안 하시는 천사인 줄 알았습니다.

릴케 또 농담을 하시네요.

김재혁 릴케 선생님하면 늘 떠오르는 게 비가의 천사이거든요.

릴케 아, 그렇군요. 아무튼 산책을 나갑시다.

김재혁 산책을 멀리 나가시나요?

릴케 높은 곳까지 가는 그런 산행은 안 합니다. 이곳 시에르 지방이 알프스 산턱이라 이렇게 아름답지만. 그냥 머리를 식히는 정도지요.

김재혁 사실 운동을 지나치게 하는 것이 성찰하고 사유하는 데에는 안 좋은 것 같습니다.

릴케 네, 맞습니다. 이제 나가도록 하죠.

그렇게 우리는 산책을 했다. 온통 파란 빛 속에서 우리는 푸르게 물들며 걸었다. 낮은 지대는 포도밭 천지였다. 약간 높은 구릉 쪽에서는 바람이 허공을 돌고 있다가 릴케를 보고는 부드러운 목소리로 인사를 건넸다. 하늘에는 양털구름이 떠 있었다. 조금 올라가다가 우리는 걸음을 돌렸다. 대시인을 만난 날이라서 그런지 대기는 마냥 솜털처럼 포근하게 느껴졌다. 태양은 산 높은 곳에 떠서 시에르 지방의 사물들에게 온갖 빛깔의 옷을 해 입혔다. 그것을 보며 우리는 걸었고, 때로는 콧노래를 부르기도 했다. 릴케는 빌헬름 뮐러의 〈겨울 나그네〉를 가끔 읊조렸다. "방랑자 신세로 왔으니, 나 방랑자 신세로 다시 떠나네." 그 노래가 나를 두고 그리고 자신을 두고 하는 말같이 들렸다. 걸으면서 근원적인 음악이라는 말이 떠올랐다. 새도 고래도 다 나름의 고유한 노래를 부른다는 것이다. 조류학자들에 따르면 생식이나 경계싸움이 아니라 그냥 마음에서 우러나 노래를 부를 때 이들의 노래가 가장 아름답다고 한다. 시인도 이들과 함께 외적인 목적에서 벗어나 근원적인 노래를 부르는 사람이라고 생각했다.

릴케가 산책을 하던 길. 팻말에 '릴케 산책길'이라고 적혀 있다.
왼쪽의 십자가 모양은 시에르 지방에서 흔히 볼 수 있는 것으로 그곳 주민들의 신앙심을 나타내는 표지이다. 십자가에 예수의 상이 부착된 것도 있다_뒤 쪽

사진_김재혁

Promenade R.-

2부

뤼조 성 부근 산책

"너는 너의 삶을 바꾸어야 한다"

릴케와 뮈조 성 근처로 산책을 하며 나는 한국에 있는 독자들이 궁금해하는 것에 대해 이것저것 물어보았다. 릴케는 남의 말을 잘 들어주는 성격을 갖고 있었다. 익히 알고 있었던 사실이지만, 직접 내가 그 입장에 있어 보니 참으로 마음이 편안했다. 같은 테이블에 앉아 있어도 같이 앉아 있는 것이 아닌 사람들이 얼마나 많은가. 릴케는 목소리가 컸다. 허투루 삼키는 법이 없이 우주와 교류하듯 공기를 한껏 들이마셨다가 자신의 생각을 언어로 만들어 울림이 좋게 허공에 무늬를 놓는 듯했다. 그는 내가 하는 농담을 편하게 받아주었고 가끔 재치 있는 말로 나를 즐겁게 해주기도 했다. 푸른빛이 온 공간에 물들어 있는 약간의 오르막길에 이르렀을 때 내가 물었다.

사진_김재혁

뮈조 성 앞쪽의
산책길

김재혁 궁금한 게 있는데요. 좀 물어봐도 될까요?

릴케 너무 심한 것만 아니면 얼마든지 물어도 좋습니다.

김재혁 제 어법에 이젠 익숙해지신 것 같습니다. 저도 심한 말은 잘 안 하는 편이지만 가끔은 하거든요. 작품과 관련해서 궁금한 게 있어요.

릴케 네, 그게 뭔데요?

김재혁 선생님께서 파리에서 1908년에 쓴 〈고대 아폴로의 토르소〉라는 시가 있잖습니까? 그 시에 대한 질문인데요. 평소 저도 좀 궁금했고, 한국 독자들 역시 궁금해하고 있는 사항입니다. 일단 제가 그 시를 독일어로 암송하고 다시 한국어로 번역하여 들려드릴게요.

릴케 네, 기대됩니다. 내 시를 암송하고 그것을 다시 한국어로 옮겨주신다니요.

김재혁 **Archaischer Torso Apollos**

Wir kannten nicht sein unerhörtes Haupt,
darin die Augenäpfel reiften. Aber
sein Torso glüht noch wie ein Kandelaber,
in dem sein Schauen, nur zurückgeschraubt,

sich hält und glänzt. Sonst könnte nicht der Bug
der Brust dich blenden, und im leisen Drehen
der Lenden könnte nicht ein Lächeln gehen
zu jener Mitte, die die Zeugung trug.

Sonst stünde dieser Stein entstellt und kurz
unter der Schultern durchsichtigem Sturz

und flimmerte nicht so wie Raubtierfelle;

und bräche nicht aus allen seinen Rändern
aus wie ein Stern: denn da ist keine Stelle,
die dich nicht sieht. Du mußt dein Leben ändern.

고대의 아폴로의 토르소

안에서는 눈망울이 무르익어 갔을,
그 전대미문의 머리를 우린 보지 못했다. 그러나
그의 시선이 뒤틀려 박혀 가만히 빛을 발하고 있는
그의 몸뚱어리는 커다란 가스등처럼 여전히

불타오르고 있다. 그렇지 않고서야 어찌 그 가슴의
만곡이 너의 눈을 부시게 할까, 또 살포시 뒤틀린
허리로부터 어찌 한 가닥 미소가
생식을 품은 가운데 그곳을 향해 갈 수가 있을까.

그렇지 않다면 이 돌덩이는 두 어깨의 투명한 추락
아래 짤막하고 볼품없는 모습으로 서 있으리라.
또 맹수의 가죽처럼 그렇게 반짝이지는 못하리라;

또 별처럼 그렇게 제 모든 가장자리에서 빛을
내지도 못하리라: 너를 바라보지 않는 곳이란
한 군데도 없으니까. 너는 너의 삶을 바꿔야 한다.

이상입니다. 제 독일어 발음으로 선생님 시의 분위기가 제대로 살아났는지 모르겠습니다. 한국어는 모르실 테니 판단하실 수 없을 거고요.

릴케 아닙니다, 좋았습니다. 독일어로 된 시 연구를 오래 하셔서 그런지 시의 분위기를 살릴 줄 아시는군요. 저는 그것보다 한국어로 읽어주신 부분이 더 좋았습니다. 신비롭기도 하고요. 언어는 그것을 모를 때 더 정이 가는 것 같습니다. 한국어에 그런 잔잔함이 있는 줄은 몰랐습니다. 《코란》을 독일어로 번역했던 프리드리히 뤼케르트(1788-1866)라는 시인이 동방의 언어에 많은 관심을 가졌던 까닭을 이해할 수 있을 것 같습니다.

김재혁 감사합니다. 제 번역에서 그런 면을 느끼셨다니 영광입니다. 선생님도 번역을 많이 하셨죠. 선생님은 번역에서 무엇을 가장 중요시 하시나요?

릴케 나는 번역할 때 억지를 쓰는 것을 안 좋게 생각해요. 부드럽게 이루어지는 것이 좋습니다.

김재혁 어떻게 하면 번역이 원문을 부드럽게 전달할 수 있을까요?

릴케 깊이를 살리면 됩니다. 원문의 심오함 속으로 침잠해서 그것이 우러나도록 하는 거죠. 깊이가 있으면 번역문에서 원문을 느끼게 됩니다. 상호 교류가 이는 거죠.

김재혁 우리 독자들이 잘 이해할 수 있게 좋은 번역이란 무엇인지 한 마디로 말씀해주실 수 있을까요?

릴케 어려운 과제이군요. 이렇게 말씀 드리죠. 한 마디로 작품의 고유한 매력을 살리는 것이라고요.

김재혁 아, 그렇군요. 좋은 말씀 감사합니다. 뤼케르트는 학자이면서 시인이고 번역자였죠. 44개 외국어를 할 줄 알았다는데요.

릴케 뤼케르트는 시를 아주 많이 썼어요. 그것도 그렇지만 그분은 페르시아를 비롯한 아랍세계의 시인들을 많이 소개했어요. 나도 그분의 번역 시와 창작시를 많이 읽었습니다. 상당한 재주꾼이었지요.

김재혁 저도 뤼케르트의 〈나는 세상에서 잊혔네Ich bin der Welt abhanden gekommen〉라는 시를 좋아합니다. 특히 구스타프 말러가 작곡한 곡을 바리톤 피셔 디스카우가 부른 것을 즐겨 듣습니다. 정말 세상에서 완전히 잊혀 자기만의 세계 속에 침잠해 있는 듯한 느낌이 애절하게 다가옵니다.

프리드리히 뤼케르트. 베르타 프로리에프의 초상화(1864)

릴케 김 선생님은 서정적인 것에 관심이 많으신 것 같습니다. 네, 그건 그렇고 아까 제 시와 관련해서 물어보고 싶은 게 있다고 하셨는데요.

김재혁 먼저 이 시는《신시집》의 시 중 선생님의 대표작이지요. 그리고 루브르 박물관에서 토르소를 보시고 썼다고 알고 있습니다.

릴케 네, 그렇습니다. 밀레에서 출토된 기원전 6세기경의 작품이죠. 팔다리, 머리가 없는 상태로 발굴되었어요.

김재혁 선생님은 그렇게 불완전하고 미완성된 것에 어떤 끌림을 느끼셨던 것 같습니다.

릴케 네, 그래요. 나는 완벽한 것보다는 좀 부족해 보이는 것에 눈길이 갑니다. 로댕이 의식적으로 만든 토르소 작품을 보고 거기서도 많은 것을 느꼈습니다.

김재혁 선생님은 부인에게는 편지를 자주 쓰신 편인가요?

릴케 그건 갑자기 또 왜 물으시지요? 다시 좀 걱정이 되네요. 무슨 이야기가 나올지.

김재혁 아닙니다. 선생님의 예술과 관련된 중요한 말들이 제가 알기로는 부인에게 쓴 편지에서 가장 많이 나오는 것 같거든요. 세잔의 그림에 대한 이야기도 그렇고요.

릴케 아, 그런가요? 별걸 다 주목하시는군요. 아무래도 안사람에게 털어놓는 게 좋지 않을까요? 다른 사람보다?

김재혁 선생님의 생활방식 때문에 부인께서 고생 좀 많이 하셨을 것 같습니다. 여성 팬도 많고요. 그래서 결혼을 하면서 부인에게 "서로의 고독을 지켜주는 파수꾼이 되어주자"고 하신 것 아닌가요?

릴케 다시 폐부를 찌르는 말이 밀려오는군요. 우리가 각자 예술가이기 때문에 그런 말을 했던 것 같습니다. 예술적 공간, 삶의 공간, 그것을 자유로써 지키고 싶었던 거죠.

김재혁 저도 이해합니다. 사람은 사랑하면 지극히 소유를 하려고 하지요. 그것이 대개는 갈등과 불화의 원인이 되고요. 그래서 선생님께서는 "소유하지 않는 사랑"이라는 모토도 만들어내셨죠. 제가 번역해서 낸 선생님의 시집 제목도 "소유하지 않는 사랑"입니다.

릴케 사랑은 고독 속에서 제대로 성장한다고 봅니다. 표피적인 것 쪽으로 몰리지 않고, 무게중심을 갖춘 사랑이 진정한 사랑이겠지요.

김재혁 사랑 이야기로 잠시 방향이 틀어졌었는데요. 다시 시로 돌아가겠습니다. 1902년 9월 2일에 부인에게 쓴 편지 중에 로댕의 아틀리에에서 손, 발, 다리가 제각각으로 떨어져 있는 조각상과 토르소를 보고 깊은 느낌을 받았다는 내용이 있더군요. "이 각각의 조각난 부분들은 나름의 멋진 통일성을 이루고 있어서 그 자체로 가능하며, 보충이 필요 없을 정도라오"라고요.

릴케 네, 그렇습니다. 오히려 나는 각자 떨어져 있는 것을 상상으로 채워서 붙이면 더 영원하고 완벽한 것이 될 수 있다고 보거든요.

김재혁 위 시에서도 보면 없는 것을 상상하면서 오히려 부정적인 상황을 긍정적인 쪽으로 전환시키는 방식이 멋져 보입니다. 저는 거기서 제일 중요한 초점이 "눈"이라고 보는데요. 선생님 생각은 어떠세요?

릴케 네, 제대로 보셨어요. 인간의 신체 기관 중 자신을 가장 잘 드러내는 것이 눈이라고 합니다. 보통 눈을 영혼의 창문이라고 하잖아요. 눈이 그 사람의 심적 아름다움을 보여주는 척도라는 거지요.

김재혁 얼굴도 없고 그러므로 눈도 없어진 토르소를 "눈"이 몸속으로 들어가 틀어박혀 있다고 상상한 선생님의 기법이 참으로 멋집니다. 물론 루브르 박물관의 조명 때문에 그렇게 환하게 빛을 발하였겠지만 말입니다.

릴케 김 선생님은 핵심을 찔러 말씀하시는 쪽이죠. 하하…

김재혁 그런데 이렇게 한 편의 시를 쓰기 위해서는 선생님만의 어떤 작업방식 같은 것이 있을 텐데요.

릴케 일단 토르소가 되어 보는 겁니다. 배우들이 자신의 배역을 위해 권투선수 역을 맡는 사람은 몸무게를 거기에 맞추고 근육을 키우고 6개월 이상씩 운동을 하잖아요. 나도 그와 다르지 않습니다.

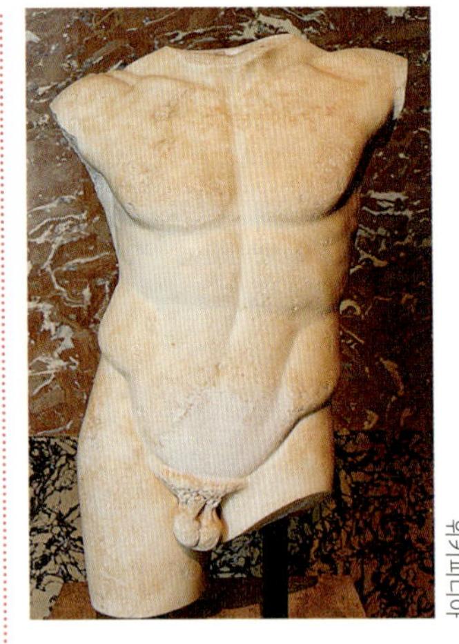
위키피디아

디아두메노스 타입의 토르소. 기원전 440년에서 430년 사이에 제작된 그리스의 원형을 기초로 2세기 초에 만든 로마시대 복제품

아우프데어브르크 박물관

릴케가 쓰던 손수건. 가운데 약간 위쪽에 그의 이름의 약자 RMR이 수놓아져 있다

김재혁 그만큼의 집중의 결과가 작품으로 나오는 거군요. 선생님의 젊은 시절의 창작방식과는 사뭇 달라졌습니다.

릴케 초년기에는 골방에 누워서 시가 감나무에서 떨어지기를 바라는 형태였지요. 그러니 좋은 시를 쓰기 힘들더군요. 적극적 영감을 찾아 나선 거죠.

김재혁 머리도, 눈도, 팔도 다리도 없는 토르소가 선생님의 시 쓰기를 통해 하나의 조화로운 표정을 갖게 되었습니다. 거기서는 후광을 드리운 부처님의 미소 같은 것이 뻗쳐 나오는 것 같습니다.

릴케 김 선생님의 해석이 정말 멋지군요. 사물에 대한 적극적 해석이 그걸 가능하게 만든다고 봐요.

김재혁 문법적으로는 수사적 의문법과 접속법 2식 즉 영어의 가정법인가요?

릴케 내가 낭만주의적 기질을 보이는 것도 아마 그런 것 때문인 것 같습니다. 현실에 빠져 있고 결핍되어 있는 것을 가정을 통해 더 높은 시적 현실로 만드는 거죠.

김재혁 "또 별처럼 그렇게 제 모든 가장자리에서 빛을/내지도 못하리라." 바로 이런 거죠. 몸 안에서 토르소의 눈이 가스등처럼 빛을 발하니까 토르소가 빛을 낸다는 거죠. 그 빛은 예술의 아름다움인가요?

릴케 아폴로는 예술의 신이지요. 빛의 신이기도 하고요. 그 빛을 보는 사람은 자신의 마음속까지 환해질 수밖에 없습니다. 여기서부터 시의 화자는 뭔가 변화할 수밖에 없는 상태로 접어드는 거지요.

김재혁 "너를 바라보지 않는 곳이란 한 군데도 없다." 이것이 결론에 이르기 전의 핵심 멘트인 것 같습니다. 작품이 수천 개의 눈으로 자신을 바라본다는 것이지요.

릴케 그러면 어떻게 해야 합니까? 그것을 바라보던 관찰자는?

김재혁 아, 그래서 작품 끝에 "너는 너의 삶을 바꾸어야 한다"는 말이 나오는 거군요. 아폴로 신의 그 강렬한 아름다움 앞에 관찰자는 벼락을 맞은 사람처럼 몸과 마음이 변하는 것이지요.

릴케 제대로 이해하셨습니다. 김 선생님은 제가 말을 나눠본 사람들 중 시를 잘 이해하는 사람 중의 하나입니다.

김재혁 아, 그런가요? 감사합니다.

릴케 그런데 아직 궁금해하시던 그 질문은 안 나온 것 같습니다.

김재혁 네, 그렇습니다. 그 질문은 선생님과 거의 동년배의 시인인 후고 폰 호프만스탈(1874-1929)과 관련된 것이죠.

릴케 아, 제 친구 말씀이군요.

김재혁 호프만스탈과는 평생 서신교환도 하면서 친하게 지내신 걸로 알고 있습니다.

릴케 그렇죠. 호프만스탈은 집안도 부유했고, 그 시인은 어릴 때부터 문재文才를 드러냈습니다. 저하고는 많이 다른 편이지요. 일종의 천재라고나 할까요.

김재혁 선생님께서는 스스로를 천재라거나 머리가 좋다고 생각한 적이 없나요?

릴케 그런 생각은 해본 적이 없습니다. 그저 주어진 어떤 과제이든 극복해야 한다고 생각했죠.

김재혁 성실을 무기로 삼으셨군요. 아마도 그것 때문에 호프만스탈은 초창기의 문명文名에 비해 일찍 시들어버린 편인 것 같습니다.

릴케 그는 그로서의 개성을 갖고 있는 거지요.

김재혁 네, 그렇다고 생각합니다.

릴케 그런데 되게 뜸을 들이시는군요. 대체 그 궁금한 질문거리가 뭐죠?

김재혁 아, 네. 이제 말씀드리겠습니다. 바로 그 호프만스탈이 선생님의 〈고대 아폴로의 토르소〉를 평하면서 마지막 구절 "너는 너의 삶을 바꾸어야 한다" 때문에 완벽하게 잘 된 작품을 망쳤다고 했다는 겁니다.

후고 폰 호프만스탈

릴케 아, 그래요? 어디서 들었나요?

김재혁 카타리나 키펜베르크라고 선생님의 책을 주로 내주는 독일 인젤 출판사 사장의 부인이죠. 1927년 10월 30일자 편지에서 그랬답니다.

릴케 그거 내가 죽고 나서 한 말이네요. 참, 그 친구 그렇게 안 봤는데, 좀 기분이 그렇습니다.

김재혁 제가 괜한 말씀을 드린 것 같습니다. 그래도 한 말씀 더 드리자면 아주 "경악스럽기까지 하다"고 했다는 군요.

릴케 아니, "너는 너의 삶을 바꾸어야 한다"는 말을 그 시에 집어넣었다고 그런 심한 말까지 하다니! 그 친구가 나를 오해한 것 같군요. 나는 원래 남의 평에 귀를 기울이는 편이 아니에요. 그런데, 이건 좀…

김재혁 그렇다면 선생님께서는 그 구절을 넣은 이유가 있나요? 아폴로의 토르소를 묘사하다가 느닷없이 "너는 너의 삶을 바꾸어야 한다"고 한 이유가?

릴케 그건 자연스런 귀결이지요. 아름다움의 극치를 바라보고 거기에 온몸이 꿰뚫리도록 빛을 쐰 사람이 어찌 그 작품을 보기 전과 같을 수 있겠어요?

김재혁 정말 맞는 말씀입니다. 그런데 그것 말고도 선생님께서는 시적 장치 설정의 대가이시니까 밝히시지 않은 은밀한 비밀이 있을 것 같은데요.

릴케 김 선생님은 정말 집요하세요. 뭐가 더 있겠어요?

김재혁 아무래도 있지 않을까요?

릴케 사실 나는 이 시 자체도 토르소처럼 은근히 조각내놓고 싶었던 거예요.

김재혁 어떻게요?

릴케 완벽하게 한 편의 사물시로 만들어놓으면 사람들이 내 대표적인 사물시인 〈표범〉처럼 완결성을 갖춘 그런 시로 간주해버릴 테니까요.

김재혁 아, 그렇군요. 그렇다면 일종의 충격요법을 쓰신 건가요?

릴케 그렇죠. 이 시 자체가 또 다른 토르소가 되게 한 거죠.

김재혁 정말 대단하십니다. 그렇게 해서 사람들의 주목을 끌어내다니요. 그 구절 때문에 많은 논문들이 나왔죠.

릴케 그런가요? 사람들 참 대단하네요. 답이 됐나요?

김재혁 아주 속이 후련합니다. 선생님에게서 인간적인 면모를 본 것도 그렇고요.

뮈조 성관에서 사립문을 열고 나와 오른쪽으로 비탈길을 올라가니 얼마 안 가 왼쪽에 조그만 예배당이 나타났다. 릴케가 즐겨 찾는 예배당이었다. 예배당 마당 한쪽의 큰 참나무 밑에 벤치가 있었다. 우리는 그곳에서 잠시 쉬기로 했다. 릴케는 안주머니에서 수첩을 꺼내더니 뭔가를 적기 시작했다. 글을 쓰는 가운데 릴케의 얼굴에 다시 평화로운 기운이 감돌았다. 그에게 글쓰기는 그런 마음의 안정을 주는 것 같았다.

릴케 나는 가끔 이 작은 예배당에 들릅니다. 성탄절이 되면 이곳에 촛불을 밝히고 제단을 크리스마스로즈로 장식하죠. 이곳에 와서 가만히 앉아 있으면 마음이 고요해집니다. 거의 신성한 느낌마저 들죠. 밖에서 시골 닭이 목을 놓아 울 때면 이곳의 고요가 더욱 성스럽게 느껴진답니다.

김재혁 선생님은 이런 종교 의례를 싫어하시는 걸로 알고 있었는데요.

릴케 물론 기독교의 가식적이고 겉껍질뿐인 의식은 싫어해요. 그렇지만 저 아래 눈 속의 조용한 나의 작은 집을 갖고 있고 이곳에 와서 이렇게 조용한 예배당을 혼자서 누릴 수 있다는 게 얼마나 좋은가요.

김재혁 선생님은 종교 자체를 싫어하시는 게 아니라 그것이 변질된 것을 멀리하는 것 같습니다.

릴케 그렇습니다. 나는 종교성이라든가 경건함 같은 것은 존중해요.

김재혁 사실 선생님의 삶과 문학에서 그런 것을 느끼는 것은 어렵지 않아요. 그것이 선생님의 생명 같은 것이기도 하고요.

릴케 이렇게 이곳에 앉아 있으니 참 좋군요. 괴테의 《젊은 베르테르의 슬픔》에도 이런 분위기가 나오죠. 이런 뜰에 앉아 있으면 자연과 하나 되는 듯한, 그리고 역사와 내가 하나 되는 듯한 느낌이 듭니다.

김재혁 역사라는 양탄자 속에 직조된 한 올의 실로 느끼시는 거군요. 그래서 선생님의 시에서는 역사와 현재가 함께 손을 잡고 진지한 대화를 나누는 것 같은 분위기가 보입니다.

릴케 자기가 거처하는 사회나 역사의 영향에서 자유로울 수 있는 사람은 없지요.

김재혁 네, 그렇습니다. 저기 우물이 있군요. 물을 한 모금 먹겠습니다.

릴케 그러죠. 같이 가시죠.

김재혁 물이 아주 시원하네요. 이곳도 알프스 자락이니 만년설이 녹아 땅 속으로 스민 것 같습니다.

릴케 네, 시원하죠? 한국은 시를 아주 사랑하는 나라라고 들었어요. 그쪽 시인들은 어떤 시를 쓰나요? 김 선생님의 시도 독일어로 번역된 것을 읽어본 적이 있어요.

김재혁 대단치 않은 제 시까지 읽어주시다니요. 정말 감개가 무량합니다.

사진_김재혁

뮈조 성에 살던 릴케가 자주 들르던 '성 안나 예배당'.
뮈조 성에서 약간 올라와 왼편에 있다

릴케 시에는 어떤 정답이 있는 것은 아니지요. 다만 인생을 노래한다는 공통점은 있어요.

김재혁 한국은 옛날부터 관리를 뽑을 때 과거라는 것을 보았는데, 그때 시를 잘 쓰는 사람을 뽑았습니다.

릴케 아이고! 시를 잘 쓰는 사람을 뽑았다고요? 그러면 나도 한국에서 태어났으면 한 자리 했겠네요. 시도 쓰고 관리로 활동도 하고, '꿩 먹고 알 먹고'네요.

김재혁 아니, 릴케 선생님이 어디 그런 말씀을! 관직이라는 것은 시를 죽이지요.

릴케 농담으로 해본 말입니다. 한국에도 시를 도발적으로 쓰는 사람이 있나요? 저는 그런 편은 아닌데요.

김재혁 일종의 실험이죠. 이상(1910-1937)이라는 사람이 그런 시를 썼지요. 〈오감도〉라는 시죠.

릴케 아, 이를테면 어떤 시죠?

김재혁 위와 같은 시죠. 시의 제목은 〈오감도 제4호. 환자의 용태에 관한 문제〉입니다. 환자를 의사인 이상 시인이 검사한 내용입니다.

릴케 아주 어렵군요. 거울에 비춰봐야 할 것 같기도 하고요. 환자가 뭔가를 거꾸로 보는 것 같은데, 제정신이 아닌가 보군요.

· 0 9 8 7 6 5 4 3 2 1
0 · 9 8 7 6 5 4 3 2 1
0 9 · 8 7 6 5 4 3 2 1
0 9 8 · 7 6 5 4 3 2 1
0 9 8 7 · 6 5 4 3 2 1
0 9 8 7 6 · 5 4 3 2 1
0 9 8 7 6 5 · 4 3 2 1
0 9 8 7 6 5 4 · 3 2 1
0 9 8 7 6 5 4 3 · 2 1
0 9 8 7 6 5 4 3 2 · 1
0 9 8 7 6 5 4 3 2 1 ·

김재혁 이상이라는 시인의 시가 이런 도발성을 안에 갖고 있어요. 제가 보기엔 위 시는 거울에 비춰서 보면 답이 나올 듯합니다. 반은 정상적 숫자의 배열이 앞으로 나아가고, 반은 정상적 숫자의 배열에서 뒤로 물러납니다. 그러므로 위 시는 삶과 죽음의 경계를 보여주는 것 같습니다. 환자의 용태는 삶이 반, 죽음이 반인 셈이죠.

릴케 김 선생님의 해석을 듣고 보니 그런 것 같기도 한데요. 이러한 유의 시는 시적 확장이라는 면에서는 좋지만 언어예술작품으로서의 시의 기본에서는 멀어진 듯한 느낌입니다. 물론 새로움은 있어요.

김재혁 이런 풍으로 쓴 독일 시인 중 크리스티안 모르겐슈테른(1871-1914)이 있지요. 릴케 선생님보다 4년 연배가 위인 분이죠. 그의 대표작인 〈물고기의 밤 노래〉를 볼까요? 이렇게 썼습니다.

—
◡ ◡
— — —
◡ ◡ ◡ ◡
— — —
◡ ◡ ◡ ◡
— — —
◡ ◡ ◡ ◡
— — —
◡ ◡ ◡ ◡
— — —
◡ ◡
—

릴케 이 분도 상당히 실험적인 분이지요. 물고기가 뻐끔거리는 걸 그린 듯하네요. 헤엄을 치면서.

김재혁 시의 영역 확대라는 면에서 별로 나쁘지 않다고 생각합니다. 저는 개인적으로요. 예술이란 자유를 추구해야 하니까요.

릴케 저도 그런 편이긴 한데, 그래도 언어를 떠나서 저렇게 하는 건 무슨 의미가 있는지 모르겠습니다.

김재혁 선생님께서는 원래 언어 하나하나에 심혈을 기울이시는 시인이니 당연한 말씀이라고 생각합니다.

릴케 뭐 내가 좀 구식으로 보일지 모르지만, 시는 예술입니다. 예술은 심미적 아름다움을 갖추어야지 거기서 감동을 자아낼 수 있습니다. 감동이 우리를 변하게 하는 거지요. 〈고대의 아폴로의 토르소〉처럼. 물론 시라는 이름으로 뭐든지 할 수 있다고 봅니다.

김재혁 그렇습니다. 예술은 취향의 문제이고, 예술에 정답이 있는 건 아니니까

아우프데어부르크 박물관

뮈조 성을 찾아온 손님들과 찍은 사진. 앞줄 오른쪽에 릴케의 모습이 보인다

요. 그래도 시라는 것이 독자에게 유희를 주고 지적으로 참여할 기회를 준다면 좋지 않을까요?

릴케 물론 그렇지요.

김재혁 요즘에도 대중들 중에는 쉽고 재미있는 시를 읽고 즐기며 선호하는 경향이 있어요. 그런 것은 어떻게 생각하시는지요?

릴케 나도 나이가 어릴 적엔 독자를 의식해서 감성적인 시들을 많이 썼어요. 그것들로 사람들에게 어필해보려고 했던 거지요. 요즘에도 그런 나의 치기어린 시를 좋아하는 독자들이 있어요. 취향이 그렇다면 어쩔 수 없는 거지요. 다만, 나는 청춘 시절의 그 시들을 이젠 인정하지 않아요.

김재혁 독일어로 그런 시들을 "유겐트쥔데Jugendsünde"라고 하죠. "청춘 시절에 저지른 죄"라고요. 나이 들어 그런 시들을 보면 정말 부끄러울 것 같습니다. 그렇지 않을 수도 있지만요.

릴케 그래요. 클래식이 있으면 유행가도 있는 법이니, 대중을 위해서는 다 필요한 거죠. 이제 슬슬 내려갈까요? 폴 발레리가 온다고 했으니 가서 기다려야 합니다.

내려가는 오솔길 양쪽에 들꽃들이 보랏빛으로 듬성듬성 피어 있었다. 약간 바란 빛의 푸른 잉크 같은 꽃과 삼베 빛 색깔의 누런 꽃도 눈에 띄었다. 멀리 알프스의 만년설이 정오의 햇살에 유리창처럼 반짝였다. 릴케는 지팡이를 휘휘 휘두르며 기분이 좋은 듯 하늘에 문자를 쓰는 시늉을 했다. 하늘을 콕콕 찌르기도 했다. 그때 나는 불현듯 어떤 생각이 났다.

김재혁 방금 하늘을 향해 지팡이를 두 번 찍으셨잖아요? 그건 혹시 쌍점(:)을 찍으신 것 아닌가요?

릴케 아니, 그걸 어떻게 아셨습니까? 참, 눈썰미도 뛰어나세요.

김재혁 무슨 뜻으로 그러셨나요?

릴케 특별한 뜻이 있는 건 아니고요. 독일어에서는 문장부호로 쌍점(:)을 쓰면 자기가 한 말을 다시 설명하는 거잖아요. 그러니까 나의 시론은 아까 말씀드렸던 대로라는 거지요. 다시 한 번 설명하자면요.

김재혁 아, 그렇군요. 그러면 두 번째 흔드실 땐 위에는 찍고 아래쪽으로는 쉼표처럼 삐쳐 내리셨어요. 그건 혹시 쌍반점 아닌가요?

릴케 그렇습니다. 이 쌍반점(;)의 뜻은 대비를 말하죠. '반면에'라고 하는 거지요. 그러니까 아까 한국의 이상이라는 분의 시 같은 경우 나와 대비적으로 있을 수도 있다는 거죠. 인정하는 겁니다. 예술은 자유이니까요.

김재혁 역시 릴케 선생님답습니다.

사진_김재혁

중세 고성이 곳곳에 있는
시에르 지방 풍경

뮈조 성관 정원 쪽에서 누군가 외투를 입은 차림의 키가 크고 당당한 풍채의 한 사나이가 지팡이를 들고 서성이고 있었다. 정원의 벤치에 앉더니 장미꽃을 물끄러미 바라보았다. 뮈조 성관에 아주 익숙한 사람 같았다. 가까이 가니 그는 다름 아닌 폴 발레리였다. 약속 시간보다 일찍 도착해서 그곳의 햇볕을 쬐고 있었던 것이다. 그는 릴케와 반갑게 포옹을 했다. 거의 한 형제처럼 보였다. 그리고 그는 내게 손을 내밀었다. 나는 가볍게 악수를 했다. 드디어 프랑스 상징주의 시인과 첫 만남을 갖게 된 것이다. 뮈조 성의 잔디가 있는 정원 탁자에는 점심이 성찬으로 차려져 있었다.

뮈조 성
정원에서

'풍광風光이 좋다'라는 우리말 표현에 맞게 시에르는 경치와 함께 바람과 햇살도 좋았다. 우리는 뮈조 성관의 앞마당 나무 밑에 차려진 식탁에 앉았다. 장미 문양이 하얗게 돋을새김으로 수놓아진 흰 식탁보가 인상적이었다. 식탁보에서도 릴케의 평소 섬세한 취향이 묻어났다. 릴케가 내 건너편에 앉았고, 테이블에서 좀 떨어진 곳 건물 입구에는 뮈조 성에서 일을 거들어주는 여성이 서 있었다. 릴케는 내게 이번에도 뮈조 성 옆의 포도밭에서 직접 가꾼 포도로 담근 와인을 한 잔 권했다. 시에르 시내에서는 아침부터 카페마다 노인들이 나와 와인을 마시며 담소하는 장면을 쉽게 목격할 수 있다. 릴케가 전쟁의 폐해에 눌려 마음의 안정을 찾기 위해 곳곳을 수소문하여 구한 장소인 이곳 시에르에서는 전쟁이라는 재난을 겪지 않아서 그런지 사람들의 얼굴에서도 편안함과 정겨움이 느껴졌다. 이들의 참되고 조용한 삶이 부러웠다. 내가 먼저 이야기를 꺼냈다.

사진_김재혁

뮈조 성

정원

김재혁 저 여자분이 이 동네 출신으로 선생님 집안일을 돌봐주는 그 프리다 바움가르트너인가요?

릴케 네, 맞습니다.

김재혁 어디서인가 봤는데 저 분에게 감사의 글을 선생님이 쓰신 적이 있던데요.

릴케 아, 스물여섯 살 때부터 이곳에 와서 나를 도와주었어요. 음식 솜씨도 좋고 성격 또한 아주 활달하고 밝은 데다 무슨 일이 있어도 변함없는 항심을 갖고 있어서 마음의 변화가 심한 나 같은 사람에겐 더 없는 축복이지요. 집 안의 은촛대도 반짝반짝하게 닦아놓고 정원의 잡초도 뽑고 아주 부지런한 사람입니다. 그래서 감사의 뜻으로 이런 글을 적어서 준 적이 있어요. (릴케는 그러더니 주머니에서 쪽지를 하나 꺼냈다. 그는 그 종이쪽지를 내게 보여주었다.)

김재혁 선생님의 필체는 정말 아름답습니다. 마치 그림을 인쇄한 것 같습니다. 선생님의 모습과도 닮아 있어요.

릴케 어떤 모습이죠?

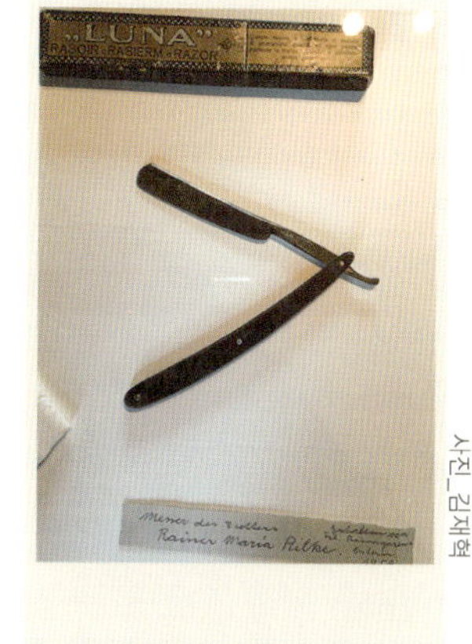

사진_김재혁

릴케가 사용하던 면도기 (라론 부르크키르헤 박물관 소장)

김재혁 어느 사진에서나 면도질을 깨끗이 한 모습이죠. 수염을 가꾸는 것도 힘든 일일 텐데요.

릴케 그래요. 면도야말로 대충할 수는 없는 일이지요. 그러면 얼굴을 망가뜨리게 되니까요. 저기 현관 쪽 세면대 옆에 있는 면도기가 내가 쓰는 펜만큼이나 나에게는 정이 든 물건입니다.

김재혁 글씨체는 쿠렌트체이군요. 근세부터 20세기 초엽까지 사용된 독일식 필기체죠. "쿠렌트"는 '쿠레레' 즉 '달린다'는 뜻의 라틴어에서 연유하는 거죠. 잠깐 이 쪽지에 적힌 내용을 제가 한 번 읽어보겠습니다. 소리 내서 읽어도 괜찮겠죠?

릴케 물론입니다.

김재혁 "뮈조 성의 조용하고 충실한 조력자이자 훌륭한 동거인인 프리다 바움가르트너 양에게, 이 겨울의 쓸쓸한 저녁들을 위해. 라이너 마리아 릴케(1921년 성탄절에) 뮈조 성관에서."

릴케 좀 쑥스럽네요. 저기 저렇게 서서 듣고 있으니.

김재혁 우리가 있는 이 뮈조 성은 어느 독지가가 구입하여 선생님께 사용할 수 있게 했다고 들었습니다.

릴케 베르너 라인하르트(1884-1951)라는 분이지요. 스위스의 유명한 기업가이자 예술옹호자입니다. 저뿐만 아니라 이고르 스트라빈스키, 리하르트 슈트라우스, 아르놀트 쇤베르크 같은 분들도 많은 도움을 받았어요. 빈터투어에 있는 그분의 별장은 여러 예술가들이 만나는 사교장 역할을 한답니다.

김재혁 선생님에겐 이 뮈조 성이 정말 고마운 존재겠어요.

릴케 그래요. 사실 나는 《두이노의 비가》를 끝내고 나서 밖으로 나가 이 작은 성관을 마치

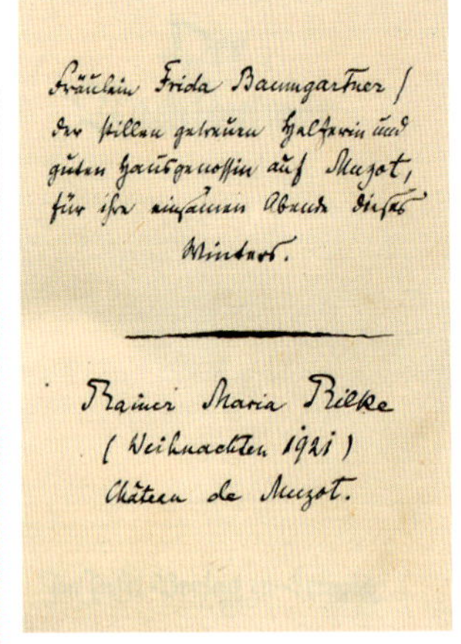
Fräulein Frida Baumgartner / der stillen getreuen Helferin und guten Hausgenossin auf Muzot, für ihre einsamen Abende dieses Winters.

Rainer Maria Rilke
(Weihnachten 1921)
Château de Muzot.

릴케가 뮈조 성관에서 집사 역할을 하던 바움가르트너에게 써준 감사의 글

시에르 릴케 박물관

프리다 바움가르트너 (1895-1979)

늙은 큰 짐승처럼 쓰다듬어 주었어요. 너무 고마워 눈물이 나왔습니다.

김재혁 저라도 그랬을 것 같습니다. 그만큼 창조의 폭풍을 고스란히 견디어주었을 테니까요, 이 뮈조 성관이요. 얼마나 고마웠는지 선생님은 그 말씀을 틈만 나면 하십니다.

릴케 그래요. 정말 그 당시엔 먹는 것을 생각할 겨를이 없었어요. 누가 나를 먹여 살려주었는지는 신만이 알 겁니다.

(그때 음식을 들고 테이블로 다가와 있던 프리다 바움가르트너가 활달하게 웃으면서 말했다.)

프리다 누가 먹여 살려주었겠어요? 선생님을요! 바로 저죠. 물론 선생님은 그때는 먹는 것에 대해서는 별로 신경을 쓰시지 않았어요. 하지만 선생님의 식욕이 당시에 평소와 다르게 더 나쁘지도 않았어요.

릴케 (릴케는 빙긋 웃으며 말한다) 정말 충실하고 이곳에 없어서는 안 될 적임자랍니다. 저걸 다 기억하고 있으니. 거짓말도 못 하겠어요.

프리다 그 쪽지만 주신 것은 아니에요. 책도 함께 선물하셨죠. 슈티프터의 《늦여름》이었어요. 그뿐이 아니에요. 이곳에서 선생님께서 마무리를 지은 은혜의 산물 《두이노의 비가》도 한 권 선물해주셨어요. 1923년 성탄절에요.

릴케 프리다는 책 읽는 것을 좋아해요. 산책할 때 이야기를 들어보면 안 읽은 책이 없어요. 고트헬프, 헤벨, 슈토름, 그릴파르처, 실러, 괴테, 톨스토이, 도스토옙스키 할 것 없이 다 읽었더군요.

프리다 선생님은 내 이야기를 아주 잘 들어주셨죠. 그렇지만 그것을 자랑했다가 선생님에게 핀잔을 듣기도 했어요.

김재혁 왜요?

프리다 선생님은 저한테 요한 가우덴츠 폰 잘리스 책을 읽어봤냐고 물으셨어요. 그러고는 어느 날 저녁에 폰 잘리스의 작은 책을 한 권 제게 건네주

아우프데어부르크 박물관

작가 레기나 울만과 프리다 바움가르트너. 오른편 뒤쪽에 시에르 풍경이 보인다

시면서 말씀하셨어요. '자, 이제 당신의 요한 가우덴츠 폰 잘리스를 읽어봐요.'라고요.

릴케 참, 별 이야기를 다 하는군요, 프리다.

프리다 사실 저는 그때 많이 창피했어요. 선생님 앞에서 자랑했다가 한 방 먹은 거죠. 잘 알지도 못하는 작가들만 늘어놓고, 정작 스위스 작가는 제대로 읽지 못했으니까요.

김재혁 저도 요한 가우덴츠 폰 잘리스는 처음 들어봅니다.

릴케 1762년에 태어난 스위스의 시인입니다. 자연과 고향을 주로 노래했어요. 괴테, 헤르더, 실러, 마티손과도 친교를 맺었고요. 시인 마티손과 특히 친했어요. 그래서 감상적인 면이 좀 있지요.

김재혁 아, 그랬군요.

프리다 실례했어요, 선생님. 제가 끼일 자리가 아닌데요.

릴케 괜찮아요, 프리다. 지하실에 가서 포도주 한 병만 더 갖다 줘요. (바움가르트너는 현관문 바로 아래쪽에 있는 출입구를 통해 지하실로 내려간다.)

김재혁 아주 유쾌하신 분이군요. 포도주를 어느 새 한 병을 거의 다 비웠습니다.

릴케 시에르에서는 아침부터 포도주를 반주로 많이 마십니다. 지하실에 보관한 포도주가 제대로입니다. 이곳 성관이 중세 때 지은 거라 지하실은 제법 자연냉장고 역할을 해요. 전기도 안 들어오는 곳이니 더 그렇지요.

김재혁 맞습니다. 그런데 식탁을 보니 거의 다 채소들이군요. 고기는 전혀 없어요.

릴케 아, 예. 내가 고기를 입에도 대지 않아서요. 프리다도 아마 나의 까다로운 채식주의 입맛을 맞추느라 고생을 했을 겁니다. 특히 싱싱한 채소가 없는 겨울이 힘들죠. 그래서 채식주의를 잘 실천할 수 있도록 채식주의 식단 차리는 법이 있는 요리책도 사서 주었어요.

김재혁 정말 선생님의 입맛에 맞추기가 힘들었을 것 같습니다.

릴케 그렇다고 무엇을 복잡하게 요리하는 게 아닙니다. 그런 것을 나는 좋아하지 않아요. 그냥 단순 소박하게 먹는 것을 좋아해요. 밥이든 밀가루 음식이든. 대신 거칠게 만들면 안 되고 부드럽고 섬세하게 만들어야 해요. 거친 것은 소화를 시키지 못하거든요.

김재혁 단순 소박하면서도 부드럽고 섬세하다는 조건이 꽤 힘들어 보입니다. 상충하는 것 같기도 하고요.

릴케 채식이라고 해서 무나 고구마를 생것으로 먹는 것은 아닙니다. 쌀이나 밀가루로도 여러 가지 요리를 섬세하게 변주하여 만들 수 있으니까요. 야채 죽도 다양하고 마카로니 요리도 다양하지요. 경단 종류인 그노치는 일품이고요.

김재혁 선생님의 입맛을 맞추려면 정식으로 요리학교에서 뭔가 배웠어야 할 것 같습니다. 요구조건이 많으니 감으로만 할 수는 없을 것 같군요.

릴케 그러면 더 좋죠. 나는 그냥 마구잡이로 하는 것보다 그렇게 배워가며 자신의 영역을 넓히고 깊이 있게 하는 것을 좋아합니다.

김재혁 그러면 임금을 좀이라도 더 주시나요?

릴케 물론이죠.

김재혁 선생님은 건강상 담배는 안 하실 것 같고요.

릴케 맞습니다. 담배는 피우지 않아요. 그래도 나를 찾아오는 손님들을 위해 시가나 궐련을 마련해놓기는 하죠.

김재혁 혹시 커피도 안 마시나요?

릴케 아닙니다. 커피는 좋아해요. 꽤 마시는 편이죠.

김재혁 그건 의외입니다. 건강 상 안 마실 줄 알았는데요.

릴케 커피를 마시면 각성이 돼서 글을 쓸 때 좀 도움이 됩니다. 비엔나커피를 즐기죠.

김재혁 선생님이 채식주의를 몸소 실천하시는 데에는 어떤 특별한 의미가 있나요?

릴케 삶의 형태를 바꾸어보자는 거죠. 기존에 그냥 내려온 방식을 바꾸어 자기혁신을 꾀해보려 하는 겁니다.

김재혁 외적인 어떤 괴벽을 추구하는 것이 아니라 정신적 변화를 꾀하려는 것으로 이해됩니다. 새로운 삶에서 새로운 예술을 잉태할 수 있으니까요.

릴케 뭔가를 삶에서 바꾸어보는 일은 늘 필요합니다. 특히 마음자세의 변화가 있어야 해요. 안 그러면 새로움과 발전이 있을 수 없어요.

김재혁 동양의 불교에서도 육식을 금하죠. 그건 어떤 평화주의의 메시지라고 할 수 있어요.

릴케 그것은 내가 추구하고자 하는 것과 유사합니다. 가신 오르페우스를 믿는 고대 그리스의 사람들 역시 채식주의자들이었죠.

김재혁 아, 그렇군요. 선생님도 그 영향을 받았나 봅니다. 선생님도 오르페우스를 숭상하잖습니까?

릴케 물론 그런 면이 있습니다. 유럽에서는 19세기 후반기에 예술가들과 지식인들이 채식주의를 많이 따랐습니다. 손님들이 집에 찾아오니까 나도 집에 고기를 마련해놓기는 해요. 김 선생님은 고기를 좋아하시나요?

김재혁 고기를 먹을 줄은 압니다. 고기보다는 생선을 좋아하는 편이죠. 한국에서는 생선을 회로 해서 먹습니다.

릴케 아, 생선을 날로 먹는다고요? 그것을 일본식당에서 보기는 했지만 나는 입에도 못 댔습니다.

김재혁 아쉽습니다. 지상의 음식을 다 못 드시다니요. 지상의 음식을 먹는다는 것은 사실 범신론적인 합일 아닌가요?

릴케 아니, 그건 내가 쓰는 어법인데, 김 선생님이 쓰시네요. 나는 고기나 생선은 안 먹지만 자연과의 합일은 매일 실천하고 있어요.

김재혁 어떻게요? 아, 숨 쉬는 거 말씀이죠?

릴케 아닙니다. 틀리셨습니다.

김재혁 그럼 뭐죠?

릴케 말을 하려니 쑥스럽네요. 그냥 말씀 드리죠. 새벽에 이슬에 젖은 풀밭을 맨발로 걷는 겁니다. 이슬과 풀의 촉촉한 감촉을 발바닥에 느끼면서요. 정말 힘이 돋는 느낌이 들어요.

김재혁 그것도 루 살로메에게서 배운 거 아닌가요?

릴케 아닙니다. 루만 그런 것은 아닙니다. 당시에 새로움을 추구하는 분위기 속에서 자연스레 익히게 된 거죠.

김재혁 맨발로 다니는 것 외에 또 다른 것도 있나요?

릴케 두이노 성에 있을 때는 하루에 두 번씩 바닷가에 가서 웃통을 벗고 일광욕을 했죠. 그러면 한결 기분이 좋아지니까요. 사실 결혼하고 얼마 후인 1903년에도 비아레조에서 그렇게 했어요. 그곳에서는 수영복까지 다 벗고 바닷물 속으로 뛰어들기도 했습니다. 좀 차가웠어요.

김재혁 다른 사람들 눈이 있는 곳에서요?

릴케 다행히 당시에 다른 사람들은 없었죠. 큰 파도에 실려 다시 육지까지 밀려가는 것이 재미있었지요.

김재혁 그렇게 수영을 하는 것을 즐기셨나 봅니다.

릴케 서른 살 때 스웨덴에 갔을 때도 날이 더우면 공원을 가로지르는 작은 냇물에 뛰어들었어요. 그런 다음 밖으로 나와 일광욕을 하고요. 시원한 바람을 쐬며 그렇게 있다 보면 지상에 존재하는 것의 의미를 깨닫게 돼요.

김재혁 《두이노의 비가》의 "이 세상에 존재한다는 것만으로도 찬란하지 아니한가?"라는 구절이 이미 오래된 경험에서 나온 것이군요.

릴케 나는 살면서 그런 것을 늘 느꼈으니까요. 나는 나의 딸 루트도 어릴 때는 그냥 자연스레 벗고 뛰어놀도록 놔두었어요. 마치 원시종족들이 그러는 것처럼 밖에서 그렇게 놀면서 자라게 했죠. 그 아이는 원래도 그렇게 있는 것을 좋아했어요.

김재혁 아빠를 닮았나 봅니다. 어린 시절의 루트 사진을 보면 옷을 입은 모습도 상당히 소박해 보입니다.

릴케 꼭 밀레의 그림에서 볼 수 있는 아이들 차림이죠. 그 나이 대에 필요한 것에 알맞은 모양새이죠. 걷고 뛰고 손으로 잡고 하기에 좋게. 그 시절에는 그러면서 하루를 채워나가죠.

김재혁 선생님은 옷의 억압에서 해방되고 싶어하신 것 같습니다. 《기도시집》의 마지막에 가서 성자 프란체스코를 칭송하는 부분이 있는데 그곳에 이런 구절이 있어요. 한 번 읽어보겠습니다.

시에르 릴케 박물관

릴케의 아내 클라라와
딸 루트

아, 그는 어디로 갔는가, 소유와 시간에서 벗어나
위대한 가난으로 그토록 강해져서는
시장 한복판에서 옷을 벗어던지고
주교의 법의 앞에 벌거벗은 모습으로 유유히 나타난 그 자는.

릴케 나는 이 세상의 존재로서 살아 있을 때 이승의 것을 제대로 손으로 잡아서 사용할 수 있기를 바랍니다. 선대에 만들어진 이데올로기와 편견에 휘둘리지 않고요.

김재혁 가난이라는 것이 그런 편견에서 벗어나는 것을 뜻하는군요.

릴케 그런 셈이죠. 있지도 않은 관념에서 벗어나 눈에 뚜렷이 보이는 태양을 바라보고 태양의 기운을 따스하게 느끼는 것이 더 중요하다는 생각이죠. 십자가도 결국 태양을 가리키는 표지판일 뿐입니다.

김재혁 좀 과격한 표현 아닐까요? 종교인들이 듣는다면?

릴케 그렇지 않습니다. 신의 진정한 사용설명서일 뿐이죠. 신이 있다면 바로 우리 인간들에게 바로 그것을 원할 겁니다.

김재혁 선생님의 부인인 클라라는 육식을 좋아한다고 하더군요. 사실 사진으로만 봐도 선생님과는 식성이 다를 것 같아요.

릴케 그렇긴 하죠. 나보다 더 튼튼해 보이는 편이지요.

김재혁 조각이라는 것이 일정 부분 육체노동 같은 데가 있으니까요.

릴케 그걸 생각 못했네요. 그래도 나의 아내는 생을 개혁하려는 면에서는 닮은 데가 있어요. 비록 채식주의자는 아니었지만요.

김재혁 부인의 조각이 마음에 드시나요?

릴케 나를 모델로 해서 만든 조각은 마음에 들어요. 다른 것은 모르겠고요.

김재혁 아, 이것 말씀인가요? (나는 손에 들고 있던 릴케 사진첩을 얼른 펼쳐서 해당 사진을 보여주었다.)

릴케 아주 철저하시군요. 한국에서도 그런 자료집을 출간하나 봅니다.

김재혁 한국에도 선생님 팬이 많으니까요.

릴케 그렇군요. 놀랍습니다.

김재혁 선생님의 《두이노의 비가》는 지금도 새롭게 번역되어 나오고 있어요.

릴케 김 선생님이 하신 것 말고도 또 나오나요?

김재혁 네, 그만큼 중요한 시집이라는 증거죠. 우리 독자들이 선생님 시를 너무 좋아해서요.

릴케 갑자기 얼굴이 뜨거워집니다. 너무 과한 대접을 받는 게 아닌가요. 사실 《두이노의 비가》가 1923년에 처음 출간 되었을 때 인젤 출판사 사장이던 안톤 키펜베르크는 초판을 1만 부를 찍고, 거기에다 내 지인들에게 줄 선물용 책자로 300부를 별도로 특별 제작했어요.

김재혁 출판시장을 잘 읽을 줄 아는 분입니다. 당시에 시집 초판을 1만 부를 찍다니요.

릴케 내가 살아오면서 늘 신세를 졌던 분이지요. 그분이 아니었으면 내 작품들이 어떻게 되었을지 모릅니다.

김재혁 선생님은 늘 겸손하시고 또 신중하십니다. 그게 선생님의 큰 부분이라고 생각합니다. 전에는 선생님께서 쓰신 《기수 크리스토프 릴케의 사랑과 죽음의 노래》라는 산문시가

클라라가 만든 릴케 흉상

슈미트 & 귄터 고서점

1923년에 찍은 〈두이노의 비가〉 초판 중 별도 제작된 물소 가죽 제본 300부 한정판 표지

베스트셀러가 된 적이 있지요.

릴케 1912년인가에 인젤 출판사에서 1권당 50페니히 하는 저렴한 문고를 기획했어요. 그러고는 이 작품을 첫 번째 권으로 냈어요. 값도 저렴한 데다가 시기도 잘 탔죠. 1차 세계대전 때였지요. 전쟁터에 나가는 병사들이 그것을 한 권씩 배낭에 넣어가지고 갔다더군요. 그래서 유행이 됐나 본데요.

김재혁 사랑과 죽음이 테마니까요. 한마디로 날개 돋친 듯이 팔렸지요. 지금까지 120만 부는 나간 걸로 알고 있습니다. 그런데 선생님께서는 작품이 대중적으로 번지는 것을 싫어하셨나 봅니다.

릴케 나는 가끔 파울 클레의 집에 초대를 받아서 가곤 했지요. 그 화가의 부인이 피아니스트였어요.

김재혁 아, 그 클레 말이시군요. '새로운 천사'라는 뜻의 〈앙겔루스 노부스〉를 그린 사람이죠.

릴케 네, 맞아요. 그 사람도 나처럼 천사에게 필이 꽂혔던 모양입니다.

김재혁 아마 그런 것 같습니다.

릴케 어느 날인가 파울 클레가 나를 자기 집으로 초대하면서 그날은 다른 피아니스트가 올 거라고 하더군요. 그래서 뭘 할 거냐고 물었더니 나의《기수 크리스토프 릴케의 사랑과 죽음의 노래》를 반주로 표현할 거래요.

김재혁 그때 선생님은 기분이 좋지 않으셨나요? 선생님의 작품이 사람들의 입에 오르내리면서 퍼져나가게 되었는데요.

릴케 어느 헝가리 작곡가가 작곡한 거라나요. 내 작품에다 음을 붙인 거지요.

김재혁 그거 굉장한데요. 직접 한 번 들어보고 싶군요.

릴케 아닙니다, 안 들으시는 게 나아요.

김재혁 정말 고집도 대단하십니다.

사진_김재혁

시에르에 있는 메종 뒤 쿠르탱 건물.
1769년에서 1773년 사이에 프랑스 양식으로 지어진 이 집은
18세기 발레를 대표하는 귀족 가옥이다.
1986년부터 릴케 박물관이 들어와 있다

릴케 그게 아닙니다. 내 나이 불과 24살이던 때 쓴 작품입니다. 그게 1899년인가요? 좀 치기 어리다고 할 까요?

김재혁 다른 뜻이 있으신 게 아닌가요?

릴케 정말 족집게이세요. 김 선생님은요. 그런데 사실은 제 작품에 마치 덧칠을 하듯 반주곡을 만들어 붙이는 게 싫었습니다.

김재혁 왜 그러신 거죠?

릴케 《기수 크리스토프 릴케의 사랑과 죽음의 노래》는 작품 자체의 음악을 지니고 있으니까요.

김재혁 독일어로 적힌 그 음향과 멜로디를 말씀하시는 거군요. 좀 더 설명을 해주시겠어요?

릴케 안톤 키펜베르크한테도 그 이야기를 한 적이 있어요.

사진_김재혁

"메종 뒤 쿠르텡"이라는 팻말 밑에 뮈조 성 발코니에 서 있는 릴케 사진과 함께 릴케 박물관 표지가 있다

김재혁 아까 말씀하신 인젤 출판사 사장 말씀이시군요. 인젤 출판사는 선생님 덕분에 독일에서 아주 탄탄한 출판사로 성장했습니다.

릴케 네, 그래요. 《기수 크리스토프 릴케의 사랑과 죽음의 노래》가 마치 멜로드라마처럼 사람들의 입에 오르내리는 것이 제겐 달갑지 않습니다. 이 작품은 이미 반주음악 따위는 필요 없는 자체의 고유한 리듬을 거의 극단으로까지 보여주지 않았던가요?

김재혁 그러니까 선생님은 작품의 고유성을 아주 존중하시는 거군요. 그리고 혹시라도 통속적인 쪽으로 빠질까 봐 걱정하시는 거고요.

릴케 네, 맞습니다. 반주음악에 반쯤 녹아 들어가지고 마치 이 작품이 계속해서 새로운 인기를 열망하기나 하는 듯이 너무나 유행을 타는 것도 싫고요. 이 작품이 그처럼 통속적으로 유행되는 것이 내겐 얼마간 고통 같은 것을 줍니다. 문학작품은 자체의 고유한 리듬을 갖고 있으니 그것을 읽어서 느껴야죠. 다른 예술을 빌릴 것이 아니라.

김재혁 선생님의 작가정신은 정말 본받을 만합니다. 요즘 같은 시대엔 그런 유명세를 못 타서 난리들인데요.

릴케 예술을 바라보는 눈은 서로 다르니까요.

김재혁 《신시집》의 사물시에 쏟아부은 선생님의 열정을 생각하면 이해가 갑니다. 그런데 《기수 크리스토프 릴케의 사랑과 죽음의 노래》 중 주인공이 부대의 기수가 되어 "어머니, 자랑스레 여기세요. 제가 기수랍니다."라는 대목이 나오는데, 그것은 혹시 선생님이 싫어하던 군대에 대한 반어적 표현 아닌가요? 어려서 군사학교에 다닌 것에 대한 혐오에서 나온?

릴케 아닙니다. 그냥 그대로 받아들이시면 됩니다. 저는 젊은 시인으로서 처음부터 반어법을 구사하는 것을 안 좋다고 봤습니다.

김재혁 아, 그렇군요.

릴케 문학을 대하는 태도로서 가장 안 좋은 거죠. 진지하지 못하고요. 게다가 겸손과는 너무 거리가 먼 태도이니까요.

김재혁 《젊은 시인에게 보내는 편지》에서도 선생님은 반어법을 쓰지 말라고 문학청년 크사버 카푸스에게도 조언하고 있죠.

릴케 맞습니다.

김재혁 그러면 《기수 크리스토프 릴케의 사랑과 죽음의 노래》는 그 자체의 리듬과 멜로디, 거기에 표현된 문자들을 그냥 그대로 겸손하게 받아들이면 되는 거군요.

릴케 그래요. 시 뒤에 뭐가 있겠어요? 너무 그렇게 분석하려고 들면 재미가 없어져요. 있는 그대로 그냥 느끼면 되는 거지요.

김재혁 선생님께서는 문학작품을 어떻게 읽어야 하는지도 알려주십니다.

릴케 괴테도 그런 말을 했어요. 너무 따지지 말고 그냥 읽으라고요.

김재혁 작품을 썼던 당시의 작가의 심정을 헤아려 읽으라는 말인가요?

릴케 꼭 그런 것은 아니더라도 자신의 느낌과 직관으로 읽으면 그만인 것이죠. 어떤 특별한 독법이 있는 것은 아닙니다. 문학작품은 문학작품으로 읽어야 합니다.

김재혁 네, 좋은 말씀 고맙습니다.

릴케 김 선생님과의 대화는 늘 즐겁고 흥미진진합니다.

김재혁 제가 배우는 게 많습니다.

릴케 전에 보니까 김 선생님이 지금 쓰시는 글에 내 친구 폴 발레리가 이곳에 온 걸로 썼던데, 이번에 보니, 발레리 이야기는 전혀 없어요.

김재혁 네, 그 사람은 일단 돌려보냈습니다. 제 글에서는요…

릴케 그 분은 제 손님인데요?

김재혁 아, 네 …

그렇게 말하면서 릴케는 호탕하게 웃었다. 그렇게 크게 웃는 릴케의 모습은 처음이었다. 그런데 사실 우리의 폴 발레리는 그곳에 도착해서 식사를 같이 할 예정이었으나 그를 찾는 긴급한 전갈이 와서 루체른으로 떠나고 없었다. 그와의 만남은 언젠가는 이루어지게 될 것이다. 물론 어떤 결말이 날지 모르지만…

가끔 릴케가 걸터앉곤 하던

뮈조 성 돌담

사진_김재혁

프라하의 쇼펜하우어, 뢰켄의 니체

스위스의 시에르에 온 지도 벌써 여러 날이 지났다. 시에르의 공기는 알프스 중턱답게 밤이고 낮이고 차다. 릴케는 언제 마주쳐도 한결같은 미소를 보낸다. 사과나무 밭 옆을 지나다 보면 사과나무 가지를 잡고 사과의 향기를 맡고 있는 그를 볼 수 있다. 그가 얼마나 실제적 감각을 사랑하는지 알 수 있다. 그에겐 그래서 "시란 감정이 아니라 경험"인 것이다. 나는 니체가 쓴《차라투스트라는 이렇게 말했다》의 독일어판을 테이블 위에 올려놓았다. 내가 소중하게 여기는 책 중의 하나였다. 릴케의 눈길이 저절로 표지 제목에 와서 머물렀다. 그의 동공에 약간의 떨림이 느껴졌다. 왜일까?

시에르 릴케 박물관

사과를 따고 있는
릴케

릴케 그건 프리드리히 니체의 책이군요.

김재혁 선생님도 니체에 관심이 꽤 많으셨던 같던데요.

릴케 이중감정이지요.

김재혁 이중감정이라면, 뭔가 내적인 갈등이 있었나 봅니다.

릴케 좀 그런 게 있죠. 더 젊었을 적엔 쇼펜하우어에 푹 빠져 있었어요. 아버지가 그 책을 사주셨지요.

김재혁 혹시 어떤 면에서 쇼펜하우어에 매료되었는지 말씀해주실 수 있을까요?

릴케 쇼펜하우어는 이 세상의 모든 삶이 "의지"라고 하는 하나의 본능적 충동에 의해 움직인다고 했어요. 그것이 맹목적이고 방향성도 없다 보니 삶이 고통이 되는 거지요.

김재혁 쇼펜하우어의 염세철학에 아주 심취하셨나 봅니다. 혹시 그런 것을 가지고 쓴 시가 있으신가요?

릴케 젊었을 적에 〈그럼에도 불구하고〉라는 제목의 짧은 시를 썼죠.

김재혁 강렬한 체험은 모두 시의 형태로 영원히 남는군요. 한 번 들려주실 수 있을까요?

릴케 짧은 시이니 간단하게 들려드릴게요.

가끔 벽에 붙은 서가書架에서
나의 쇼펜하우어를 꺼내본다.
그는 이 세상살이를 일컬어
'슬픔으로 가득 찬 감옥'이라 했다.

그의 말이 맞는다 해도, 나 아무것도
잃은 것이 없다, 감옥의 고독 속에서

그 옛날 달리보처럼 행복하게
나는 나의 영혼의 현을 깨우니까.

김재혁 "그럼에도 불구하고"라는 제목에 시적 반전이 들어 있군요. 선생님이 어린 시절에 겪었던 고통들과 연관이 있을 것 같습니다.

릴케 그렇습니다. 그 기억들은 여전히 나를 옥죄는 수갑들이죠. 인형을 손에 쥐고 죽은 누나 대신으로 살았던 유년 시절과 아버지 대신으로 군사학교에 들어가 동료들에게 시달림을 받으며 살았던 청소년 시절이 생각나네요. 그렇지만 쇼펜하우어가 비록 인간의 삶 자체를 비극적으로 보았다고 해도 우리 인간은 거기에 함몰되지 말고 자기만의 길을 가야 한다는 것이죠. 그것이 바로 예술이 하는 일입니다. 그래서 제목에 "그럼에도 불구하고"라는 말을 붙였습니다.

김재혁 "달리보"라는 인물은 생소한데요. 어떤 인물인가요?

릴케 달리보 폰 코조예드(1457-1516)는 체코의 전설적인 기사로서 핍박받는 농부들을 위해 자유를 추구한 분입니다. 그런 까닭에 그는 국가의 안녕을 어지럽히는 위험인물로 체포되어 프라하의 새로 건립된 탑에 유폐되었다가 그 뒤 처형되었지요.

김재혁 자유주의자였군요.

릴케 그런데 그에게 그런 용감한 기사의 이미지만 있는 게 아닙니다. 그 분은 바이올린 연주를 잘 해서 그것으로 지하 감옥의 간수장을 홀렸다는 겁니다. 그가 연주를 시작하면 사람들이 감옥 밖에서 그 소리를 들으려고 감옥 가까운 곳으로 몰려들었다고 합니다.

김재혁 그러면 선생님은 삶을 고통의 감옥으로 보시면서, "그럼에도 불구하고" 고통을 예술적으로 노래할 만한 가치가 있다고 생각하신 건가요?

릴케 네, 바로 그겁니다. 삶의 고통을 이겨내는 방법 중 예술만큼 큰 힘을 발

사진_김재혁

달리보가 유폐되었던 프라하 성의 탑 입구와 지붕. '달리보르카'라고 불린다

휘하는 것도 없을 겁니다.

김재혁 선생님께서는 예술에 대한 신앙이 정말 대단하세요. 그런 면이 혹시 니체하고 비슷한 것 아닌가요? 너무 비슷하면 상대를 경계하는 법인데요.

릴케 그렇습니다. 삶을 바라보는 기조가 우리 둘 사이에 근본적으로 비슷하다고나 할까요.

김재혁 누구보다 루 살로메가 니체를 선생님께 적극적으로 권했겠죠? 루가 그와 친밀하게 지냈으니까요.

릴케 루 살로메의 영향도 니체에 관심을 갖는 계기가 되었지만, 무엇보다 파울라 모더존 베커가 니체를 좋아해서 그로부터도 좀 니체를 알게 되었어요. 그것은 무엇보다 삶을 긍정적으로 바라보는 것이죠.

김재혁 아, 그러셨군요. 선생님 주위에 니체 팬들이 꽤 많았던 것 같네요.

릴케 그만큼 우리가 기독교의 세계 속에서 오랫동안 정신을 차리지 못했었으니까요. 그 극복의 첫 단추를 니체가 꿴 거지요. 《차라투스트라는 이

사진_김재혁

독일 뢰켄에 있는 니체 조형물.
니체 생가와 교회 사이의 옛 공동묘지 공간에 실물 크기의 흰색 조형물들이 서 있다.
누가 보아도 단숨에 니체임을 알 수 있다. 어머니와 팔짱을 낀 모습은 사진관에서
1892년에 찍은 것으로 많이 보았던 것이다. 니체가 모두 세 명이다. 셋 다 니체의
무덤가에 서 있다. 조형물들 중 두 인물의 벌거벗은 모습이 이채롭다.
1889년 아버지 친구 야콥 부르크하르트에게 보낸 편지에서 니체는 "올 가을 들어 내가
옷을 거의 걸치지 않은 채 나의 장례식에 서 있는 꿈을 두 번이나 꾸었습니다"라고
썼다. 세 조형물 중 하나가 쓰고 있는 파란색 안경은 최악의 근시였던 그를 상징한다.
니체 사후 100년을 기념하여 메르제부르크 교구의 발의로
2000년 10월 31일에 클라우스 F. 메서슈미트의 작품으로 조성되었다

렇게 말했다》를 줄까지 쳐가면서 읽었던 기억이 납니다.

김재혁 니체가 《차라투스트라는 이렇게 말했다》에서 한 "신은 죽었다"는 말, 정말 의미가 심장하죠. 그 말 한 마디가 중요하기도 하지만, 거기에 고구마 줄기처럼 달려오는 일체의 기독교적 관념을 봐야 하는 거지요.

릴케 고구마 줄기라! 그거 좋은 표현입니다. 그 고구마 줄기는 땅 위에서 잎과 잎을 연결하면서 뻗어나가지요. 그 줄기를 당기면 땅속에 묻혀 있던 고구마 덩이들이 주욱 따라 올라옵니다.

김재혁 릴케 선생님, 혹시 고구마 줄거리 나물을 드셔본 적 있으세요?

릴케 아뇨, 저는 못 먹어봤습니다. 어떻게 요리를 하죠?

김재혁 고구마 줄기를 껍질을 벗긴 후 끓는 물에 삶아 프라이팬에 기름을 두르고 간장, 마늘, 붉은 고추 같은 것을 넣고 함께 볶습니다. 끝에 가서 볶은 들깨를 뿌려서 먹으면 맛이 기가 막힙니다.

릴케 아, 군침이 도네요. 그런 걸 먹어보고 싶은데, 기회가 없네요. 다음에 서울에 가면 꼭 먹어보고 싶군요.

김재혁 물론입니다. 제가 직접 한 번 만들어드리겠습니다.

릴케 아이고, 감사합니다. 아마 니체도 좋아했을 것 같아요. 니체도 자연주의자였으니까요.

김재혁 자연주의자의 입장에서 보면 일체의 인간 관습의 악영향 아래 있는 것은 비판의 대상이 되는 거겠네요.

릴케 그래요, 중세 천 년 동안 인간들이 기독교의 그늘 아래서 인위적으로 키워온 독버섯 같은 잘못된 가치들이 비판을 받는 거지요.

김재혁 니체의 '선악의 저편에서'라는 말 자체가 그것을 아주 잘 표현하는 것 같습니다.

릴케 니체는 신의 죽음을 선포한 후 그 이후로는 지고한 존재로서 예술가가 그 역할을 담당할 것으로 보았어요. 인간은 하찮은 존재가 아니라 일종의 품격을 갖춘 존재이거든요. 그것을 가장 잘 드러낼 수 있는 분야가 예술입니다.

김재혁 선생님이 쓰신《기도시집》중 "우리는 떨리는 손으로 당신을 짓습니다./한 조각 한 조각 쌓아 올립니다./하지만 그 누가 당신을 완성할 수 있을까요,/그대 성당聖堂이여."라는 구절의 성당처럼 우리[예술가]가 짓는 신, 즉 '생성되어 가는 신'을 니체의 관점으로 보면 "초인"과 비슷한 것인가요?

릴케 어떻게 보면 유사하다고 할 수도 있죠. 니체의 초인은 독일어로 "위버멘쉬Übermensch"로 '스스로를 넘어서는 사람'의 의미를 갖습니다. 인간들이 만들어놓은 일체의 가치를 거부하고 자신만의 미덕을 믿고 또 이를 뛰어넘으려 하는 거죠.

김재혁 자신만의 미덕을 믿는다고 하셨는데요, 그러면 이른바 우르르 몰려다니는 식의 '패거리'를 싫어한 거군요.

릴케 그렇죠. 그래서 차라투스트라는 "도망쳐라, 친구여, 너의 고독 속으로 […]! 그곳 거칠고 튼튼한 공기가 부는 곳으로!"라고 말하지요.(〈시장의 파리들에 대하여〉) 이런 의식이 필요하다고 봅니다. 평균율을 외치는 대중으로부터 거리를 두는 겁니다. 그때 마음이 아플 수도 있습니다. 자신과 한몸이라고 생각했던 것으로부터 탯줄을 끊듯 끊고서 나와야 하니까요.

김재혁 자신과의 싸움과 고독이 필요하다는 말씀이군요. 같은 장에서 니체가 한 말이 저도 생각납니다. "깊은 우물의 반응은 느리게 나온다./깊은 우물은 자신의 바닥으로 무엇이 떨어졌는지 알기까지 한참 걸리니까." 자신만의 고독 속으로 침잠하는 성찰적인 사람을 두고 표현한 글인데, 멋지죠?

릴케 네, 그렇군요. 위대한 것은 사람들이 우글대는 시장과는 멀지요. 그래서 차라투스트라는 적과 친구 두 가지를 갖고 있습니다. 관습에 물든

사진_김재혁

피렌체의 두오모 성당.

릴케는 수백 년에 걸쳐 완성하는 성당에서 예술의 총화를 본다

사고 즉 기독교가 적이고, 새로움을 지향하는 차라투스트라의 내면의 정신이 친구죠. 이것들은 악취와 향기로, 추한 빛과 아름다운 빛으로 구별됩니다. 니체의 글은 이런 감각적인 것들로 이루어져 있어요.

릴케는 주머니를 뒤지더니 밤톨 두 개를 꺼내 내게 건네주었다.

릴케 김 선생님, 이걸 한 번 만져보세요. 그냥 밤의 느낌이죠. 반질반질하고 먹으면 향긋한 맛이 혀끝에 감돌지요. 거기엔 도덕적 관념은 없어요. 순수한 맛만 있지요.

김재혁 언어로 말하는 순간, 또 다른 관념과 가치가 덧붙여질 것 같습니다. 그래서 선생님께서 《오르페우스에게 바치는 소네트》에서 무용수에게 "오렌지를 춤추어라"라고 한 것인지도 모르겠습니다. 말로 하는 것보다 몸으로 맛을 보여주는 것이 더 감각적이니까요.

릴케 새로운 자아로 태어나기 위해서는 절대고독이 필요하다고 생각해요. 진정한 자아를 찾는 하나의 과정이지요. 초인은 인간들이 만들어놓은 일체의 가치를 거부하고 자신만의 미덕을 믿고 또 이를 뛰어넘으려 합니다. 이것은 다른 말로 탈바꿈입니다.

김재혁 한자 표현 중에는 환골탈태라는 말이 있습니다. 껍질을 벗는 거죠. 독일어로는 "호이퉁Häutung"이라고 합니다. 저는 선생님의 《말테의 수기》 마지막을 장식하는 〈탕아의 전설〉에서 니체의 《차라투스트라는 이렇게 말했다》와 비슷한 분위기를 봅니다. 특히 고독에의 집중이 그렇게 보입니다.

릴케 니체의 《차라투스트라》나 《말테의 수기》는 내가 생각하기에는 '나'에게 바치는 헌사라고 할 수 있어요. 그리고 저승이 아닌 이 땅에 바치는 헌사이지요.

김재혁 한 존재에 머물지 않고 지속적으로 탈바꿈을 하여 자신을 향상시키는 존재가 초인이고요.

릴케 네, 맞습니다. '패거리'를 거부하고 개인의 가치를 높이 여기며 창조자가 되는 겁니다. 이때 새 가치를 창조하는 데에 필요한 만큼의 자유를 갖기 위하여 고독이 필요하고 비판이 필요한 것입니다. 나도 그것을 탕아의 모습에서 그려보고 싶었지요. 〈탕아 이야기〉 중 제가 좋아하는 구절을 제가 직접 읽어보겠습니다. (릴케는 독일 인젤 출판사에서 나온《말테의 수기》의 맨 뒤쪽을 펼쳤다.)

아직 살아보지 못한 삶의 신비가 그의 눈앞에 펼쳐져 있었다. 그는 무심코 오솔길을 벗어나 온 세상을 한꺼번에 다 가지려는 듯 양팔을 크게 벌리고서 들판으로 내리달았다. 그러고 나서 그는 산울타리 너머로 몸을 던졌다. 그를 거들떠보는 사람은 아무도 없었다. 그는 나뭇가지를 벗겨 풀피리를 만들기도 하고 어느 조그만 짐승을 향해 돌멩이를 던지기도 하고 땅에 허리를 구부리고 앉아 딱정벌레를 되돌아가게 하기도 했다. 이런 것들은 그 어느 것도 운명이 되지 않았으며, 하늘들은 자연 위를 지나가듯 그냥 지나갔다.

김재혁 선생님의 낭송을 직접 들으니 정말 고독이 무엇인지 이해가 잘 됩니다. 끝 간 데 없이 펼쳐진 하늘 밑 드넓은 벌판 위로 한 점 고독한 구두점이 되어 달려가는 탕아의 모습이 환히 들어옵니다. 그는 원초의 첫 인간이 된 듯합니다. 니체가 스위스의 실스마리아에서 보았던 그 맑은 빛이 연상되기도 하고요.

릴케 그래요. 나도 내《말테의 수기》를 덴마크어로 번역해준 잉가 융한스를 만나러 1919년 여름에 그곳에 가보았는데 바로 그런 빛을 느꼈죠. 하늘이 다릅니다. 철학자에게 새로운 하늘빛에서 새로운 생각을 잉태하게 하는 거죠. 독일어의 '힘멜Himmel'이 '하늘'이라는 뜻과 함께 '천국'이라는 뜻을 함께 갖고 있으니까 그런 새로운 각성이 가능했으리라 봅니다.

김재혁 탕아도 하늘들을 이야기하니까, 둘 사이에서 유사성을 볼 수 있겠습니다.

릴케 탕아에게서 초인의 모습을 볼 수 있지요. 니체는《차라투스트라》에서

사진_김재혁

뢰켄에 있는 니체 세례교회.
이 교회에서 니체의 아버지가 목사로 근무했다

결혼을 하여 후손을 낳는 것도 초인의 관점에서 바라봅니다. 초인이 바로 당장 오는 것이 가능한 것이 아니니까요. 결혼이란 것이 이를 위한 것일 때 가치가 있다는 것입니다.

김재혁 그렇다면 선생님이 말씀하시는 '생성되어 가는 신'도 같은 관점에서 봐도 되겠군요.

릴케 결국 김 선생님이 결론을 이끌어내시는군요.

김재혁 고유한 죽음이 삶을 최종적으로 완성하는 죽음인 것은 당연한 거고요. 그렇게 했을 때 이 땅과 삶을 긍정하는 사유를 할 수 있으니까요. 여기서 제가 니체의 시를 한 편 들려드리고 싶습니다.

릴케 제목이 뭐지요?

김재혁 〈미스트랄에게〉입니다.

릴케 아, 미스트랄이요! 그 강력한 바람을 저도 남프랑스를 여행하면서 쐬어봤습니다. 아주 시원하죠.

김재혁 시원하다 못해 약간은 춥기도 합니다. 원래 미스트랄은 프랑스의 중앙 고원에서 론 강 계곡을 따라 남프랑스 프로방스에 부는 강력한 겨울바람을 이릅니다. 이 시에서는 자유로운 정신을 뜻하죠. 그럼 그런 마음으로 한 번 읽어보겠습니다.

미스트랄에게

무도곡

— 프리드리히 니체

미스트랄아, 너 구름 사냥꾼아,
우울의 살인자, 하늘의 빗자루여,
포효자여, 나는 너를 사랑한다!
우리 둘은 한 배에서 태어난
첫 선물이 아니던가? 영원히
한 운명으로 예정된 존재들이 아닌가?

여기 매끈한 바윗길들을 따라

나는 춤추며 네게 달려간다,
너의 휘파람과 노래에 맞춰 춤추며,
너는 배도 노도 없이
자유의 가장 자유로운 형제로서
거친 바다들을 건너뛴다.

잠에서 깨자 네 외침소리를 듣고
나는 바위계단으로 달려갔다,
바닷가의 노란 암벽을 향해.

미스트랄 강풍이 불어 닥치는 마르세유 풍경.
미스트랄의 세찬 강풍에 물결이 물고기의 비늘처럼 밀리는 모습이 보인다 사진_김재혁

만세! 너는 다이아몬드의
맑은 여울 빛처럼 산으로부터
개선하듯이 다가왔다.

평평한 하늘마루를 따라
너의 준마가 달리는 것을 보았다,
너를 태운 마차를 보았고,
잽싸게 빼드는 네 손을 보았다,
준마의 등짝을 벼락처럼

채찍으로 때리는 손을, —

마차에서 뛰어내리는 너를 보았다,
순식간에 뛰어내리는 너를 보았다,
마치 화살처럼 몸을 움츠렸다가
심연으로 수직 낙하하는 것을 보았다,
한 줄기 황금빛이, 첫새벽의 붉은
노을빛이 장미들 사이로 돌진하듯.

수천의 등을 타고 춤을 추어라,
파도의 등, 파도의 음모를 타고 —
만세, 새로운 춤을 창안하는 자여!
우리 수천의 방식으로 춤을 추자,
자유로워라 — 우리의 예술이여,
유쾌하여라 — 우리의 학문이여!

모든 꽃에서 우리의 영광을 위해
꽃잎을 하나씩 따고
잎 두 장을 따 화환을 묶자!
중세 음유시인들처럼 춤을 추자,
성자들과 창녀들 사이에서,
신과 세상 사이에서 춤을 추자.

바람과 함께 춤추지 못하는 자,
끈으로 묶여 마땅한 자,

묶인 자, 불구의 노인,
위선에 찬 멍청이들, 명예만 중시하는
바보들, 덕을 칭송하는 등신들,
우리의 낙원에서 모두 꺼져라!

거리의 먼지를 소용돌이치게 하여
모든 병자들의 콧구멍에 집어넣어
병자들 패거리를 몽땅 몰아내자!
우리의 모든 해안을 해방하자,
황무지 같은 가슴의 숨결로부터,
용기를 잃은 눈동자들로부터!

몰아내자, 하늘을 침울케 하는 자들을,
세상을 검게 하는 자들, 구름을 미는 자들을,
우리 하늘나라를 밝게 만들자!
우리 포효하자… 오, 모든 자유로운
사람들의 정신이여, 너와 함께 하면
나의 행복은 폭풍처럼 포효한다.

그와 같은 행복의 기억이
영원하도록, 그 유산을 받아라,
여기 이 화환을 높이 받들라!
화환을 더 높이 멀리 멀리 던져라,
하늘의 사다리를 타고 치솟아
화환을 걸어라, 별들에게!

스위스 알프스 꼭대기에서 발원하여 내려오는 론 강의 모습
(스위스 시에르 지방, 라론으로 가는 다리에서 촬영)

사진_김재혁

나는 니체의 시를 낭송하며 사과나무에서 불어오는 향기 속에서 생각했다. 저승이 아닌 이곳 이 땅에 대한 굳건한 믿음 속에서 기존의 가치를 모두 새롭게 탈바꿈시켜 새롭게 창출하겠다는 의지, 진정성을 향한 폭풍과 같은 힘, 이것이 힘에 대한 의지이다. 이것을 구가하려는 자가 초인 차라투스트라이다. 이것을 장기적으로 꿈꾼 것이 기존의 역사적 신이 죽은 자리를 채우는 릴케의 '생성되어 가는 신'이다. 그 바탕을 마련하기 위해서는 절대적인 고독이 필요하다. 참된 말을 할 수 있는 자들은 결국 시인이다. 이들은 새로운 언어를 찾아가는 모험가들이다.

3부

보릅스베데,
결혼 그리고 방랑

사람 사는 집이라는 것이 사람이 없다고 생각하면 덩그마니 고적할 뿐이다. 그것은 '바르켄호프'도 다르지 않다. 다만 릴케가 기다린다는 생각에 빈 마음의 공간이 가득 찬다. 바르켄호프는 새벽 공기 속에 그 집의 안주인 마르타 포겔러가 기르던 그림 속의 하얀 개처럼 겨울의 안개 낀 정원을 지키고 있다. 겨울의 보릅스베데는 썰렁하다. 차가운 가랑비가 뿌리더니 지금은 눈으로 변했다. 북쪽에서 세찬 바람이 쇳소리를 내며 불어왔다. 가끔 하늘에서 눈송이가 흩날렸다. 눈송이는 검은 땅에 닿기 전에 허공에서 녹아 사라졌다. 이탄을 채굴하던 황량한 습지대인 이곳은 바람이 이빨에 냉기를 물고 있다. 자작나무들이 앙상하게 서 있는 모습에서 지난여름의 푸름을 떠올리기는 힘들다. 베를린 중앙역에서 기차로 세 시간을 달려 브레멘에 도착하여 거기서 버스로 40분 만에 이곳에 도착한 나는 이미 사진을 통해 눈에 익은 화가 하인리히 포겔러의 집 '바르켄호프'를 금세 찾았다.

바르켄호프 2층의 하얀 방에서 내려다본

나선형 계단

사진_김재혁

그가 심어놓은 자작나무들이 도로 가에 숲을 이루고 있었다. 돌계단 양쪽으로는 지난 가을에 피었던 꽃들의 흔적이 보였다. 짙은 초록의 문을 열고 조그만 마당을 지나 집 안으로 들어가 거실을 거치니 바로 위층 하얀 방으로 올라가는 나선형 목재 층계가 나타났다. 살짝 발을 디뎌 삐걱 소리를 내며 올라갔다. 릴케가 둥근 테이블에 앉아 있다가 나를 맞아주었다. 테이블 한쪽에는 그의 중절모와 검은색 작은 손가방이 놓여 있었고, 입구 쪽에는 그가 평소 들고 다니는 지팡이가 벽에 기대어 있었다. 가운데 있는 창문으로 앞뜰이 보였다. 릴케가 앉아 있는 둥근 탁자 한 가운데에는 나무로 만든 작은 조각배가 놓여 있었다. 릴케는 조각배에서 눈을 들어 나를 반겼다.

릴케 어서 오세요, 김 선생님! 편지에 쓰신 대로 곧장 베를린에서 오시는 길인가요?

김재혁 네. 시간이 꽤 걸리는군요.

릴케 나도 1900년 늦은 여름에 그렇게 이곳에 왔습니다. 오시면서 전형적인 북독의 겨울 날씨를 맛 보셨지요? 나는 그런 겨울날을 맛보는 것도 좋다고 생각합니다.

김재혁 아마도 이곳에서 보냈던 시기를 그렇게 생각하시나 봅니다. 오면서 보니 이곳은 드넓은 습지의 땅이군요.

릴케 따뜻하게 찾아올 봄날을 위해 이런 드넓은 습지에서 나의 몸이 가을이 되고 겨울이 되는 것도 좋지 않을까요? 충분한 숙성의 시간이 있는 게 좋죠.

김재혁 선생님은 평원을 좋아하십니다. 러시아 여행 때도 그곳의 하늘과 끝없는 평원을 칭송하셨죠. 저는 러시아 평원하면 〈드녜프르 강의 아침〉 그림이 떠오릅니다.

〈드네프르 강의 아침〉

(아르히프 이바노비치 쿠인지, 1881)

릴케　아르히프 이바노비치 쿠인지의 그림 말씀이군요. 정말 멋진 강 풍경이죠. 이곳 보릅스베데도 평지에다 청아하게 드넓어서 러시아 평원이 연상됩니다.

김재혁　네, 그림을 보고 있으면 강물 소리가 들리고 들판에 핀 야생화들의 향기가 풍겨 옵니다. 그런데 이곳의 풍경은 뭔가 쓸쓸함을 품고 있는 것 같습니다.

릴케　이곳의 풍경은 원래 가난함을 내포하고 있었죠. 먼저 따뜻한 차를 한잔 하시죠.

김재혁 네, 고맙습니다.

릴케 평원은 소리와 감정을 갖고 있어요. 드넓은 평원이라고 해서 눈으로 보기만 하는 건 아닙니다. 평원은 한마디로 감정이죠. 평원은 커다란 도화지 같은 겁니다.

김재혁 그래서 선생님은 평원을 보며 우리는 성장해간다고 하시는군요.

릴케 그렇습니다. 이곳에 원래 거주하던 사람들은 가난한 노동자들이었어요. 그들에게서 많은 말을 발견하기는 힘들었어요. 그들의 삶 자체가 풍경이었고, 그들의 말없는 태도가 언어였죠.

김재혁 이곳에 터를 잡은 젊은 화가들은 그들 가난한 사람들에게서 새로운 말을 찾아내야 했겠군요.

릴케 프리츠 마켄젠이 그 일을 가장 많이 해냈습니다.

김재혁 아, 이곳을 맨 먼저 예술의 마을로 개척해낸 분 말씀이군요.

릴케 맞습니다. 그분이 그린 〈습지의 마돈나〉는 절실하게 다가옵니다.

김재혁 어떤 면에서죠?

릴케 수레 위에 앉아 아이에게 젖을 물리고 있는 이 그림을 보시죠.

〈젖먹이〉

(프리츠 마켄젠, 1892)

릴케는 바르켄호프 하얀 방의 벽에 걸려 있는 그림을 하나 손가락으로 가리켰다. 새털구름이 은은하게 수놓아진 하늘과 붉은 셔츠에 짙은 치마의 여인, 젖을 물고 있는 아이, 그녀가 앉아 있는 수레가 눈에 들어왔다.

김재혁 보통은 〈젖먹이〉로 알려진 유명한 작품이군요. 〈습지의 마돈나〉라고 하니 더욱 성스러운 느낌이 듭니다.

릴케 이탄 수레 위에 앉아 아이에게 고개를 숙이고 있는 이 여인의 차분한 얼굴에는 하루의 고된 일과가 울려 사라지고 사랑이 찾아들어와 있지요.

김재혁 정말 그렇습니다. 경건해 보이네요.

릴케 그런데 사실 나는 〈습지의 마돈나〉라고 부르는 것이 마음에 안 듭니다.

김재혁 왜 그렇죠?

릴케 너무 빤한 관례적인 종교적 해석은 안 좋아요. 이 그림에서는 앞으로 얼굴에 미소를 지을 한 인간의 어머니가 보입니다. 또 고통을 겪을 인간의, 그러다가 죽을 인간의, 한 인간의 어머니가 보이죠.

김재혁 아주 멋진 말씀입니다. 어떤 종교적 해석 전에 인간이 먼저니까요.

릴케 김 선생님은 나를 잘 아시니 금방 그렇게 동의하시는군요. 그림에서 뭔가를 고의적으로 읽어내는 것보다 삶 자체를 먼저 봐야 하니까요. 무엇이 다가올지는 와봐야 아는 겁니다.

김재혁 그런데 오른쪽 벽에 걸려 있는 저 그림은 제가 많이 보았던 거네요. 이 예술가촌에서 중요한 역할을 했던 하인리히 포겔러의 작품이죠?

릴케 네, 맞습니다. 하인리히 포겔러가 1905년에 완성한 〈여름 저녁〉이라는 작품이지요. 우리가 앉아 있는 이 집 '바르켄호프' 앞뜰을 배경으로 한 겁니다. 가운데에 마르타 포겔러가 흰 개의 목줄을 잡고 서 있죠?

김재혁 네, 그렇군요. 바르켄호프라는 명칭이 독특합니다.

릴케 하이리히 포겔러가 농가를 개축하여 이 집을 지으면서 도로변에 자작나무들을 심어서 붙은 이름이죠. 저지독일어로 자작나무를 바르케라고 합니다.

김재혁 호프는 집을 말하죠. 농가를 보통 바우어른호프라고 하죠. 원래 호프는 마당이라고도 하는데 바이에른 지방에 가면 마당을 둘러싸고 있는 농

〈여름 저녁〉(하인리히 포겔러, 1905)

왼쪽 나무 화분 뒤에서 정면을 바라보고 있는 검은 머리의 여자가 클라라 베스트호프이다

가들을 많이 볼 수 있어요.

릴케 바르켄호프도 비슷한 구조죠.

김재혁 선생님이 이곳에 오셨을 때 분위기는 어땠나요?

릴케 포겔러의 종합예술작품인 '바르켄호프'에는 사물들의 목소리로 가득했어요. 이 하얀 합각머리 지붕 집 2층에서 나는 창조를 하는 예술가 포겔러가 만든 멋진 사물들, 즉 의자라든가 그림들과 함께 일주일에 6일을 고독하게 기다렸지요.

김재혁 누구를 기다렸나요?

릴케 은제 촛대에 열 두 개의 촛불이 켜진 하얀 방에서 이 마을의 가장 진지한 남자들과 하얀 옷을 입은 아름답고 날씬한 처녀들을 기다렸죠.

김재혁 진지한 남자들이라는 표현이 눈에 띕니다. 무슨 의미죠?

릴케 고독을 알고 예술작업을 진지하게 행하는 사람들이죠. 술이나 먹고 노래하고 춤추는 것 말고요.

김재혁 아, 그런 뜻이군요. 거기에 특별한 사연이 있는 것 같습니다.

릴케 그래요. 어느 날 사람들이 포겔러의 지하실에서 포도주를 발견했습니다. 그것을 마시면서 나보고 건배의 노래를 하나 지어보라고 했어요. 못하겠다고 했죠. 그런 것을 나는 싫어하거든요.

릴케가 일요일 저녁마다 파울라 베커와 클라라 베스트호프를 기다리던 바르켄호프의 하얀 방

김재혁 보통은 시를 낭송하지 않나요?

릴케 그렇죠. 나 나름대로 나의 멋진 시 한 마디 한 마디를 보석으로 만들어 사람들의 하얀 영혼의 저울 위에 올려놓으려 했죠. 특히 하얀 옷의 처녀들을 위해서요.

김재혁 그런데 그것만이 아니었나 봅니다.

릴케 노래도 하고 음악도 연주하고 그러다 보니 사람들이 흥이 나서 결국엔 나보고 권주가를 지어보라고 한 거죠.

김재혁 사람들이 지나쳤군요. 그러고 보니 제가 아는 사람들이 그림 속에 다 있네요. 맨 왼쪽의 파울라 베커와 정면을 바라보고 있는 선생님의 부인 클라라 베스트호프가 눈에 띕니다. 그림 속의 클라라는 좀 고독해 보이네요. 이들이 아까 말씀하신 하얀 옷의 날씬한 처녀들이죠?

릴케 네, 맞습니다. 클라라는 말이 좀 없는 편이죠. 1900년 늦여름에 이 바르켄호프에서 처음 보았을 때에는 저 그림 속의 인상과는 좀 달랐어요.

김재혁 어디서 읽었습니다만, 거기서는 클라라를 아주 활달한 처녀로 묘사했더군요.

릴케 네, 맞습니다. 체격이 당당하고 자신이 생각한 바를 그대로 밀고 나가는 성격이었죠. 포겔러의 부인 마르타는 클라라를 고대 아마존의 여장부 펜테질레아 같다고 했어요. 클라라는 파울라와 흰 옷을 입고 들판을 즐겨 산책을 하곤 했죠. 둘 다 마치 날아가는 듯했습니다.

김재혁 발랄한 두 처녀의 모습이 눈앞에 훤히 그려집니다.

릴케 거의 자연과 하나가 된 모습이었지요. 땅에 피어나는 꽃과 같았습니다. 자연 속의 여성의 아름다움이란.

김재혁 선생님에게 당시 두 처녀의 모습이 얼마나 인상이 깊었을지 상상이 갑니다.

릴케 한 번은 클라라가 저녁 이내가 질 무렵 갈대처럼 푸른 모습으로 자연풍경 앞에 서 있었는데 얼마나 순수하고 멋져 보였는지 우리 모두는 넋을 잃고 그 모습을 지켜보았습니다. 자연풍경 속에 부드러운 윤곽으로만 보이는 모습이 어찌나 아름답던지…

김재혁 정말로 반하셨나 봅니다. 아름다운 자연 속에서라 더 그랬을 것 같습니다. 어떤 운명 같은 것이 느껴집니다.

릴케 우리 둘은 가끔 산책을 했죠. 어느 저녁 산책길에서 백조 한 마리가 우리를 향해 헤엄쳐 다가오는 것을 보고 그것을 나는 우리가 함께 할 운명의 징조로 여겼습니다.

김재혁 자연 속에서 인간의 운명을 읽으셨군요.

릴케 젊은 남녀가 서로 좋은 감정을 느낄 때였으니까요. 그때 그녀는 정말 아름다웠죠.

김재혁 클라라는 뮌헨에 그림 유학을 했더군요. 당시의 사회의 분위기로서는 여성이 그림을 그리는 일이 쉽지만은 않았을 텐데요.

릴케 네, 그렇습니다. 여자는 그림에 재능이 없으며 그림의 모델이 되어야지 그림을 그리는 창조자가 되어서는 안 된다는 고정관념이 있었죠. 그래도 클라라 같은 경우는 좀 달랐어요. 부친이 취미로 수채화도 그리고 예술에 관심이 많았거든요. 그래서 분위기가 자유로운 뮌헨으로 딸을 유학을 보냈지요.

김재혁 젊은 소녀 클라라는 고향 브레멘을 떠나 뮌헨에서 자유로운 분위기를 만끽했나요?

릴케 네, 그래요. 그때 찍은 사진을 클라라가 언젠가 보여준 적이 있는데, 화구를 등에 멘 채 자전거를 타고 뮌헨 시내를 질주하는 모습이었어요. 헐렁한 바지에 운동모를 쓰고요. 완전히 해방된 여성의 모습이었죠. 무엇보다 예술을 사랑하는 아버지의 존재가 클라라에게는 큰 힘이 되어 주었습니다.

그렇게 말하는 릴케의 눈빛에는 어떤 인정의 빛이 감돌았다. 아내가 그렇게 자유롭게 예술을 추구했다는 것에 대한 자부심의 빛이었다. 릴케라면 그럴 것이었다. 그 역시 예술을 위한 자유의 공간을 사랑했으니까. 잠시 후 릴케는 남은 차를 다 마시고 자리에서 일어났다. 벽에 걸쳐놓았던 지팡이를 집어 들고 옷걸이에 걸어두었던 외투를 챙겨 입더니 내게 말했다.

릴케 날씨가 좀 궂기는 하지만 이곳의 너른 들판으로 산책을 해볼까요?

김재혁 네, 좋습니다.

〈구름 낀 하늘 밑의 바이어베르크〉

(한스 암 엔데, 1899)

우리는 밖으로 나와 얼음물을 마시듯 차가운 겨울 공기를 들이마셨다. 안에 있을 때의 훈훈한 공기가 차가운 물로 샤워하듯이 싹 씻겨나가는 것 같았다. 겨울 공기 속에 있는 것도 나쁘지 않았다. 정신이 온탕에서 냉탕으로 들어오며 탄탄해지는 느낌이 들었기 때문이다. 겨울이었지만 공기 중에는 차가운 습기가 잔뜩 배어 있었다. 바르켄호프에서 나와 조금 지나자 멋진 가로수길이 펼쳐졌다. 자작나무들이 가로수 길을 채우고 있었다. 기분 좋게 더 걷다 보니 왼쪽으로 광활한 벌판이 펼쳐졌다. 벌판의 끝에 나무들이 우거진 모습이 돋보였다. 말로만 듣던 바이어베르크 언덕이었다. 고도 54미터 정도 되는 낮은 구릉이지만 주위가 모두 평지인 이곳에서는 사방을 둘러볼 수 있는 전망을 가진 유일한 곳이다. 이곳에서 왜 릴케가 러시아의 광활한 평야와 하늘을 느꼈는지 이해가 갔다.

릴케 저기 저 들판 건너편에 약간의 구릉이 있는데 거기까지 가봅시다. 이 자작나무 가로수 길은 이곳에 내가 처음에 왔을 때도 아주 마음에 들었죠. 자작나무는 러시아에 있을 때 내 마음을 달래주었던 나무입니다. 이 길로 그 두 처녀가 흰 옷을 입고 내달리고는 했어요.

김재혁 저도 자작나무를 좋아합니다. 그 흰빛이 좋아서요. 선생님은 옛날 생각이 많이 나시나 봅니다.

릴케 자작나무가 두 처녀의 흰 옷과 잘 어울렸죠. 러시아 여행을 한 후 1900년 8월에 이곳에 어설픈 차림으로 처음 왔을 때 두 처녀가 나를 호기심 어린 눈빛으로 잘 대해주었어요.

김재혁 어설픈 차림이란 무슨 말씀인가요?

릴케 러시아 여행에서 돌아오는 길이라서 나는 붉은 러시아식 옷을 입고 알록달록한 장식이 달린 붉은 타타르장화를 신고 있었죠. 사람들은 약간 비웃는 듯한 눈빛으로 나를 쳐다보았습니다.

김재혁 당시만 해도 좀 충격이었겠습니다. 사람들의 생각이 관습적이었을 테니까요.

릴케 그 몇 년 전, 그러니까 1898년 봄에 피렌체에서 만났던 포겔러의 초대를 받고 왔던 것이지만, 괜히 온 게 아닌지 속으로 자책을 하기도 했어요. 사람들 만나는 것이 꺼려져서 방에 칩거만 하고 있었죠.

김재혁 어쩌다 두 처녀에게 관심을 보내게 되었죠?

릴케 그들에게서 위안을 발견했던 거죠. 그러다 보니 일주일에 일요일 저녁마다 한 번씩은 포겔러의 '하얀 방'에서 만나서 이야기를 나누게 되었어요.

김재혁 젊은이들 사이에 그렇게 자주 만나다 보면 아무래도 뭔가 로맨틱한 감정이 싹틀 것 같습니다. 두 처녀가 선생님의 영혼에 새로운 바람을 넣어주었을 것 같기도 하고요. 두 여성의 존재가 선생님에겐 큰 힘이 되었을 듯하네요.

릴케 파울라 베커도 좋았지만 나는 클라라의 진지함과 듬직함에 끌렸어요.

사진_김재혁

바이어베르크 들판.

초원과 채소밭으로 광활한 모습을 연출한다

나는 그러면서도 루 살로메를 잊을 수가 없었어요. 그래서 다시 베를린 슈마르겐도르프로 돌아가 1901년 1월 출발을 목표로 세 번째 러시아 여행 준비를 했어요. 루 살로메 없이 가도 그곳에 가면 그녀의 향기를 맡을 수 있다고 생각했던 겁니다.

김재혁 하지만 실제로 가시지는 못했죠?

릴케 이중감정이랄까 그런 것도 있고 경제적 문제도 있고요. 여행에는 많은 경비가 필요하니까요.

〈보릅스베데의 어느 여름 날〉
(한스 암 엔데, 1900)

김재혁 보릅스베데 사람들과는 그 사이에 서로 교통이 없었나요?

릴케 한 번 인연을 맺으니 실제적으로 끊기가 어려웠어요. 오히려 편지를 자주 쓰게 되었습니다. 클라라와도 그랬고 파울라와도 그랬죠.

김재혁 선생님께서는 결국 클라라를 반려자로 선택하셨죠?

릴케 네, 그렇습니다. 파울라 베커는 그 사이에 화가 오토 모더존과 결혼할 것이라고 발표를 했죠. 그 뒤로 나는 클라라와 더 친해지게 되었습니다. 내가 있는 베를린의 슈마르겐도르프로 클라라가 놀러오기도 했죠.

김재혁 1901년 여름에 시인 에마누엘 폰 보드만(1874-1946)에게 쓴 편지에서였죠. "훌륭한 결혼이란 서로를 위해 고독의 파수꾼이 되어주는 것"이라고 한 걸로 알고 있는데요. 이 말이 보통 사람들에게는 이해하기 힘들지 않나 싶습니다. 왜 그런 말을 하셨죠?

릴케 인간관계라는 것이 아무리 가까운 사이라 하더라도 서로의 고독과 자유를 보장할 때 진정한 관계가 형성된다고 봐요. 둘 사이의 광활한 넓이를 사랑할 때, 커다란 하늘을 앞에 두고 서로를 볼 때, 놀라운 동거가 가능하다고 봅니다.

김재혁 레바논 출신의 시인 칼릴 지브란(1883-1931)이 선생님의 그 말씀을 마음에 새겨서 이야기한 듯한 구절이 있습니다. "너희 혼의 두 언덕 사이에 출렁이는 바다를 두라"라는 말이 그렇게 들립니다. 그는 또 "서로의 가슴을 주라. 그러나 서로의 가슴속에 묶어 두지는 말라"고 합니다.

릴케 정말 그런 것 같군요. 나는 실제 예술가로서 서로의 인생과 예술의 발전을 위해 한 말이지요. 아무리 친한 남녀 관계에서도 서로의 다름을 인정할 때 인생도 예술도 발전할 수 있다고 봅니다.

김재혁 선생님의 머릿속은 시와 예술에 대한 생각으로 가득 차 있는 것 같습니다.

릴케 내가 마치 사랑 없이 결혼한 것처럼 이야기하는 사람들이 있지만 전혀 그렇지 않습니다. 아내가 예술에서 성공하기를 바랐어요. 나의 아내는 조각에 뛰어난 재능을 타고난 사람이었으니까요. 클라라도 결혼 후의 자신의 삶이 얼마나 진지하며 자신만의 예술을 향해 가고 있는지 알고 있었죠.

김재혁 선생님이 말하는 서로를 위한 고독의 파수꾼이 되자는 말은 둘이 있으면서도 혼자만의 자유를 누리자는 거군요. 실제로 그런 삶을 사신 건가요? 선생님 내면에 들어 있는 고유한 목소리가 일상의 중압감으로 상실되는 것을 두려워하신 게 아닌가 합니다.

릴케 로마에서 클라라와 함께 있을 때도 그랬고, 파리에서 함께 있을 때도 그랬습니다. 같은 구역에, 혹은 같은 건물에 살면서 거처를 따로 갖고 자신의 예술을 위한 시간을 갖는 거죠. 가끔 산책을 같이 가기도 하면서.

김재혁 사랑이 아닌 예술이 우위에 있다는 느낌이 듭니다. 우리가 통상 생각하는 결혼생활은 아닌 것 같습니다.

〈보릅스베데 농가〉(빌헬름 바르취, 1920)
릴케가 클라라와 결혼하여 살던 베스터베데의
신혼 초의 집이 바로 이런 모습이었다

릴케 사실이 그랬어요. 결혼하고 1년이 되지 않아 우리 두 사람의 삶은 예술가로서 직업적 연대감을 가지고 서로를 독려하는 쪽으로 바뀌었지요.

김재혁 이해가 될 것 같기도 하고, 안 될 것 같기도 합니다. 예술을 위해 삶을 버린다는 것이 왠지 고독과 외로움이 혼재한 듯한 느낌이 들어요. 사랑을 갈구하면서도 사랑을 피하려는 묘한 감정상태도 그렇고요.

릴케 물론 그렇습니다. 나도 그것을 알고 있습니다. 평생 그런 영혼의 상태에 있었으니까요. 좀 아까 잠깐 말씀드렸지만 1903년 9월에 로마에 와서 두 사람이 같이 지낼 때에도 같은 집을 구하지 않고 좀 떨어진 곳에 살았어요. 얼마 떨어져 있지 않은 곳에 있어서 내가 다락방 천장 위로 문을 열고 외치거나 손짓을 하면 클라라가 응답을 할 수 있었죠. 고요와 고적함, 고독이 필요했습니다.

보릅스베데 근교 베스터베데 신혼 시절의 릴케
(1901)

보릅스베데 바르켄호프 박물관

김재혁 예술작업을 위해 고독을 늘 강조하셨는데요. 창조를 위한 고독이란 무엇인지 말씀해주시지요.

릴케 고독은 에너지의 원천입니다. 더 비유적으로 말하자면 캄캄한 어둠 같은 것이지요. 그런 어둠 속에서야 비로소 사진을 현상할 수 있어요. 암실처럼.

김재혁 20세기 전환기에는 삶과 예술이 하나가 되는 것을 추구하는 경향이 있었지요. 그것과도 관련이 있나요?

릴케 그런 분위기 속에서 나도 이상적인 삶과 예술을 추구해보고 싶었습니다. 내가 파리에 있을 때 아내도 파리로 왔어요. 내가 묵고 있는 곳에서 좀 떨어진 곳에 아틀리에를 구해 거기서 하루 종일 작업을 했어요. 나는 국립도서관에 가서 프랑스 상징주의 시인들 공부를 했고요. 그녀를 시체가 즐비한 해부학 교실에도 데려다주었죠. 끔찍한 광경이었습니다. 파리가 전부 시체로 보일 정도였죠.

김재혁 제가 보기에는 선생님은 둘 사이의 거리를 본인을 위해서 강조한 것이 아닌가 싶습니다. 실제로는 부인을 선생님의 우주 속으로 들여와 그 정해진 궤도를 따라 돌도록 만든 것 같기도 한데요. 선생님의 사랑 방식 같기도 하고요. 이기적인 면이 보이는 것도 사실입니다. 고독에 대한 갈구와 외로움에 대한 두려움, 어쩌면 그것이 선생님 문학의 뿌리가 아닐까요?

릴케 물론 밖에서는 그렇게 볼 수도 있겠죠. '나'가 '우리'가 되었을 때 오는 중압감과 압박감이 있으니까요. 나는 궁극적으로는 자유를 원했어요.

김재혁 파울라 베커나 하인리히 포겔러 같은 사람들은 전에 그처럼 자유분방하던 클라라가 결혼 뒤 아주 얌전한 새처럼 되었다며 무척 애석해하더군요.

릴케 파울라는 자신의 친구 클라라를 영원히 곁에 두고 싶어했죠.

김재혁 일종의 심리적 갈등이 개입되었다는 말씀이군요. 아, 생각납니다. 그때 파울라가 베를린의 슈마르겐도르프로 선생님을 찾아갔다가 선생님과 함께 있는 클라라를 본 거죠?

릴케 그래요. 우연히도 그렇게 됐어요.

김재혁 파울라가 아주 실망을 했다고 합니다. 사람의 마음이란 알 수가 없어요. 본인은 이미 모더존과 결혼할 것이라고 공표를 해놓고요.

릴케 아마도 친구 클라라를 잃고 싶지 않아서 그랬을 겁니다. 둘은 예술적 동지로서 파리 유학까지 함께 했으니까요.

김재혁 그건 그렇고 두 사람의 파리 유학 이야기가 궁금합니다. 저기 좀 높은 곳에 벤치가 있군요. 저기 좀 앉을까요?

들판이 넓게 번져 있었다. 이곳 화가들의 작품에서도 많이 보아온 풍경이다. 보릅스베데는 빙하의 작용으로 형성된 습윤한 평야이다. 언덕 높은 곳에는 벤치가 세 개 놓여 있었다. 릴케와 나는 벤치에 앉았다. 왼쪽 아래로 군데군데 자작나무가 보였다. '보릅스'는 어원적으로 언덕이라는 뜻이고 '베데'는 숲이라는 말이다. 이 언덕이 갖는 의미가 더 강렬해진다. 한쪽 낮은 언덕에 관목들이 서 있고 자작나무와 보리수들을 사이에 둔 길이 쭉 뻗어 있는 광활한 평원이다. 하인리히 포겔러를 중심으로 해서 많은 예술가들이 관습적인 화풍과 숨 막힐 듯한 아카데미의 분위기에서 벗어나 자유로운 영혼이 숨 쉬는 이곳 자연 속 보릅스베데로 모여든다. 그때 각각의 예술적 작업을 위해 인생길을 걷고 있던 두 처녀도 이곳에 대한 소문을 듣고 찾아온다. 뮌헨으로 유학을 갔던 클라라는 그곳의 미술학교 생활에서 새로운 자유를 맛본 터였다. 그리고 이들은 다시 파리로 그림 유학을 떠난다.

사진_김재혁

바이어베르크 언덕 위에 있는

벤치

릴케 파리는 당시의 여류예술가들에겐 모든 가능성이 구석구석에 숨 쉬는 세계의 중심지였지요. 다른 말로 당시의 보수적이기 짝이 없던 분위기 속에서 파리만이 유일한 해방구였습니다. 1900년경만 해도 그림 그리는 여자를 일컬어 독일어로 "말바이버Malweiber"라고 불렀습니다. 경멸의 뜻이 담긴 표현이죠. 그걸 한국어로 하면 어떻게 될까요?

김재혁 "그림 그리는 여자들" 정도가 되지 않을까 싶습니다. "바이버Weiber"를 "여편네"라고까지 비하하여 번역하지 않아도 경멸의 뉘앙스는 충분히 전해지는 것 같습니다. 그러니 당시에 여성의 몸으로 그림을 그린다는 것이 쉽지 않았을 것 같군요.

릴케 그래서 예술을 하려는 사람들이 파리를 찾은 거죠. 당시 파리는 국제적인 도시로서 '현대의 로마'로 여겨졌지요. 클라라는 남자들에게만 저렴하게 주어지는 미술 교육의 기회에 대해 비판한 적이 있어요. 여성들은 사설학원에서 개인적으로 비싼 비용을 내고 미술 교육을 받아야 했으니까요.

김재혁 클라라는 당시에 여성들이 하기 힘든 조각을 했는데, 그 과정 역시 녹록지 않았을 것 같습니다.

릴케 네, 맞습니다. 클라라에게 처음으로 조각가의 소질을 인정해준 것은 보릅스베데의 스승 프리츠 마켄젠이었죠. 그 분이 라이프치히의 막스 클링거에게 추천했습니다.

김재혁 그 과정은 어땠나요?

릴케 클링거는 여자는 조각을 할 수 없다고 생각하던 사람입니다. 그가 여자는 조각을 할 수 없다고 하자, 마켄젠은 당장 그녀의 몸무게가 160파운드라고 말했죠. 그녀의 모습에서 창을 손에 든 사냥의 여신 디아나를 연상하는 사람들도 많았으니 충분히 이해 가능한 것이죠. 그리고 클라라는 끈기와 차분함을 타고 났어요.

김재혁 당시엔 여자들에게 예술 활동을 위한 경제적 여건이 쉽게 허용되지 않았을 테지요. 게다가 홀몸으로 객지에 나가서 생활한다는 것도 어려웠을 거고요. 그럼에도 클라라는 이번에는 막스 클링거의 추천장을 들고 파리의 로댕에게로 찾아간 거죠.

릴케 네, 클라라도 습지 보릅스베데에서는 조각 작업을 하기 힘들었어요. 거기서 그림 그리기는 가능했지만 파리로 가야 했죠. 그곳에서 대스승 로댕의 지도를 받아가며 많은 모델들을 놓고 조각 실습도 해야 하고요. 파리는 그녀에게 고독을 주었습니다. 파리는 고독을 홀로 참아낼 수 있는 사람에게만 뭔가를 안겨주었죠. 고독이 창작을 위한 귀한 재산이 된 거지요. 그것은 바로 절대적 자유입니다. 타지에서 느끼는 고독은 더욱 값집니다.

김재혁 자유라는 것이 그림 학습에서는 어떻게 나타났나요?

릴케 나체의 모델을 직접 앞에 놓고 그리고, 해부학 교실에도 참석한 것이 그 예이지요. 다른 곳에서는 여자들이 그런 경험을 할 수가 없었어요.

김재혁 그런 제대로 된 학습 경험이 선생님의 조상彫像을 만들 때 도움이 되었나 봅니다. 고개를 숙이고 책을 읽고 있는 그 모습은 정말 잘 조형된 것 같습니다.

릴케 그래요. 그녀는 정원 식탁에서 내 초상을 그리고 거기에 따라 내 조상을 만들어주었어요. 내게 책을 읽고 있으라고 하더군요. 내 특징을 가장 잘 드러내는 것은 바로 책을 읽고 있는 자세라면서요. 허허허. 이 조상으로 클라라는 스승 로댕의 극찬을 받았지요. 이런 조상을 만들 수 있는 조각가는 많지 않다면서요. 덕분에 내 얼굴도 유명해졌지요.

김재혁 클라라의 친구인 파울라 베커는 자신의 인생이 축제가 될 거라고 했지요. 짧고 강렬한 축제가요. 인생에서 그림 세 점과 아이를 하나 남기고 싶다고요.

독서 중인 릴케를 모델로 하여 스케치 중인 클라라(1905)

시에르 릴케 박물관

릴케 그 대목은 내가 젊은 시절에 쓴 시 〈인생이란〉에서 말한 것과 같은 맥락이군요. 나도 그런 축제를 꿈꾸었지요. 사람들이 왜 과거의 것에 집착하는 건지 모르겠어요. 새로운, 보다 좋은 것이 다가오는데도 말입니다.

김재혁 그 시에도 있는 말이군요. "제 머리카락 속으로 기꺼이 들어온/꽃잎들을 아이는 살며시 떼어내고,/사랑스런 젊은 시절을 향해/더욱 새로운 꽃잎을 달라 두 손을 내민다." 예술에서도 이렇게 해야 된다는 말이군요.

릴케 그렇습니다. 파리에 있다가 잠깐 보릅스베데로 돌아와서 파울라 모더존의 그림을 보고 나는 깜짝 놀랐어요.

김재혁 왜죠?

릴케 자신만의 길을 간 예술가가 어떤 건지. 그녀에게서 고흐와 세잔하고 어던가 닮았으면서도 자기만의 길을 간 흔적을 보았으니까요. 그녀는 자연을 모사하지 않고 사물의 진귀한 면을 보려고 했어요. 보릅스베데 화가들이 자연을 그렸다면 그녀는 그것을 넘어선 것을 그려냈으니까요.

〈젖먹이와 어머니의 손〉
(파울라 모더존 베커, 1903)

김재혁 상당히 감명을 받으셨나 봅니다.

릴케 나는 형편이 넉넉지 않았지만 그녀가 1903년에 그린 〈젖먹이와 어머니의 손〉을 사주었어요. 독려하는 차원에서요. 그녀는 자신이 믿는 것을 굳건히 밀고 나간 것입니다. 그녀의 모든 혼이 깃들인 것을 좇아서요.

김재혁 거기서도 예술에 대한 진지한 선생님의 열정이 보입니다. 가난한 시인이 호주머니를 털어 그림을 사주다니요.

릴케 나는 대상을 이상화하여 아름답게만 드러내지 않고 본질을 보려는 그녀의 예술적 성장에 깊은 감명을 받았고, 그녀는 내게 편지를 써서 감사 인사를 했지요.

김재혁 어떤 내용의 편지였던가요?

릴케 그녀는 편지 끝에 자기는 모더존도 아니고 그렇다고 이젠 파울라 베커도 아니라면서 어떻게 서명을 해야 할지 모르겠다고 했죠. 그만큼 자기만의 길을 찾아가려고 고심했던 겁니다. 결국 그녀는 자신의 이름인 '파울라'라고만 서명했다고 했어요.

김재혁 그렇다면 파울라는 자신만의 축제를 시작한 셈이군요. 파울라가 어머니한테 쓴 편지를 보니, 자기는 자신의 목표를 향해 끝없이 물결치는 파도처럼 살겠으며 그것이 인생에서 가장 아름다운 것이라고 했더군요. 참 멋진 말이죠!

사실 파울라는 남편 모더존에게도 알리지 않고 파리로 자신의 예술을 위해 떠났다. 그건 릴케의 격려 때문이었다. 그러나 예술을 추구하는 사람들에게 현실은 만만치 않았다. 릴케의 경우, 결혼을 하여 서로의 고독을 지켜주며 자유를 찾으려 했으나 밀려드는 가난은 막을 수가 없었다. 젊은 예술가 부부는 벌이가 거의 없었다. 사방팔방으로 일자리를 알아보았지만, 출판사나 잡지의 편집 일을 하겠다는 릴케의 의지는 관철되지 못했다. 삼촌 야로슬라브가 대주는 생활비로 근근이 이어가던 삶도 삼촌의 도움이 얼마 가지 않아 끊기면서 신혼부부는 생활비를 스스로 벌어야 하는 난관에 봉착한다. 그것을 뚫기는 어려웠다. 예술과 삶을 하나로 만들어 살 수는 없을까. 나는 당시의 시인의 삶에 대해서 릴케에게 물었다.

릴케 가난이 가장 힘든 거였죠. 이곳저곳 부탁의 편지도 보내고 온갖 사정을 다해보았지만 다 소용없었어요. 평범한 일상을 유지할 수가 없었죠. 내가 파리로 오고 나서 클라라는 딸 루트를 친정 부모님에게 보내고 혼자서 그 늪지의 허물어져가는 집에서 지내야 했어요. 포겔러 부부 내외에게 그녀를 잘 보살펴달라고 부탁은 했지만 그게 무슨 힘이 되었겠어요. 처갓집에 신세를 질 수밖에 없었지요. 참기 어려운 일이었지만.

김재혁 아무래도 선생님의 가난은 결혼과 관련이 있는 것 같습니다. 게다가 어린아이까지 있었으니까요. 선생님이 쓰신 당시의 〈베스터베데 일기〉를 읽어보면 그런 저간의 사정을 알 것 같더군요.

릴케 그렇습니다. 나의 전망 없는 가난은 전망 없는 결혼에서 온 것이었죠. 나는 돈이 어떻게 세상에 나왔는지, 돈이 원하는 게 뭔지 알지도 못했고 이 싸움을 이겨낼 재간이 없었어요. 가난은 우리 두 사람을 찌들게 했어요. 건강하고 튼튼하고 쾌활하던 클라라도 이제는 낙담으로 어쩔 수 없는 사람이 되어버렸고요.

김재혁 경제력이 없는 결혼은 정말 힘들다는 것을 저도 잘 압니다. 그러면 돈을 벌어보려는 노력을 안 해보셨나요? 돈하고는 전혀 관련이 없는 것처럼 말씀하시는데요.

릴케 물론 노력을 안 해본 것은 아닙니다. 강연도 해보고 글도 많이 써보려고 했죠. 하지만 나 같은 사람을 찾는 쪽이 없더군요. 내가 사용하는 독일어는 돈벌이용 소통 독일어가 아니어서 그랬나 봅니다.

김재혁 정말 안 됐군요. 얼핏 사람들은 선생님이 결혼을 하고도 책임을 지지 않은 것처럼 생각하기도 합니다.

릴케 전혀 그렇지 않았어요. 당시에는 나보다는 가족을 먼저 생각했어요. 미래를 생각할수록 마치 그 미래라는 것이 집채 같은 홍수처럼 나를 집어삼켜 익사시킬 것만 생각이 들더군요.

김재혁 그렇군요. 선생님이 추구하는 고독의 자유는 결혼과는 상반되는 것이 아니었나 싶습니다. 그래서 결혼이 오히려 선생님의 시를 살찌우는 데 역설적인 역할을 했다는 생각이 듭니다.

릴케 그것은 역설이지요. 정말로. 내가 결혼을 하고 아이를 낳았을 때는 어떻게든 가족을 벌어 먹여 보겠다고 굳게 결심했어요. 왜 안

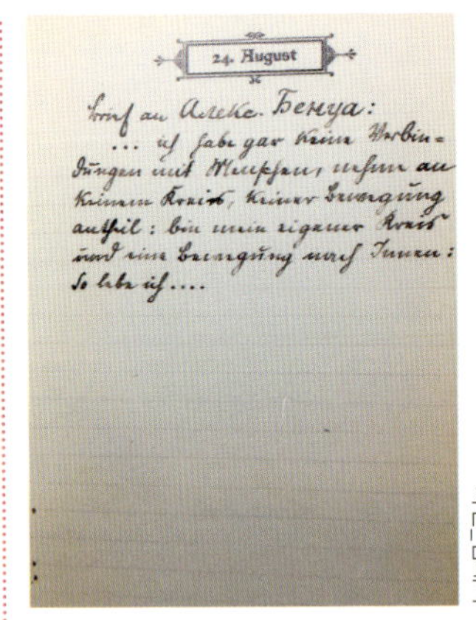
24. August

Brief an Alexe Бенуа:
… ich habe gar keine Verbindungen mit Menschen, nehme an keinem Kreis, keiner Bewegung anteil: bin mein eigener Kreis und eine Bewegung nach Innen: So lebe ich….

사진_김재혁

릴케의 〈베스터베데 일기〉 중 1902년 8월 24일자. "알렉스 베냐에게 편지 쓰다: …저는 사람들과 아무 관계도 맺지 않고 있으며, 어떤 동아리나 운동에도 참여하지 않고 있어요. 내 자신이 나의 동아리이고 내면을 향한 운동이지요. 나는 그렇게 살고 있어요." 라는 내용을 담고 있다. '알렉스'는 러시아의 화가이자 예술작가인 알렉산드르 니콜라에비치 베노이스(1870-1965)를 말한다

그렇겠어요?

김재혁 그러니까 사람들이 생각하는 것과 다르군요.

릴케 물론 기본적으로 나는 사람들과 인간적인 관계를 엮기보다는 나 자신을 위해 소요스러운 주변 환경의 파괴를 원했습니다. 그리고 고요 속으로 침잠할 수 있기를 바랐어요. 나도 모르게 나는 늘 심적으로나 육체적으로 요동치는 상태에 있었어요. 언제 어떤 상황이 찾아올지 몰랐기 때문에 더욱 고독이 필요했죠. 돈을 벌고 사회생활을 하는 것이 중요하기는 했지만요.

김재혁 순서가 바뀌었다는 생각은 안 하셨나요? 먼저 결혼하고 아이를 낳고, 그 다음에야 일자리를 알아보는 것 말이죠.

릴케 사실 누군들 그러고 싶지 않았겠습니까. 사람마다 상황이 다 있기 마련이지요. 나도 루 살로메와의 관계도 있고, 또 상실의 아픔도 있고요. 더 이상 말하지 않겠습니다. 내가 여행을 하는 것이 반드시 시만을 위한 것은 아니었습니다. 돈벌이를 위해 로댕을 만나러 파리로 갔던 것이죠.

김재혁 아, 네. 그렇군요. 선생님이 하신 여행에 실존적인 다른 측면이 있다는 것을 깨닫게 됩니다.

릴케 그 당시만큼은 나의 사랑과 결혼은 현실적 결정이었어요. 늘 떠돌아다니는 삶을 선호하는 사람이 어디 있겠습니까? 정착하고 싶은 마음이 한 구석에 자리 잡고 있죠.

김재혁 네, 알겠습니다. 이야기를 좀 다른 쪽으로 돌리겠습니다. 아까는 아내 클라라의 예술의 진지함을 칭찬하셨는데요. 그녀의 예술에서 단점이라면 무엇을 들 수 있을까요? 그것도 고독과 연관될까요?

릴케 그래요. 그녀의 너무 지나친 진지함과 너무 까다로운 양심이 방해가 되었지요. 그러다 보니 예술을 위한 자유가 구속된 거죠.

김재혁 죄송합니다만, 선생님이 경제적으로 여력을 갖고 있지 못했으니 부인이 뭐든 하려고 나섰을 것 같은데요. 부인께서는 경제적인 면에서 더 진지했을 것 같기도 합니다.

릴케 물론 그런 것도 있지요. 아내는 그림을 배우려는 학생들을 모아서 교습을 하기도 했어요. 그리고 아내는 주로 인물초상을 만들어서 그걸로 생활비를 충당했는데, 사람이 워낙 점잖고 착해서 손해를 많이 봤어요. 그냥 먼저 만들어주고 돈을 받지 못하는 경우가 많았죠.

김재혁 아내도 많은 노력을 했군요. 선생님 입장에서는 좀 미안한 감정도 있었을 것 같고요.

릴케 네, 그래요. 실제로 제 아내에 대해 친구 파울라는 안 됐다는 표현을 많이 했어요. 본인은 성공한 화가 오토 모더존과 결혼하여 물질적으로나 정신적으로 자유로운 예술가로 활동하는데 친구 클라라는 그렇지 못해 안 됐다는 거지요.

김재혁 부부로서의 삶은 어땠는지도 궁금합니다. 우리가 결혼하여 평범하게 느끼는 것들이나 행동하는 것들 말입니다.

릴케 내가 낭송회를 하면 아내도 함께 했죠. 서른 살 때 나는 함부르크, 브레멘 등지를 돌며 낭송회를 가졌습니다.

김재혁 그런 것은 누구나 똑같군요. 저도 가끔 지방으로 강연을 가면 안사람과 함께 가죠. 그런데 상당히 의외이기도 합니다.

릴케 그런가요? 내 아내는 루 살로메를 나의 강연장에서 처음 봤는데 두 사람은 마치 오래전부터 알고 지냈던 친구 사이처럼 허물없이 대화를 하더군요.

김재혁 그것도 의외입니다. 제가 아는 선생님의 저간의 사정에 비추어보았을 때는요.

릴케 내 아내 클라라는 충분히 그럴 사람이니까요. 겉으로는 아주 진지하지만 내면에는 쾌활함과 활력을 갖고 있어요.

김재혁 보통 시인들은 시를 쓰면 발표하기 전에 아내에게 보여주는데, 선생님도 그런 적이 있나요?

릴케 매번 보여주지는 않았지만 나도 아내에게 내가 한 일을 알리기 위해서 그런 적이 있습니다. 내가 아내와 떨어져서 파리에서 지내고 있을 때 그러니까 1907년 6월 말에 아내에게 보릅스베데로 내가 쓴《신시집》2권의 시 40편을 원고 상태로 보낸 적이 있어요. 나중에 아내와 만났을 때 인젤 출판사로 함께 보내자고요. 그리고 내가 지난 몇 달 동안 한 일의 모든 것이 그 안에 들어 있으니 한 번 훑어보면서 경험해보라고 말했지요.

김재혁 그만큼 선생님 스스로 시에 자신이 있었나 봅니다.

릴케 물론 그런 것도 있고요. 아내와 떨어져서 지내면서 그것에 대한 미안함도 있었죠.

김재혁 그것만은 아닌 것 같은데요. 아무리 위대한 시인도 독자의 눈길이 필요한 것 아닐까요?

릴케 네, 맞아요. 아내에게 읽어보고 다르게 고쳤으면 하는 것, 빼버렸으면 하는 것, 늘렸으면 하는 것에 대해 길게 말고 짧게 말해달라고 부탁했어요. 물론 시집에 실을 시작품들의 순서도 봐달라고 했고요.

김재혁 그 밖의 다른 작품들도 미리 읽어준 것이 있나요?

릴케 《말테의 수기》도 처음부터 읽어주었죠. 말테를 실존의 인물로 인정하면서요. 그래서 나는 기뻤어요. 아내는 나의 영원한 첫 번째 독자입니다.

김재혁 그런 면을 보면 선생님과 클라라는 평범한 부부이기도 했군요. 시인으로서의 남편을 자랑으로 여겼을 것 같기도 합니다.

릴케 나와 강연도 함께 다니면서 내 강연에 늘 귀를 기울여주었고, 내가 파리에서 세잔 전을 보고 15쪽의 긴 편지를 보내자 그것을 친구인 파울라 베커에게 읽어주기도 했어요. 내 예술 안목을 높이 사준 거죠.

김재혁 지금 이 순간 많은 생각이 듭니다. 선생님은 과연 어느 쪽을 더 사랑했을까. 현실의 삶일까. 예술일까.

릴케 현실이라는 것이 내게는 또 있습니다. 더 크고 진정한 현실이 있어요. 그것이 나의 삶을 더 폭넓게 해줍니다. 심오하고 유용한 작업을 가능케 해주는 순간이 오면 나는 이 세상에 정말로 현실적으로 존재한다고 생각해요.

김재혁 결국 이야기가 그렇게 결론 나는군요.

릴케 현실에서 얻은 모든 것들, 모든 사랑을 다시 버리기 위해서 얻는다는 생각이 들어요. 그것만으로는 살 수 없어 그래서 나는 다시 떠나는 겁니다.

그렇게 말하는 릴케의 검은 구두코 끝이 햇볕에 반짝였다. 릴케의 이런 말을 들으면서 나는 많은 생각이 들었다. 어떻게 이렇게 자신의 예술을 제일의 계명으로 삼으며 살 수 있을까? 그에겐 정말 예술만이 최고의 신조일까? 그에게는 많은 여성 팬들이 있었다. 그는 한 여인을 위해서만 살려고 하지 않았던 것일까. 그는 많은 여성들에게서 여성적인 면을 뽑아 노래했다. 그는 한 사람에게만 귀속된 시인이 아니었으니까. 그는 묶이지 않은 삶을 원했다. 가정을 일구어보려던 생각을 그는 결국 접었다. 그때부터 그에겐 방랑과 기다림만이 그의 것이라는 운명적 생각이 들었던 것 같다. 책임을 져야 할 것을 책임지지 못한 것에 대한 쓰린 경험이 그의 시 밑바탕에 깔려 있을지 모른다는 생각은 과한 걸까. 양심의 가책처럼 그의 가슴 밑바닥에 깔려 있으면서 《두이노의 비가》에서 "아버지, 내가 옳지 않나요?"라고 강변하게 한 것은 아닐까. 한편, 그의 아내 클라라는 겁을 모르는 여인이었다. 새벽이 열릴 때 누군가 "후-후-후" 크게 고양이처럼 소리를 내며 다가오는 것은 바로 클라라였다. 등도 종도 달리지 않은 자전거를 타고 그녀는 늘 그렇게 달렸다. 자기 채마밭을 마구 망쳐 놓고 있는 말을 붙잡아 주인에게 돌려줄 만큼 담대한 여인이었다. 미국 서부개척 시대에 내놓아도 헤쳐 나갈 만한 여인이었다. 그녀는 릴케가 죽은 뒤 베를린으로 거처를 옮겨 잠시 쉬었던 예술작업에 매진했다. 나름의 예술적 개념을 얻으려고 노력하면서.

〈릴케의 흉상〉
(클라라 릴케 베스트호프, 1936)

클라라는 릴케가 이미 세상을 뜬 지 10년이 흐른 1936년에 딸 루트의 제안으로 릴케의 초상을 새롭게 조각했다. 그때 많은 생각들이 스쳤다. 좋은 생각과 강렬한 추억이 작업 중에 생겨났다. 릴케는 만년에 스위스 뮈조성관에서 살 때 딸 루트와 손녀 크리스티네를 위해 정원에서 손수 가꾼 사과 바구니를 성탄절 선물로 보내기도 했다. 릴케를 초상으로 한 흉상 작품으로 클라라는 1936년 6월 뮌헨에서 개최된 제3제국 전시회에서 호평을 받았다. 히틀러는 릴케 숭배자였다. 대학 진학을 앞둔 손녀 크리스티네가 교통사고로 죽자 클라라는 장례식에서 릴케의 《두이노의 비가》 중 첫 비가를 읽었다. 70세 생일을 맞이하여 전시회를 열면서도 그녀는 릴케의 시를 읽었다. 그리고 1952년에는 릴케가 1907년 10월에 '세잔에 관하여 파리에서 써 보낸 편지'를 묶어 출간했다. 많은 고통 속에서도 그녀에게 릴케는 잊히지 않는 이름으로 남은 것이다. 서운함과 미움을 세월로 지우고 릴케는 그녀의 마음속에 한 사람의 시인 남편으로 살아났다. 보릅스베데에서 두 사람 사이에 한참 사랑이 싹 틀 때 보낸 편지에서 그녀와 함께 할 전원적인 저녁식사를 꿈꾸며 "빵이 있어야 해요. 그리고 폭이 좁고 긴 그릇에는 저녁 보릅스베데 린덴슈트라세.
이곳을 따라 바르켄호프로부터 보릅스베데 쿤스트할레로 연결된다.
길 왼쪽으로 바이어베르크 언덕이 있다

사진_김재혁

하늘을 가르는 긴 구름처럼 흰 기름기가 몇 줄 가 있는 베스트팔렌 흰빛 햄이 있으면 좋을 것 같고요."라고 썼던 그였으니까. 그러나 1917년에 보릅스베데 바로 옆의 피셔후데 마을에 클라라가 자신의 집을 짓고 릴케가 쓸 방까지 마련해놓았지만 릴케는 한 번도 그곳을 찾지 않았다.

그렇지만 릴케가 세상을 뜨고 난 뒤인 1928년에 클라라는 릴케와 친분이 있던 러시아의 화가 레오니드 파스테르나크에게 릴케의 초상을 그려달라고 부탁한다. 유화 속의 릴케는 옅은 금발 수염에 파란 눈을 한 젊은이로 짙은 녹색의 망토를 걸친 채 양손을 모으고 의자에 앉아 있고 그림의 배경으로 모스크바 크렘린 궁의 탑들이 보인다. 자신의 아틀리에에서 처음 보았던 릴케의 모습을 파스테르나크는 "묻는 듯한 커다랗고 맑은 파란 눈의" "그가 본 성스러운 나라의 모든 것에 쾌활하게 열광하는" 어딘가 "러시아 지식인" 같은 "오래된 친한 친구"의 모습으로 기억했다. 레오니드 파스테르나크는 노벨문학상 수상자인 보리스 파스테르나크의 아버지이다.

모스크바의 릴케
(레오니드 파스테르나크, 1928)

부언...사실 포겔러의 저택 바르켄호프에서 나와 산책길로 릴케가 자주 이용하던 자작나무 가로수 길에는 지금은 보리수들이 심어져 있다. 다만 그가 산책길에 목표점으로 삼았던 언덕은 그대로 남아 있다. 바이어베르크 언덕이다. 내가 상상했던 낭만적인 표상 그대로였다. 그러나 과거 보릅스베데 늪지의 많은 물들은 이제 마르고 그 자리에는 집들이 들어서 있다. 릴케가 시인들을 일컬어 "우리는 보이지 않는 것을 모아 들이는 꿀벌입니다"라고 했던 말이 생각났다. 무상한 나무들은 사라지고 없지만 릴케가 만들어놓은 그 정신적인 건물들은 사라지지 않고 우리 마음속에 그대로 남아 있기 때문이다.

부르크하우젠에서,
사물시의 서정성

릴케와 나는 스위스 시에르에서 나의 지인의 자동차를 타고 한참 만에 오스트리아 잘츠부르크를 지나 바이에른의 조그만 도시 부르크하우젠에 도착했다. 겨울이라서 매섭게 추웠지만 부르크하우젠으로 가는 길가의 숲은 그림동화 속의 풍경을 보여주었다. 많은 전나무에 매달려 있는 흰 결정체들은 눈이 아니라 서리였다. 우리는 오스트리아의 잘츠부르크와 독일의 부르크하우젠을 가르는 잘츠아흐 강 강변의 한 아늑한 카페를 찾았다. 잘츠아흐 강물은 물살이 세서 바깥 풍경은 을씨년스러웠지만, 카페 안은 따뜻했다. 우리는 테이블에 마주보고 앉았다. 그때 나는 릴케가 《신시집》의 이른바 '사물시'를 쓰기로 작정한 심정을 알고 싶었다. 왜 그렇게 단단한 결심을 했는지, 그 과정이 궁금했다. 그가 독일의 시문학사에 독보적인 궤적을 남기게 된 배경이 된 것이 바로 그 '사물시'였기 때문이다

가운데 위쪽이 부르크하우젠 성이고,
아래쪽 강물이 독일 쪽 부르크하우젠과 오스트리아 쪽 잘츠부르크를 가르는
잘츠아흐이다

사진_김재혁

김재혁 선생님이 쓰신 '사물시' 중에 가장 유명한 것이 〈표범〉이고 그 다음이 〈청수국〉 그리고 〈고대의 아폴로의 토르소〉라고 알고 있습니다.

릴케 아, 그런가요? 나는 잘 모르고 있었습니다. 그런데 '사물시'라는 말은 내가 한 적이 없는데 누가 그 말을 쓴 건가요?

김재혁 쿠르트 오페르트라는 독문학자입니다. 1926년인가, 뫼리케, C. F. 마이어, 그리고 선생님의 시를 언급하면서 '사물시'라는 말을 꺼냈습니다. 구체적으로 사물을 대상 삼아 묘사하는 시를 말합니다. 마음에 들지 않으세요?

릴케 학자들이 하는 일이 그런 것이니까요. 마음에 들고 안 들고는 없습니다. 그렇게들 부르는구나, 이 정도 생각인 거지요.

김재혁 네, 물론 선생님께는 모든 작품이 소중하시라고 생각합니다. 그래도 더 애정이 가는 작품이 있지 않을까요? 자식도 그런 것처럼?

릴케 네, 물론이죠. 《신시집》의 시라고 해서 다 마음에 드는 건 아닙니다. 《형상시집》의 시들 중에도 마음에 드는 시들이 꽤 있어요. 내가 《신시집》의 시들을 처음 써서 낭송회를 가졌는데, 그때 청중이 많이 당혹스러워하더군요.

김재혁 아, 그러셨군요. 그때는 아마도 《기도시집》이나 《형상시집》의 아름다운 시들에 독자들이 길이 들어 있어서 그랬나 봅니다. 그때도 사람들이 호감을 가진 시가 있지 않았나요?

릴케 네, 그렇습니다. 사람들이 내가 처음 낭송했을 때 〈회전목마〉는 좋아하더군요. 〈회전목마〉의 내용이 더 이해가 쉬워서 그랬는지도 모릅니다.

김재혁 실제 그 시를 들어보면 회전목마를 바라보는 것 같습니다. 아이를 회전목마에 태워놓고 그것을 바라보는 부모의 심정 같은 것이 느껴지거든요.

릴케 아, 그런가요? 그렇다면 성공이네요.

《신시집》 초판본
(1907년 출간, 김재혁 소장)

김재혁 '사물시'에서 선생님은 정말로 사물만을 묘사하려고 했나요? 아니면 선생님 자신의 내적 상황을 어느 정도 투영하여 그려 넣으려 하셨나요?

릴케 본래 나는《신시집》의 시들을 통해 사물의 본질만을 이야기하고 싶었어요. 그 외의 것은 전혀 염두에 두지 않았습니다. 그 시들에서 내 모습을 봤다면 그것은 내 시를 수용한 사람의 자유죠. 내가 외부의 세계와 만나면서 나눈 이야기가 사물시일 뿐입니다. 아주 내밀하게 나눈 이야기이죠.

김재혁 선생님께서 사물시를 쓰시면서 가장 많이 동원한 시적 능력은 무엇이었나요?

릴케 그건 아무래도 연상의 힘 아닐까요? 끝없는 사유하기 말이죠. 사물시는 사물에 대한 선입견을 버리는 것으로부터 시작합니다. 사물이 말을 하게 두는 거죠. 그러니까 사물을 온 마음을 다 바쳐서 집중적으로 관찰하는 것이 중요합니다. 사물의 정신을 발견하는 거죠.

김재혁 사물의 정신을 발견한다는 말씀을 좀 구체적으로 설명해주시겠습니까?

릴케 사물의 아름다움이나 유용성 뒤에 숨어 있는 그 사물만의 가치 즉 그 성스러움을 빛나게 해주는 것입니다.

김재혁 아, 그것 참 멋진 말씀입니다. 선생님이 원래 사물시를 쓰게 된 것은 보들레르의 시 〈썩은 사체〉가 있었기 때문이라고 했는데요, 그 말은 무슨 뜻인가요?

릴케 그 시를 보지 않았으면 나는 진정한 시인이 못 됐을 겁니다. 그 정도의 시적 헌신을 접하고서야 시인이란 어떠해야 하는지를 알았지요. 숲속에 썩어 문드러져 있는 짐승의 몸뚱어리를 아무 거리낌 없이 아주 정확하고 세세하게 묘사해낸 보들레르의 진정한 관찰과 대상에 대한 흠 없는 애정은 더할 나위 없는 모범이 되는 거죠.

김재혁 1906년 7월 중순 파리에서 쓰신 〈청수국〉에서는 극단적인 언어실험이 돋보입니다. 수국을 앞에 두고 고민하는 화가의 모습을 보는 듯한 착각이 들 정도입니다. 언어로 포착할 수 없는 극히 세밀한 부분을 정확하게 묘사하려는 시도라고 할 수 있습니다. 선생님께서 시를 한 번 직접 읽어주시죠. 그러면 제가 그 시를 한국어로 옮겨보겠습니다.

릴케 (릴케는 1907년에 인젤출판사에서 나온 《신시집》을 펼쳐 〈청수국〉을 읽기 시작한다.)

김재혁 선생님의 낭송은 그 자체가 하나의 음악이고, 종교적 주술 같습니다. 그러면 이번엔 제가 한국어로 읽어보겠습니다.

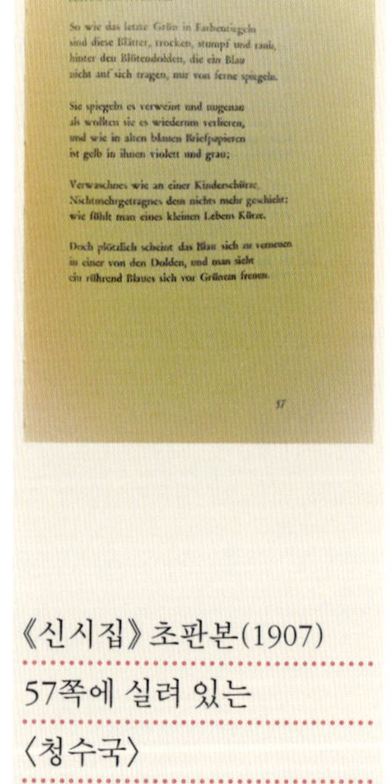

BLAUE HORTENSIE

So wie das letzte Grün in Farbentiegeln
sind diese Blätter, trocken, stumpf und rauh,
hinter den Blütendolden, die ein Blau
nicht auf sich tragen, nur von ferne spiegeln.

Sie spiegeln es verweint und ungenau
als wollten sie es wiederum verlieren,
und wie in alten blauen Briefpapieren
ist gelb in ihnen violett und grau;

Verwaschnes wie an einer Kinderschürze,
Nichtmehrgetragnes dem nichts mehr geschieht:
wie fühlt man eines kleinen Lebens Kürze.

Doch plötzlich scheint das Blau sich zu verneuen
in einer von den Dolden, und man sieht
ein rührend Blaues sich vor Grünem freun.

57

《신시집》 초판본(1907) 57쪽에 실려 있는 〈청수국〉

청수국

마치 팔레트에 마지막 남은 초록빛처럼
이 이파리들은, 마르고 투박하고 거칠다,
파란빛을 스스로 띠지 않고 그저 멀리서
반사시키는 산형繖形 꽃차례들 뒤편에서.

그것들은 울어 지친 듯 파란빛을 대충 반사한다,
파란빛을 일부러 다시 잃어버리려는 것 같다,
그리고 오래된 파란 편지지들처럼 그것들 속에는
노랑, 보라색 그리고 잿빛이 깃들어 있다;

어린아이의 앞치마에 어리는 것 같은 퇴색한 빛깔,
더 이상 해질 게 없어 아무 일도 일어나지 않는 것:
우리는 한 작은 생의 짧음을 어떻게 느끼는가.

하지만 산형 꽃차례들 중 하나에서 갑자기
파란빛이 새로워지는 것 같다, 초록 앞에서
감동적인 파란빛이 즐거워하는 게 보인다.

릴케 김 선생님이 번역하신 시의 내용은 모르지만, 그 음향 속에 내가 그려 본 청수국의 모습이 들어 있는 것 같습니다. 사실 이렇게 묘사하기 위해서는 사물을 엄밀하게 관찰하는 것이 필요합니다. 그 전에 먼저 사물들과 대화를 나누어야 해요. 사물들에 대해 객관적으로 말하기 위해서는 그들의 속내를 알아야 하니까요.

김재혁 "파란빛을 스스로 띠지 않고 그저 멀리서/반사시키는 산형繖形 꽃차례들"이라는 표현은 상상으로 얻기는 힘든 표현입니다. 푸른 꽃 색깔의 덧없음을 파란 빛을 스스로 띠는 게 아니라 거울처럼 반사할 뿐이라고 표현하니 무상함이 더욱 절실하게 느껴집니다. 이런 직접적인 대화를 나누기 위해서는 대상이 아주 가까운 곳에 있어야 할 텐데요.

릴케 그 즈음에 아내에게 보낸 편지에서도 말했지만 내가 파리에서 직접 파란 수국을 화분에 키운 적이 있어요. 아내한테 나는 그 수국에 대해 편지를 썼어요.

김재혁 그 편지의 내용을 직접 한 번 소개해주시죠.

릴케 "나의 수국은 도라의 집에서 겨울을 잘 났다오. 지금은 다시 높이 자라서 가장 꼭대기 이파리들 아래쪽에는 많은 산형 꽃차례 꽃봉오리들을 달고 있소. 그것은 디스코폴리 별장의 뜰에 있던 것과 같은 모양이라오. 그래서 나는 기분이 좋다오."

김재혁 원래 화초를 좋아하시나 봅니다. 파리 이야기도 나오고 디스코폴리 별장도 나오는데, 디스코폴리 별장은 어디 있는 거죠?

릴케 네, 화초 키우는 취미가 있었죠. 디스코폴리 별장은 이탈리아 남쪽 카프리 섬에 있는 시설로 알리체 팬드리히라는 분의 소유인데, 그곳에 1906년 11월에 초대를 받아 가서 묵은 적이 있어요.

김재혁 편지에서 하신 말씀을 들어보니 대상에 대한 선생님의 아주 진솔한 애정이 느껴집니다. 그때 이후 그 식물과 나눈 대화의 내밀한 기록이 바로 이 〈청수국〉이군요.

릴케 그래요. 많은 대화를 나누었지요. 특히 청수국이 시들어갈 때라 더 많은 이야기들이 오갔습니다.

김재혁 시에서 "처럼"이나 "같은" 등의 직유법을 많이 쓰시는데요, 특별한 이유라도 있나요? 어떤 사람은 그런 직유법이 시적으로 고급스럽지 못하다고 하더군요.

릴케 누가 그런 말을 했나요?

김재혁 고트프리트 벤 같은 시인이 그랬습니다. 시적 장치 면에서 그렇다고요.

릴케 그건 대상에 따라 다르다고 생각합니다. 내가 그리고자 하는 시적 대상의 본 모습이 그런 비유법을 통해 가장 잘 드러나기 때문이죠.

김재혁 대상이 갖는 특성을 먼저 잘 파악하는 것이 요체가 될 것 같습니다. 청수국의 모습에서 가장 먼저 눈에 띈 것은 무엇인가요?

릴케 그것은 무엇보다 색채입니다. 청수국의 색채 중에는 두 가지가 눈에 띄죠. 하나는 청수국의 꽃잎이고 다른 하나는 그것들 주위를 에워싸고 있는 이파리들이지요.

김재혁 정말 첫 구절이 아주 인상적입니다. "마치 팔레트에 마지막 남은 초록색처럼", 이 구절을 보면서 저는 1980년대와 90년대 미국에서 대중화가로 활동하던 밥 로스 아저씨를 떠올렸습니다. TV에서 〈그림 그리기의 즐거움〉이라는 프로그램으로 유명했어요. 그분의 팔레트는 늘 그림물감들로 분주하게 보였습니다. 거기에 남아 있는, 거의 끝물이라 이제는 말라버린 초록색이 얼른 떠오르더군요. 〈청수국〉을 읽는 순간 말이죠.

고트프리트 벤
(1886-1956).
(토비아스 팔베르크, 2006)

위키피디아

로버트 노먼 로스
(1942-1995)

릴케 그런 분이 있었군요. 나도 보릅스베데 같은 곳에서 그림 그리는 사람들 옆에서 그 사람들의 모습을 많이 보다 보니 저절로 그런 비유가 떠올랐지요.

김재혁 이 시를 읽으면서 가장 정감이 가는 표현은 "오래된 파란 편지지"나 "어린아이의 해어진 앞치마" 같은 것들입니다. 아무래도 선생님의 생활 주변에서 가져온 것들이라서 그런 게 아닌가 하는 생각이 듭니다. 선생님께서 원래 사물시를 쓸 때 개인적 감정을 버리고 객관적으로 사물을 노래한다고 하셨는데, 이 부분은 거기서 좀 벗어난 게 아닌지요?

릴케 물론 나는《신시집》의 많은 시를 새로운 시각에서 써보려고 했어요. 그래서 '새로운 시집'이라고 했던 거죠. 그렇지만 모든 시를 자기가 말해 놓은 강령이나 프로그램에 따라 쓰는 건 아니라고 봅니다. 이 시에는 인간으로서, 방랑하는 시인으로서 느끼는 나의 감정이 좀 들어간 것이 사실입니다.

김재혁 그것은 제가 보기에는 "우리는 한 작은 생의 짧음을 어떻게 느끼는가"라는 구절에서 가장 잘 드러난다고 보입니다. 그런데 선생님께서 초창기에 한 〈현대 서정시〉(1898)라는 강연에서 "사물에서 자신의 영혼의 모습을 읽는다."고 하셨는데, 이것은 사물이 갖는 상징성이나 등가성 이야기를 하는 게 아닐까요?

릴케 이 〈청수국〉은 사물시와 인생에 대한 나의 생각을 섞은 작품입니다. 특히 마지막 연에서 나는 인생의 고통 속에서도 그래도 존재하는 자의 기쁨을 말해보고 싶었습니다.

김재혁 아, 예. 그 부분을 제가 한 번 읽어보겠습니다.

하지만 산형 꽃차례들 중 하나에서 갑자기
파란빛이 새로워지는 것 같다, 초록 앞에서

감동적인 파란빛이 즐거워하는 게 보인다.

릴케 《신시집》의 시들 중 장미를 노래한 시도 있고 다른 꽃들을 노래한 시도 있는데, 나는 장미와 달리 청수국에서는 왠지 인간적 시듦과 번뇌가 보였어요.

김재혁 그러고 보니 당시에 선생님이 청수국에 대해 쓴 또 다른 편지가 떠오릅니다. "그러나 우리에게 싹트고 피어나는 장미가 필요하듯 (…) 우리는 또한, 이 같은 시듦에도, 이 같은 시듦의 부드럽고 조금은 비탄 섞인 뉘앙스에도 끌립니다. (…) 우리는 인생의 손에 모든 것을 내맡겨둘 수밖에 없습니다. 고대하는, 기꺼운, 조금은 초보자 같은 솔직한 태도로 말입니다."

릴케 그거 내가 그나이제나우 백작부인에게 쓴 편지군요. 꽃은 우리에게 삶의 환희를 알려주고 또 고통도 알려주지요. 파란 수국은 내게 무엇보다 나이 듦에 대해 알려주었어요.

김재혁 시를 읽다 보면 선생님이 수국과 나누는 대화의 내용이 귀에 들리는 듯합니다. 이제 늙어 시들어가는 파란 수국의 아픈 사연과 이를 위로하는 선생님의 부드러운 음성이 들려옵니다. 소네트의 특성에 맞게 마지막에 가서는 반전의 말도 들립니다. 물론 '소네트'가 라틴어로 '울린다'는 뜻의 '소나레'라는 말에서 왔듯 울림 또한 좋고요.

릴케 나는 솔직히 수국의 파란 모습을 보면서 그것의 색깔이 바래져가는 것에서 인생을 느꼈습니다. 식물은 인간보다 생명의 주기가 짧다 보니까 그것을 더 잘 느끼게 돼요. 그래서 마지막에 가서 내 귀에 들려온 수국의 말을 적었어요. 그것이 바로 마지막 연이지요.

김재혁 "초록 앞에서/감동적인 파란 빛이 즐거워하는 게 보인다." 이것은 명백한 의인화이죠. 아니면 선생님의 내면이 파란 수국의 모습으로 나타난

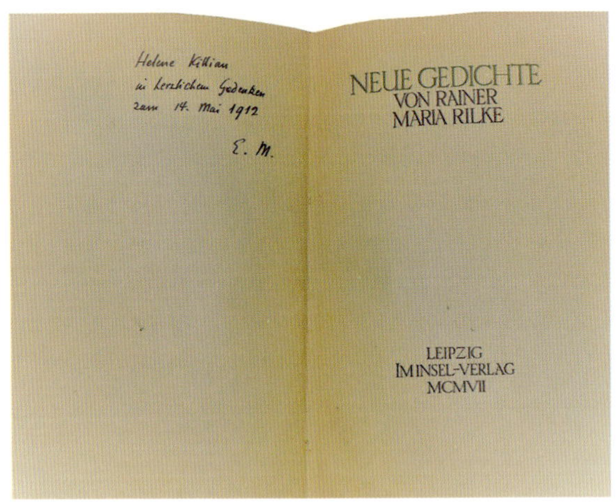

《신시집》 초판(1907)
속표지

건가요?

릴케 아닙니다. 수국이 내게 그렇게 말했어요. '저 죽는 것 같아 보여도 더 살아남을 거예요.' 그런 소리가 들리기에 보니까 수국의 파란 잎 앞쪽에 수국의 파란 빛이 아이처럼 좋아하는 게 보였어요.

김재혁 정말 사물을 감지해 가는 과정이 저한테는 감동적일 뿐입니다. 인생의 희로애락을 담은 이 시를 저는 《신시집》의 〈가을날〉이라고 부르고 싶습니다. 자연스러운 과정과 돋보이는 묘사의 풍경은 물론 〈가을날〉과 다른 체취를 풍기지만, 사물과의 교감 과정은 냉정하지 않고 서정적입니다.

릴케 나는 사실 청수국의 모습을 화가처럼 그리는 가운데 내 생각을 이야기하고 싶었던 겁니다. 파란 수국의 생각이 내 안으로 들어온 게 먼저이죠. 그것을 외적 감각이 아닌 내적 감각으로 느끼는 겁니다. 그리고 사고의 감각, 언어의 감각이 작동하는 거죠.

김재혁 선생님은 시를 한 편 한 편 완성할 때마다 득도를 하시는 것 같습니다.

시 한 편 속에 그런 깨달음의 과정이 들어있는 것 같아서요. 괴테가 인간학적으로 말한 서정시의 근본인 내적 감동이 있어요.

릴케 과찬의 말씀이십니다.

김재혁 그런데 선생님과 말씀을 나누다 보니까 이른바 '사물시'에도 객관적 사물만 있는 것 같지는 않다는 확신이 들었습니다. 선생님의 내면이 외부 세계와 만났던 고민의 내용들이 서정적으로 표현되어 있다는 느낌이 들었습니다.

릴케 시의 해석은 시를 읽은 사람의 자유라고 생각합니다. 서정성이란 것은 외부에 있는 것이 아니라 시인과 독자의 내면에 있는 것이니까요. 화가도 외부의 사물을 그려가는 과정에서 자신의 내면을 그리게 되지요. 파울 클레가 그랬죠. 예술은 보이는 것을 그대로 재현하는 것이 아니라 뭔가를 보이게 하는 것이라고요. 그것이 사물의 본질 아닐까요?

김재혁 네, 잘 알겠습니다. 그러면 저는 〈표범〉을 비롯한 선생님의 이른바 '사물시'를 시인의 내적 서정성의 객관화된 발현으로 생각하겠습니다. 사물 속에 도는 피를 보여주면서 시인의 피도 거기에 조응하는 것으로 말입니다.

릴케 자꾸 그러시니 《기도시집》의 첫 시에 나오는 구절을 들려드리죠.

> 내게 하찮은 것이란 없으며, 하찮은 것이라 해도 나는 사랑합니다.
> 그것을 나는 황금빛 바탕 위에 크게 그려서
> 높이 들어 올립니다, 그러면 그것이
> 누구의 영혼을 풀어줄는지 나는 알지 못합니다…

김재혁 저의 영혼을 풀어줍니다. 아니, 선생님의 시는 읽는 사람의 영혼을 저마다 고유하게 풀어주죠.

부르크하우젠 성의 내부.
시에서 운영하는 집들이 정면에 보인다

사진_김재혁

우리는 카페에서 나와 부르크하우젠으로 향했다. 부르크하우젠에는 지인이 있어서 여러 번 온 터였다. 옛 생각이, 옛날의 그리움이 자꾸만 떠올라서 가슴속에서 물고기처럼 팔짝팔짝 뛰는 심장을 붙잡아놓느라 한참을 고생했다. 오는 길에는 해와 구름 그리고 달이 합작하여 하늘에 구름과 색깔로 장관을 연출했다. 고성古城은 그대로였다. 릴케와 함께 한밤 부르크하우젠 구시가를 한 바퀴 돌았다. 발밑의 검은 포석들이 정겹게 느껴졌다. 우리는 마을 광장을 지나 고성 쪽으로 발걸음을 옮겼다. 고성의 육중한 몸이 보이기 시작했다. 조명 속 고성은 아름다웠다. 죽음의 무도가 그려진 시내 벽화도 보았다. 지난 날 마차 사고가 난 지점에 그려져 있었다. 삶 속에 배어 있는 것이 죽음이었다. 릴케가 늘 강조하던 내용이었다. 잘츠아흐는 오스트리아와 독일을 가르며 엄청난 물살로 한밤중을 시커멓게 흐르고 있었다. 사랑은, 삶은 만남 속에 비로소 완성된다고 했나. 그렇게 나는 부르크하우젠과 다시 만났다.

릴케 성 안쪽으로 들어오니 제법 옛 기억이 다시 떠오릅니다. 바로 저 집이군요. 아직도 그대로네요.

김재혁 참으로 오래되었는데도 그대로 보존되어 있다니 언제 보아도 경이롭습니다.

릴케 1916년 11월 말이었지요. 글을 쓰는 레기나 울만을 이곳에 와서 만났어요. 조촐한 집이었는데 아주 마음에 들었습니다. 아이를 데리고 이곳에서 살고 있었지요.

김재혁 저도 기억납니다. 선생님이 투른 운트 탁시스 후작부인에게 편지를 쓰셨죠.

릴케 그래요. 당시 나는《두이노의 비가》를 쓸 수 있는 적당한 곳을 찾아다니고 있었어요. 울만이 살고 있는 곳을 보니 그런 곳이면 '비가'를 쓸 수 있을 것 같았습니다.

김재혁 그때 편지에 구체적으로 어떤 내용을 쓰셨나요?

릴케 기회가 되면 이런 탑에서 살고 있다고 썼죠. 가구 몇 개를 갖추고서 은신처를 마련하고 싶다고요. 레기나 울만의 이야기를 들으니 집세가 1년에 120에서 150마르크 정도 한다더군요.

김재혁 구체적인 집세까지 물어보신 것을 보니 정말 소망이 간절하셨나 봅니다. 성의 그 집들은 시에서 운영하는 것이라서 집세가 그렇게 비싸지는 않았을 것 같습니다.

릴케 그 정도면 아주 싼 편이죠.

김재혁 그러다가 결국 스위스 시에르의 뮈조 성을 구하게 되셨군요.

릴케 그렇습니다. 뜻을 이룬 거죠. 물론 나의 후원자인 라인하르트 씨가 해주신 거지만요.

김재혁 결국 그곳에서《두이노의 비가》를 완성하셨으니 정말 꿈을 이루셨습니다.

다음 날 우리는 스위스로 돌아가는 길에 오스트리아 호엔잘츠부르크 성에 올라갔다. 1차 세계대전 때 오스트리아 제국의 전쟁 지휘본부 역할을 했던 곳이다. 성의 규모가 엄청났다. 대규모 전쟁을 잉태하기 위한 자궁 같았다.

사진_김재혁

밑에서 바라본 호엔잘츠부르크 성

릴케는 전쟁 당시 폭격으로 부서진 이탈리아의 두이노 성을 떠올리며 슬퍼했다. 전쟁은 있어서는 안 된다. 그는 그렇게 말했다. 그런데 나는 그가 전쟁의 신을 노래한 〈다섯 편의 노래〉가 떠올랐다. 그것에 대해 언젠가 물어봐야겠다는 생각이 머릿속에서 가시지 않았다. 나는 혼자서 되뇌며 생각해보았다. 릴케에게 전쟁의 신 이야기를 직접 묻는 것은 아무래도 쉬운 일이 아니었다. 그래서 나는 호엔잘츠부르크 성 위에서 잘츠부르크 시내를 내려다보며 그의 시 〈다섯 편의 노래〉의 첫머리를 읊어보았다.

처음으로 나는 네가 부활하는 것을 본다,
소문으로만 듣던 너 믿기지 않는 머나먼 전쟁의 신이여,
평화의 밭고랑에 촘촘히 행동의
씨앗으로 뿌려졌다가 느닷없이
자라난 것이여.
어제만 해도 작고 젖먹이 같더니
어른만 해져
서 있다. 내일이면
어른보다 더 커지리라. 타오르는 신은
느닷없이 성장을 백성의
뿌리로부터 이끌어낸다. 그리고 수확이 시작된다.
(…)

마침내 신이 나타났다. 우리가 평소
평화의 신을 잡지 못하니 우리를 갑자기
전쟁의 신이 움켜쥔다,
불을 지르고. 그리고 고향으로 가득한
심장 위에서 소리 지른다,
그가 천둥 치며 살고 있는 붉은 하늘이.

만세, 사로잡힌 것을 보다니

시에서 릴케는 전쟁의 신의 부활을 노래하면서 전쟁의 신을 찬양한다. 평화의 밭고랑 속에 뿌려져 있던 전쟁의 씨앗이 돌연 자라나 우뚝 솟아났다

고 릴케는 말한다. 릴케 같은 섬세한 영혼이 물리적 폭력의 전쟁을 칭송하다니. 이 모순을 어떻게 이해해야 할까. 그것을 우리는 창조력의 바탕 위에서 보아야 할 것이다. 이 시가 만들어진 것은 1914년 8월의 일이다. 《두이노의 비가》를 시작해놓고 크게 진척시키지 못하던 시점이다. 제1차 세계대전이 발발한 것은 1914년 7월 28일이다. 전쟁 초기이니 아직 전쟁의 실체가 드러나지 않고 상상으로 느끼던 때이다. 릴케는 새로운 활력을 원한다. 그에게 필요한 것은 역동성이다. 구태의연을 깨는 것에 대한 열망은 시인 게오르크 하임도 시 〈전쟁〉에서 노래했고 당시 토마스 만과도 뜻을 함께 하는 것이었다. "우리는 속으로 바라고 있었다. 세상이 더 이상 이렇게는 안 된다고 마음속 깊이 느끼고 있었다. 전쟁이다! 우리가 느낀 것은 정화요 해방이었다. 그리고 거대한 희망이었다." 토마스 만은 전쟁의 필연성을 말한다. 전쟁의 참혹상이 알려지기 전까지는 독일의 지성들에 의해 전쟁에 이런 형이상학적 의미가 부여되었다. 그러나 릴케는 현실에 있어서는 명확하게 전쟁에 반대하는 뜻을 밝혔다. 1915년에 릴케는 뮌헨에서 발행된 반전 잡지 《인터나치오날레 룬트샤우Internationale Rundschau》에 관여하고 반전 평화주의자 아네테 콜프와 뜻을 같이 했다. 또한 릴케는 한 편지에서 전쟁을 탐욕과 장사짓거리의 결과라고 비판했다.

내가 그런 생각에 잠겨 있는 사이 릴케는 성큼성큼 걸어 호엔잘츠부르크 성의 경사진 길을 걸어가고 있었다. 그에겐 더 높은 목표가 있었다. 영웅의 산맥 위에서 반짝이는 만년설처럼. 메타포로서의 전쟁의 상상은 시인의 마음에 새로운 심장을 심어놓았다. 위험과 모험 속에서 영웅은 더 빛나는 법이니까. 만년설 위에서는 공동의 이상을 향한, 더 위대하고 성스러운 것을 향한 시의 깃발이 펄럭였다.

호엔잘츠부르크 성에서 내려다본 잘츠부르크 시내 풍경

사진_김재혁

파리,
고요의 콘서트

파리 서남쪽에 위치한 로댕의 뫼동 작업실. 그 큰 아틀리에 건물에 달려 있는 작은 집, 그곳이 릴케가 로댕의 비서로 일하며 묵고 있는 곳이다. 나는 그곳에 찾아갔다. 밤의 어둠이 깔리자 은은한 빛을 뿌리며 구름 사이로 달이 떠올랐다. 아틀리에의 흰 건물이 더욱 고요하게 빛났다. 그리고 작은 창 너머로 달빛을 받아 부처상 하나가 살아 있는 듯이 가부좌를 살짝 한쪽으로 트는 것처럼 보였다. 그것은 나만의 착각이 아니었던 것 같다. 릴케는 창문 밖을 물끄러미 바라보다가 내게 부처상 밑으로 가보자고 말했다. 마치 부처상의 안부가 궁금했던 사람처럼. 나도 흔쾌히 따라 나섰다. 자갈이 깔린 오솔길이 작은 언덕 쪽으로 곧장 이어졌다. 발밑에서 바스락대는 자갈소리에 부처상은 감았던 눈을 뜨고 우리가 오는 것을 지켜보며 가만히 미소를 지었다. 우리는 부처상 바로 밑에까지 가서 겨울 나뭇가지 사이에 자리 잡고 있는 부처상을 가만히 올려다보았다.

사진_카를 요제프 쿠셀

로댕의 뫼동 아틀리에 정원의

부처상

김재혁 이 부처상은 어떻게 해서 이곳에 오게 된 거죠? 우리가 동양에서나 볼 수 있는 부처상인데요.

릴케 로댕의 작품은 아니고 1900년 파리 세계박람회가 끝나고 로댕이 원본을 본 뜬 모형을 구입하여 이 정원에 놓은 것이죠. 로댕은 총 다섯 개의 부처상을 구해왔는데, 이것만 이 정원에 두었습니다.

김재혁 아, 그렇군요.

릴케 부처의 저 자세를 보면 어떤 생각이 드세요, 김 선생님은?

김재혁 평화로움이랄까요. 세상의 번민을 떠난 듯한. 특히 훤히 트인 정원에 있어서 더 그렇게 보입니다.

릴케 나는 세상에서 저런 자세를 발명해낸 사람이 정말 대단하다는 생각이 듭니다. 내면으로 침잠된 상태를 저렇게 완벽하게 외적인 자세로 구현하고 있으니까요. 세상의 낮과 밤의 모든 하늘 아래 저런 자세는 또 없을 겁니다.

김재혁 저는 선생님이 놀랍습니다. 어떻게 그렇게 표현할 수 있을까요?

릴케 나는 저 부처를 이곳에 와서 처음 본 순간 로댕에게 "세상의 중심"이라고 말했어요. 부처는 우리를 모두 친구처럼 바라보지요. 너무나 멋진 표정입니다. 그런데 김 선생님은 불교를 가까이서 접하셨을 테니 혹시 저 부처상의 자세가 갖는 의미랄까, 이런 것을 아시나요?

김재혁 그것을 궁금해하실 줄 알았습니다. 여기 부처상의 여러 자세가 실려 있는 책을 가져왔어요.

나는 가져간 책을 펼쳐서 여러 자세의 가부좌를 한 부처상들이 있는 페이지를 릴케의 눈앞에 내밀었다. 환한 달빛 속에서 책 속의 부처상들 역시 은은하게 빛났다.

김재혁 부처들이 이렇게 다양한 자세를 취하고 있는데, 우리가 보고 있는 부처상은 오른쪽 맨 위의 자세를 하고 있지요. 양손을 배꼽 쪽에 모으고 연꽃 위에 가부좌를 한 아미타블 부처상의 모습이군요. 명상하는 자세에 따라 상징성이 달라지거든요.

릴케 그렇겠지요. 우리가 보고 있는 이 부처상은 자기만의 명상에 취해 있는 것 같아요. 나도 그 때문에 로댕 앞에서 "세계의 중심"이라는 말을 했지요.

김재혁 왼쪽 맨 위 부처는 오른손이 땅을 향하는데 그것은 대지를 어루만져서 지의 영을 불러들이는 겁니다. 이 동작으로 땅의 나쁜 영들을 누르면서 부처가 자신의 내적인 힘을 보여주는 거지요.

릴케 그냥 무릎에 올려놓은 거 같은데요.

김재혁 아닙니다. 좀 힘을 주고 있어요. 그리고 왼쪽 두 번째 부처상은 오른손을 몸에서 들어 바깥을 향하고 있는데, 손바닥으로 두려움을 없애는 동작을 취하고 있는 거지요. 마음의 평화를 얻는 것입니다.

릴케 그런 해석은 누가 했죠?

김재혁 이건 다 이 책에 실려 있습니다. 제가 본 책은 비교신학자인 카를 요제프 쿠셀 교수가 쓴 것입니다. 제목은《릴케와 부처》(2010)입니다.

릴케 아, 그렇군요. 너무 잘 아셔서, 혹시 저는 김 선생님이 불교 신자가 아닌가 했어요.

김재혁 불교 신자는 아닙니다. 오른쪽 맨 아래 부처는 남쪽을 향해 앉아서 오른손을 오른 무릎 위에 올려놓고 손바닥을 보여주면서 신도들에게 윤회의 바퀴에 대해 설법을 하는 거랍니다.

릴케 그런 의미가 있는 줄은 정말 몰랐습니다.

김재혁 그런데 선생님은 부처가 생각에 잠긴 모습을 보면서 스스로 생각에 잠기는 것 같습니다. 선생님은 부처에 대한 시를 세 편 쓰신 걸로 알고 있

사진_카를 요제프 쿠셀

뫼동의 로댕 아틀리에 딸린 작은 집.

이곳에서 릴케가 1905년 9월부터 몇 달 동안 묵었다.

같은 해 11월에는

로댕에 대한 강연 여행을 프라하 등지로 다녀왔다

습니다. 두 편의 〈부처〉 시와 〈후광 속의 부처〉가 있지요. 부처에 대한 관심은 언제부터 가지셨는지 그것이 먼저 궁금합니다.

릴케 내 나이 서른이 된 해에, 그러니까 1905년 9월에 조각가 로댕의 비서 일을 맡게 됐어요. 그때 바로 이 작은 집에 살게 됐지요. 그때부터 정원에 있는 이 부처와 대화를 하기 시작했어요.

김재혁 그 전에 부처와 관련된 책을 읽으신 적은 없나요?

릴케 《부처의 말씀》 한 권을 선물받은 적이 있어요. 1908년 9월의 일이지요. 검은 가죽표지의 아주 멋진 장정의 책이었죠. 아내가 선물로 보내준 책입니다. 첫 몇 페이지를 읽는 동안 황금의 홀에 발을 들여놓는 것 처럼 소름이 끼쳤지요. 그것은 온통 조화와 균형으로 이루어진 홀이었어요. 그런데 오랫동안 미루어놓았던 작업 즉《말테의 수기》일 때문에 본격적으로 그 책을 읽지는 못했어요. 내 아내가 먼저 그 책을 읽었지요.

김재혁 그 책은 누가 소개한 거죠? 번역자라든가 이런 사람은 누구였는지 말씀해주시겠어요?

릴케 1907년에 뮌헨의 피퍼 출판사에서 번역 출간한 부처의 말씀집이지요. 번역은 카를 오이겐 노이만이 했어요. 좀 긴 번역의 첫 번째 책이었죠. 책을 펼쳤는데, 마주친 첫마디가 왠지 나는 생소하게 느껴졌어요. 그 책에 선뜻 손을 대지 못했어요. 아마도 그건 작업을 하지 못한 채 미루어둔《말테의 수기》 때문인지도 몰라요.

김재혁 독일에서 그 전에 부처의 사상을 소개한 사람은 누구인가요?

릴케 그야 물론 쇼펜하우어죠. 쇼펜하우어가 말하는 '의지'가 불교에서 말하는 욕망과 닮아 있지요. 쇼펜하우어는 기독교와 바라문교와 불교가 근본에 있어서 동일하다고 봅니다. 인간의 존재 자체가 죄과라는 것이죠. 그 욕망을 예술을 통해 없애자는 것이 쇼펜하우어가 주장하는 바입니다. 쇼펜하우어는 프랑크푸르트의 집에 부처상을 하나 갖고 있을 정도로 불교에 관심이 많았어요. 그의 생각은 고집멸도苦集滅道에 있었지요.

김재혁 독일에서 불교 사상을 본격적으로 전한 노이만에 대해 조금만 더 말씀해주시겠어요?

릴케 그 분은 1891년에 26살의 나이로 라이프치히 대학에서 박사학위를 땄어요. 그 길로 줄곧 비교종교학 쪽에 관심을 갖고 출간을 시작했죠. 1894년에는 인도와 실론 섬을 직접 찾아가 승려들과 긴밀한 교류를 하고 히말라야의 부처의 고향을 찾기도 했어요. 그곳에서 인도의 정신을 익히죠.

김재혁 그냥 국내에서 공부만 한 것이 아니라 현장의 느낌을 직접 체험하려고 노력한 분이군요.

릴케 네, 그렇습니다. 그런 노력의 결과로 그가 이루어낸 업적 중 가장 큰 것은 아마도 불경 번역일 것입니다. 토마스 만이나 게르하르트 하우프트만 같은 작가들도 그의 번역을 독일문화를 위한 위대한 기여로 보고 있어요.《고타마 붓다의 말씀》이 나온 것이 1902년의 일이지요.

김재혁 서양인으로서 불경을 번역한다는 것이 쉬운 일이 아니었을 텐데요.

릴케 그래요. 노이만은 늙은 어머니를 모시고 부인과 함께 살면서 완전히 세속에서 멀어진 상태에서 불경 번역에 임했어요. 이것은 그의 번역을 출간해준 뮌헨 피퍼 출판사 사장이던 라인하르트 피퍼의 말입니다. 불행하게도 50의 나이에 세상을 떴어요. 큰일을 이루어낸 뒤 오는 허망함 때문이었을까요. 자살을 했답니다.

김재혁 참으로 안 된 이야기이군요.

릴케 피퍼 사장은 이곳저곳 여러 출판사에 퍼져 있던 그의 부처 번역들을 모아서 책으로 출간하기 시작했어요. 일종의 전집을 기획한 거죠. 시인들, 철학자들, 역사가들이 나중에 이 책의 중요성을 모두 증명해주었지요. 인도에 관심을 가진 사람들은 반드시 읽고 넘어가야 할 책이었어요. 특히 작가들이 그랬어요. 토마스 만은 그의 번역이 티크와 슐레겔의 셰익스피어 번역에 견줄 만한 작업이라고 칭찬했습니다.

김재혁 정말 책을 보는 안목이 있던 분이었네요. 저도 그 책을 구해서 갖고 있습니다. 내가 알기로는 니체도 처음엔 쇼펜하우어의 영향을 받아 부처의 가르침을 따르는 듯했지만 부처의 길을 연구할수록 그것이 잘못된 길임을 깨닫고 오히려 약자의 수동적 염세관에서 벗어나 초인을 외치게 되었다더군요. 창조력과 자기결정력을 앞세운 개인을 칭송하는 거죠. 니체는 기독교에 염증을 느껴 그 대안 종교들을 찾는 중에 불교를 접했다고 봐야죠.

릴케 불교에 관심을 가진 작가 중에는 슈테판 츠바이크도 있습니다. 그는 불경을 "멀고 아름다우며 아름다움 속에 멀다"고 말합니다. 헤르만 헤세 역시 불경의 세례를 받고 있어요. 시인 호프만스탈은 붓다의 말씀을 읽고 "모든 것을 포괄하는" "정신적인 힘"이라고 했어요.

김재혁 그런데 사실 선생님은 1908년 9월에 노이만의 번역을 입수하기 전에 이미 세 편의 부처 시를 써놓지 않으셨나요? 연보를 보니까 그렇게 계산이 되는데요. 저야 한국 사람이

카를 오이겐 노이만
(1865-1915)

카를 오이겐 노이만이 번역한
《고타마 붓다의 말씀》
(1922년판)

니까 어릴 때부터 보던 것이 절이고 수학여행을 가도 절로 가고 했으니 부처의 모습과는 친숙합니다만, 선생님은 유럽인으로서 상당히 생소했을 텐데요. 부처상을 처음 보셨을 때 어떠셨나요?

릴케 어떤 생소함보다는 편안함을 느꼈어요. 종교를 떠남으로써 오히려 내면의 평화에 이르는 게 아닐까요?

김재혁 선생님은 혹시 부처의 저 모습에서 어떤 상징을 캐고 계신 것은 아닌가요? 완벽한 존재랄까? 작품에 대한? 부처상은 물질로 형상화되어 있지만, 그 안에는 사유의 정신적 내용이 담긴 것이니까요.

릴케 사실 나는 부처의 모습을 보고 그대로 그려 보이고 싶었어요. 사물을 주변의 흔한 연관성에서 끄집어내 고유의 음향과 의미 속으로 위치시키는 것이지요.

김재혁 아, 맞습니다. 선생님의 부처 시들이 모두《신시집》에 실려 있지요. 그러니까 사물시의 하나가 되는 셈이군요. 부처상 자체도 하나의 예술품이니까 예술사물이라고 할 수 있죠.

릴케 부처를 사물로 본다는 말은 좀 그렇긴 합니다만, 외적으로 느껴진 것을 내화해서 표현한 것이라고 보면 될 것 같습니다. 〈부처Buddha〉 시 한 편을 읽어볼게요. 김 선생님이 한국어로 번역해주시면 고맙겠습니다.

Als ob er horchte. Stille: eine Ferne...
Wir halten ein und hören sie nicht mehr.
Und er ist Stern. Und andre große Sterne,
die wir nicht sehen, stehen um ihn her.

O er ist Alles. Wirklich, warten wir,
daß er uns sähe? Sollte er bedürfen?

Und wenn wir hier uns vor ihm niederwürfen,
er bliebe tief und träge wie ein Tier.

Denn das, was uns zu seinen Füßen reißt,
das kreist in ihm seit Millionen Jahren.
Er, der vergießt was wir erfahren
und der erfährt was uns verweist.

김재혁 네, 선생님의 낭송은 언제 들어도 좋습니다. 이 시의 완결성은 압운과 멜로디에서도 엿보이는 것 같습니다. 제가 한국말로 옮겨보겠습니다.

그는 엿듣고 있는 듯하다. 고요를: 먼 곳을…
우리는 숨죽여 보지만 그 소리 들리지 않는다.
그는 별이다. 우리 눈에는 보이지 않는
다른 큰 별들이 그를 에워싸고 있다.

오 그는 일체이다. 정말이지, 우리는 그가 우리에게
눈길 주기를 기다리는 걸까? 그럴 필요를 그가 느낄까?
우리가 여기서 그 앞에 무릎을 꿇는다 해도
그는 침잠한 채 짐승처럼 게으름을 피우리라.

그 까닭은 우리를 그의 발치에 무릎 꿇게 하는 것이
그의 안에서 수백만 년 전부터 돌고 있기 때문이다.
그는 우리가 깨달은 것에 대해선 잊어버리고,
그는 우리가 어디로 가야 하는지는 알고 있다.

릴케의 부처 시는 어떤 교리를 익혀서 그것에 기초해 쓴 시가 아니라 부처라는 대상을 앞에 두고 한 릴케의 성찰과 사유의 결과물이다. 나는 릴케의 낭송을 들으면서 그런 생각을 해보았다. 릴케는 목소리로도 한 편의 시를 더욱 기름지게 완성하고 있었다. 침묵과 고요, 먼 곳, 별, 일체, 이런 낱말들이 두드러지게 귀에 와서 침잠했다. 부처는 우리 범인들이 갖는 차원을 넘어선다. 부처는 우리 눈에 보이지 않는 큰 별들에 에워싸인 별 중에 별이다. 그 자체로 완결되어 있는 존재이다. 우리가 세속적으로 경배하는 태도를 취해도 그는 꿈쩍 않는다. 그는 우리를 가르치려 하지 않으며 그냥 모범으로 앞서 갈 뿐이다. 부처의 세계는 완전히 열려 있다. 우리 범인들이 중요하게 생각하거나 집착하는 것으로부터 멀리 떨어져 있다.

김재혁 한 편의 시에서도 시를 쓴 본인이 사랑하는 낱말이 있을 것 같은데요. 혹시 선생님이 특별히 애정을 가진 낱말이 있는가요?

릴케 네, 물론 있습니다. 나는 독일어로 "위버슈테엔überstehen"이라는 말을 좋아합니다. 한국말로는 이것을 뭐라고 하나요?

김재혁 '극복' 혹은 '견디어냄'이라고 합니다. 선생님은 그 낱말을 아주 유명한 다른 구절에서도 쓰셨던데요. 일찍 삶을 마감한 청년 시인 〈칼크로이트를 위한 진혼곡〉 끝부분에서 이렇게 말씀하셨죠. "누가 승리를 말하는가? 극복만이 전부인데!"라고요. 고트프리트 벤이라는 시인이 이 말을 독일에서 유행시켰죠. 이차세계대전이 끝나고 독일이 한참 어려웠을 때요.

릴케 그렇습니다. 인생이란 버티는 것 아닐까요? 나는 어릴 적부터 부모님의 엇갈린 소망 때문에 힘들게 살아서 그런지 "극복"이라는 낱말에 특별히 애정이 갑니다. 이런 극복의 상징이 예술작품이라고 생각합니다.

김재혁 그러니까 선생님의 '사물시'에도 은연중에 선생님의 자기 성찰이 반영된다는 말씀이군요. 그래서 부처상에도 관심을 가지신 것 같고요.

릴케 꼭 그런 건 아니지만, 내면의 자유를 구가하는 그 별빛 같은 자세가 나는 좋습니다. 눈빛으로 누구를 구속하지도 않는 그런 것 말입니다. 나는 누가 눈을 내 몸에 올려놓기만 해도 그곳이 마비되는 듯한 느낌을 받아요. 반면, 부처는 마치 멀리 떨어져 있는 별빛 같아서 좋아요.

김재혁 그래서 시에서 이렇게 표현하셨군요. "그는 엿듣고 있는 듯하다. 고요를: 먼 곳을…/우리는 멈추어 서보지만 그 소리 들리지 않는다./그는 별이다. 우리 눈에는 보이지 않는/다른 큰 별들이 그를 둘러싸고 있다." 그러면 여기서 자유라는 것은 별과 연관해서 생각하면 인간의 인위적인 것들을 떠난 상태를 말하는 건가요?

릴케 몰아지경 같은 거라고 생각해요. 때로는 그 상태가 인간에게 주어진 가장 평화로운 순간 아닐까요? 어떤 이념의 무게도 실리지 않은 상태죠.

김재혁 선생님은 그런 상태에 대한 그리움이랄까 그런 것을 갖고 계시군요. 저도 그런 것을 자주 느낍니다만. 그렇다면 부처상이 선생님의 그리움을 일깨우는 계기가 되었다고 봐도 될까요?

릴케 나는 그런 그리움마저도 없어지는 상태가 좋습니다. 생각이 더 이상 없는 무념무상 그게 좋은 거죠.

김재혁 어딘가 모르게 선생님은 불교적인 향취를 풍기십니다.

릴케 그렇지만 한 번도 불교에 경도된 적은 없습니다. 나는 사실 어떤 교리도 좋아하지 않습니다. 사람을 틀에 묶는 것을 좋아하지 않으니까요. 우리에게 중요한 것은 삶 자체이지 이론이나 지식이 아닙니다.

김재혁 그런데도 선생님은 은연중에 불교적 중심사상을 구현하고 계십니다. 책이 영향을 준다기보다는 삶 자체가 중요하다는 말씀이시지요.

릴케 그래요. 나는 어떤 추상적이거나 초월적인 것을 추구하지 않습니다. 물질과 정신을 나누는 이분법적 태도를 좋아하지 않아요. 있는 그대로를 감각을 통해 매 순간 왜곡되지 않게, 새롭게 느끼는 게 중요해요.

김재혁 아, 그런 면에서 부처를 노래한 시는 사물시가 되는 거군요. 부처상 자체는 오로지 물질이니까요. 저는 선생님의 시에서 감각과 정신이 하나 되어 움직이는 것을 많이 감지합니다. 이를테면 〈후광 속의 부처〉 중 "모든 중심 중의 중심, 핵심 중의 핵심,/제 몸을 꼭 닫고 단맛을 더해 가는 편도 —/모든 별들에 이르기까지의 이 모든 세계,/그것은 그대의 과육果肉: 반갑구나."라는 구절이 그렇습니다.

릴케 아, 그렇게 조금만 인용하지 말고 시 전체를 한국어로 번역해보시죠.

김재혁 네, 알겠습니다.

후광 속의 부처

모든 중심 중의 중심, 핵심 중의 핵심,
제 몸을 꼭 닫고 단맛을 더해 가는 편도 —
모든 별들에 이르기까지의 이 모든 세계,
그것은 그대의 과육果肉: 반갑구나.

보라, 그대 몸에 매달린 것이 이젠 아무 것도 없음을 그댄 느낀다.
그대의 껍질은 무한 속에 있고
그곳엔 힘찬 과즙이 우글대고 있다.
그리고 밖에서 비치는 빛살이 과즙을 돕는다,

저 위 높은 곳에서는 그대의 태양들이 충만하게
빛살을 뿌리면서 빙빙 돌고 있기 때문이다.

하지만 그대의 내면에서는 벌써
태양들을 견디어내는 일이 시작되었다.

릴케 위 시에서 내가 말한 것처럼 '태양들까지도 견디어내며' 오래 지속될 수 있는 게 뭘까요?

김재혁 그건 한 편의 완벽한 시작품 아닐까요? 선생님은 아마도 부처상의 가부좌 자세에서 그런 것을 읽고 있는 것 같습니다.

릴케 네, 맞습니다. 부처상 자체가 바깥의 햇살을 받은 안쪽의 에너지에 의해 한 편의 무르익어 가는 시처럼 보인 거죠.

김재혁 말씀을 듣고 보니 우리 앞에 앉아 있는 부처상이 한 편의 크고 탄탄한 시로 보이는군요. 달빛 속에서 은은한 아름다움을 뽐내는 그런 모습이요. 부처가 우주에 환한 빛을 뿌리는 것 같습니다.

릴케 시를 쓸 때 시인은 그리도 행복하게도 과일의 핵과 같은 삶을 살지요. 과일은 자신이 가진 모든 것을 제 주변에 정리해 놓고서 스스로의 힘으로 작업의 어둠 속에 있습니다. 그런 존재가 내게는 행복해 보입니다.

김재혁 그렇다면 부처상은 한 편의 완벽한 시도 되고 시인도 되는 거군요.

릴케 우주 전체는 과일이고, 부처는 그 과일의 씨앗과 같은 존재이죠. 세상의 모든 사물은 하나입니다. 대부분의 사람들은 이 세상이 얼마나 아름다운지, 아무리 작은 사물들이라도 그 안에 얼마나 찬란함이 들어 있는지, 어느 꽃 한 송이, 돌멩이 하나, 나무껍질 또는 자작나무 잎사귀에서조차 얼마나 아름다움이 현시되는지 몰라요. 어른들은 돈벌이와 걱정 때문에 이런 보물들을 보는 눈을 잃고 만 거죠. 작은 사물이건 큰 사물이건 어떤 차이도 없습니다. 모두가 소중하지요.

김재혁 정말 스님 같은 말씀입니다. 모든 것을 평가하고, 아름다운 것, 추한 것, 숭고한 것, 중요한 것, 별 볼 일 없는 것으로 나누는 서양의 미학과 선생님은 일정한 거리를 두고 계십니다. 모든 것을 품는 미학, 그것은 다분히 불교적이라고 할 수 있겠어요.

릴케 아, 이야기가 다시 그렇게 되나요? 예술은 아름다움을 묘사하죠. 그 반대쪽까지도 포함하는 아름다움을 말입니다. 예술은 온전한 것을 향한 열정입니다. 예술의 결과는 전수全數의 균형입니다.

김재혁 "전수"는 숫자에 있어 빠짐이 없다는 뜻이겠죠? 좋은 것만, 유용한 것만 빼서 쓰는 것이 아니라 모든 숫자를 온전히 다 인정하는 것을 말하죠? 존재의 우열이나 등위를 나누지 않고 모든 것을 다 인정한다는 면에서 선생님의 사상은 아무리 봐도 사뭇 동양적인 데가 있어요.

릴케 거 참, 듣고 보니 김 선생님 말씀이 맞는 것 같기도 하군요. 동양적인 것을 나도 모르게 흠모했는지도 모릅니다. 고요함과 균형, 인내, 시간의 초월 같은 말들이 내 머릿속에서 자꾸만 떠도니까요.

김재혁 그것이 헌신과 기쁨의 마음으로 온 감각을 다하여 사물의 본질을 있는 그대로 파악함으로써 시에서 조각과 같은 완벽함을 추구하는 한 방식이군요.

릴케 내가 동양의 불교서적을 많이 읽지 않았는데도 사유방식이 비슷하다면 그것은 아마도 직관적 유사성일 것 같습니다.

김재혁 선생님의 다른 〈부처〉 시 한 편을 읽으면서 이야기를 마치기로 하죠. 1906년 7월에 쓰신 것입니다.

부처

이미 멀리서부터 두려운 이국의 순례자는 느낀다,
그에게서 황금빛이 방울져 떨어지는 것을,
뉘우칠 일들 많은 부자들이
그들의 비밀들로 잔뜩 쌓아올린 듯.

그러나 좀 더 가까이 다가갈수록 순례자는
그 눈썹의 숭고함 앞에 정신을 잃는다.
거기 있는 것들이 부자들의 술잔도 아니요
그들 부인들의 귀고리들도 아닌 까닭이다.

이 꽃받침 위에다 이 형상을 세우기 위해
무엇을 녹여서 부었는지
도대체 그 누가 말할 수 있으랴:

황금빛 형상보다 더 말없고 더
조용한 노란빛이다, 그리고 주위로
자신을 쓰다듬듯 공간을 어루만지며.

릴케의 〈부처〉 시를 다 읽고 났을 때 달빛이 릴케가 묵고 있는 작은 집의 붉은 지붕 위에 와서 은빛 꽃을 피워 올렸다. 부처상 뒤쪽의 나무들을 스치며 우리가 있는 곳으로 산들바람이 불어왔다. 그 속에서 부처의 호흡이 느껴지는 것 같았다. 릴케는 왜 부처를 노래했을까? 그는 고요한 부처의 자태에서 언어 조각가의 모습을 본 것은 아닐까? 그는 부처를 보고 달빛 속에 잠긴 시인을 본 것이다. 시인은 그러므로 "모든 중심 중의 중심, 핵심 중의 핵심, 제 몸을 꼭 닫고 단맛을 더해가는 편도"이다. 이것은 외부세계를 숙성시키고 내면화하는 시인의 모습이다. 릴케는 1905년에 쓴 〈아침기도〉에서 말한다. "당신의 안으로 들어가 당신의 고난을 신뢰하십시오. 당신의 고난은 당신 안에서 집과 같은 것이 되어야 합니다. 당신은 스스로를 위해 하나의 세계가 되어야 합니다. 그리고 당신의 고난은 당신의 중심이 되어 당신을 당겨야 합니다. 그러면 어느 날인가 당신의 고난은 당신을 넘어 그 고난으로 당신의 운명에, 한 인간에, 신에 작용할 것입니다. 그러면 신은 준비가 되면 당신의 고난 속에 깃들 것입니다. 안 그러면 신과 당신이 함께 할 장소가 어디라고 생각할 건가요?" 아마도 이 같은 시인의 자세를 릴케는 부처의 모습에서 읽지 않았을까? 좀 더 확대 해석해본다면, 시인으로서의 소명의식에서 릴케는 부처와 같은 정신적 존재의 모범에 따라 새로운 유토피아적 인간상을 꿈꾸었던 것이 아닐까? 나 역시 내면의 길을 따라 떠도는 순례자의 입장에서 평생을 방랑으로 수놓았던 시인의 삶에 대해 이런 저런 생각을 해보았다.

첨언 . . . 사실 파리 서남쪽의 이제는 로댕박물관으로 바뀐 뫼동 아틀리에의 정원에는 더 이상 그 부처상은 없다. 언제 어떻게 사라졌는지 아무도 모른다.

위키피디아

뫼동에 있는 로댕의 아틀리에와

왼쪽 생각하는 사람 상 밑에 있는

그의 무덤

엑상프로방스 여행

사진_김재혁

엑상프로방스 시내 중심가의
라 로통드 분수

세잔과 고흐를 위하여

남프랑스의 엑상프로방스. 미라보 거리를 바라본다. 길 양쪽에 늘어선 키 큰 플라타너스 가로수들이 한껏 폼을 내며 걷는 푸른 병정들 같다. 릴케와 나는 세잔이 자주 들르던 카페 레 되 가르송에 앉아서 잠시 쉬고 있다. 엑상프로방스의 태양은 뜨겁다. 이곳으로 오는 기차에서 바라본 풍경은 강물과 바위의 파노라마였다. 론 강! 스위스 시에르 산정에서 흘러내리는 것을 보았던 론 강이 이곳에 도착해 있다. 릴케에게 영향을 끼친 것은 문명의 풍경이 아니라 중세 고성이 곳곳에 널려 있는 바위벼랑 풍경일 것 같았다. 그가《말테의 수기》에서 노래하고 세잔에 대한 편지에서 칭송했던 남프랑스 풍경 속에 나는 릴케를 앞에 두고 앉아 있다. 릴케는 뭔가 골똘히 생각에 잠겨 있다. 카페 멀리 라 로통드 분수가 손에 쥔 물을 위로 던졌다가 아래쪽 수반을 향해 떨어뜨리고 있다. 릴케는 많은 곳을 여행하며 그곳의 풍광을 크림처럼 얼굴에 바르는 것 같다. 그의 얼굴에서 엑상프로방스의 향기가 풍긴다.

사진_김재혁

엑상프로방스 시내 미라보 거리의
세잔이 자주 들르던 카페
레 되 가르송.
1792년에 창업한 곳이다

김재혁 이곳에 와 계시니 어떤 느낌이 드시나요?

릴케 일단은 번잡한 도시로부터의 해방에서 오는 자유로움이죠.

김재혁 그것은 너무 평범한 말씀이시네요. 릴케 선생님답지 않게요.

릴케 그래요? 한 마디로 체험과 경탄의 꽃다발이라고 하겠습니다.

김재혁 아, 역시 릴케 선생님다운 말씀입니다. 그런데 어째서 이 엑상프로방스가 선생님에게 체험과 경탄의 꽃다발이 되었나요?

릴케 내가 보는 법을 배우겠다고 단언했던 것이 1902년 로댕을 만나면서부터였지요. 그런데 그것이 그렇게 잘 되지 않았어요.

김재혁 그래도 1902년에 〈표범〉 같은 시를 멋지게 완성하셨잖아요!

릴케 물론 로댕에게서 시작했지요. 그렇지만 그것의 완성까지는 오랜 시간이 걸렸어요. 로댕만으로 마무리되지는 않았지요. 세잔의 그림을 본 것은 큰 불을 가까이서 구경한 것과 같은 경험이었어요.

김재혁 세잔의 고향인 엑상프로방스에 와서 더욱 불이 붙으신 거군요.

릴케 여행에서 제대로 봤다면 무언가 나와야죠. 이곳에서 뭔가 많은 것을 느꼈어요. 세잔의 작업 방식이나 그림을 보면서 나도 더 적극적으로 변해야 한다고 생각했죠. 1907년 가을에 파리의 살롱 도통느 전시회에서 세잔의 그림을 봤어요. 현실을 예술사물로 바꾸는 과정이 너무나 멋졌습니다. 더 이상 어떻게 나누거나 손을 댈 수 없을 정도로까지 그려냈더군요. 그래서 나도 저렇게 해야겠다고 결심했죠.

김재혁 선생님의 그 자기변화의 결심은 정말 대단하십니다. 그러면 선생님의 문체도 그때 많이 바뀌셨군요. 선생님은 1909년 봄에 엑상프로방스를 처음 방문하셨죠.

릴케 세잔이 세잔의 눈으로 보았던 풍경을 나의 눈으로 직접 보고 싶었어요. 세잔의 화실에도 가봤어요. 세잔의 아틀리에에는 정원이 있고 화실은 2층에 있어요. 정원에는 나무와 잡초가 무성했습니다.

사진_김재혁

엑상프로방스 세잔의 아틀리에

김재혁 직접 화실을 방문하셨군요. 저도 방금 세잔의 아틀리에를 들러서 오는 길입니다.

릴케 그랬군요. 그래도 보고 느낀 것이 다를 테니 내가 그곳에 갔을 때의 분위기를 들려줄게요. 창문은 남쪽으로 나 있고, 화실에 빛이 그리 환히 들지는 않았어요. 한 구석에 과일들을 그린 정물화가 있었지요. 엑상프로방스 시골에서는 모델을 구하기가 어려우니 오래된 보자기 위에 사과나 포도주 병을 올려놓고 그림 연습을 했어요. 세잔은 평소에 과일들을 그리면서 과일 향기를 맡으면 생각이 솟아난다고 했답니다.

김재혁 어떤 생각이요?

릴케 과일은 향기로 자신이 있던 들판에 대해서도 말하고, 자기 몸에 물을 뿌려주었던 비에 대해서도 그리고 자신이 보았던 아침놀에 대해서도 이야기해준다는 겁니다. 그 향기에 기초해서 정물을 그리는 거죠.

김재혁 아, 그 말씀을 들으니 《오르페우스에게 바치는 소네트》에 들어 있는 선생님의 과일 소네트가 생각납니다. 읽어보겠습니다.

기다려라… 맛있구나… 하지만 어느새 도망친다.
… 약간의 음악에 발구름, 흥얼거림만 있으면 —
소녀들아, 다정한 소녀들아, 너희 말없는 소녀들아,
너희들이 맛 본 과일의 그 맛을 춤추어라!

오렌지를 춤추어라. 누가 그것을 잊을 수 있을까,
제 몸 속에서 익사하면서 달콤함을 안 빼앗기려는
오렌지의 모습을. 이제 너희들이 손아귀에 넣었구나.
오렌지는 달콤하게 너희들의 뜻에 따르기로 했다.

오렌지를 춤추어라. 더 따뜻한 풍경을
너희들 가슴 밖으로 내던져라, 잘 익은 그 과일이
고향의 미풍 속에서 밝게 빛나도록! 얼굴을 붉히며,

향기를 한 꺼풀씩 벗겨라. 관계를 맺어라,
몸을 사리는 순결한 껍질과
행복한 몸속에 가득한 그 달콤한 즙과!

아주 감각적이면서 청각적인 것과 미각적인 것의 결합이 정말 절묘합니다. 시에서 세잔이 말했던 과일의 향기 분위기도 느껴지고요. 그 이야기를 세잔에게서 직접 들은 것은 아니죠?

릴케 세잔은 1906년에 세상을 떴으니까요. 못 봤죠. 내가 엑상프로방스을 찾은 것이 1909년입니다.

김재혁 그림을 글로 옮긴다는 생각, 그 생각의 실천, 이런 것들을 떠올려보면 저도 시를 쓰면서 뭔가 개선을 해야겠다는 마음이 들어요. 이곳 엑상프로방스로도 론 강이 지나가죠?

릴케 그렇습니다. 스위스의 발레 지방 빙하지역에서 발원해서 이곳을 지나죠.

김재혁 선생님은 강을 좋아하시나요?

릴케 다른 강은 몰라도 론 강은 아주 좋아해요. 강변만 봐도 기분이 좋아져요.

김재혁 시인 프리드리히 횔덜린도 강물에 많은 애정을 가졌었죠.

릴케 그래요. 그 시인도 강물의 흐름에서 지도를 머릿속으로 그리면서 역사성을 읽었지요. 인간적, 문화적 교류 같은 거 말입니다. 강물은 이곳저곳 떠돌며 재능과 친화성을 건네줍니다.

김재혁 횔덜린은 튀빙겐을 가로지르는 네카 강을 사랑했어요.

릴케 나는 어느 강보다 론 강이 더 큰 힘을 가졌다고 봅니다. 지나는 도시에 생기와 힘을 주죠. 보클뤼즈, 아비뇽, 바르틀라스 섬에 말입니다.

김재혁 선생님은 이 프로방스 지방이 왠지 스위스의 발레 지방과 비슷한 느낌을 준다고 말씀하셨죠. 왜 그럴까요?

릴케 아마도 자연풍경이 내게 말을 걸어온 것이 이곳과 발레 지방이었기 때문인 것 같습니다. 자연풍경이 그렇게 강렬하게 말을 건넨 적이 없거든요.

김재혁 그 밖에 다른 연관성은 없나요?

릴케 물론 있지요. 내가 최근에 발레 지방의 식물도감을 읽었는데, 발레에 피는 꽃은 프로방스와 스페인에만 있다고 해요. 이 얼마나 기막힌 인연인가요? 나비도 그렇더군요. 두 지역이 피를 나눈 혈족 같다는 느낌이 들어요.

김재혁 라론 기차역에서 내려 굴다리를 지나 밖으로 나와 둑에 오르니 산 높은 쪽에서 론 강이 콸콸 소리를 내며 흘러내려오더군요. 저는 그 웅장한 힘에 놀랐습니다. 아름다우면서도 뭔가 파괴적인 면을 내포하고 있는 존재 같더군요.

사진_힐데가르트 슈탈더

시에르 지방에 서식하는 은청색 나비

릴케 론 강의 본질이 바로 그것이죠. 사랑스러움과 파괴적인 것, 이 대립적인 것에 나는 늘 매료되었어요. 론 강은 프로방스에서는 용 모양의 타라스크라는 괴물로 불려요.

김재혁 강물의 위압적인 힘을 의인화한 것이군요. 자연은 베푸는 존재이면서 또한 위협적인 존재이죠.

릴케 그것이 매력이고요. 자연은 인간의 운명에 작용하니까요. 자연의 위압적인 쪽에만 관심을 기울이다가 정작 자기 자신을 잃는 수가 있어요. 외적인 것을 내면에서도 발견한다면 좋은 일이죠.

김재혁 외부와 내면을 늘 함께 생각하시려는 선생님의 뜻은 늘 한결같습니다. 외부세계만 보지 말고 내면세계도 응시해야 한다는 말씀이죠.

사진_김재혁

론 강의 생베네제 다리

릴케는 앞에 놓인 찻잔을 들어 조금 마신 후 비스킷을 살짝 입에 물었다. 그 모습이 봄날 사슴이 새순을 살짝 물어뜯는 것 같았다. 릴케가 채식주의자라는 말은 익히 들어서 알고 있었다. 그래서 평소에 그가 무엇을 음식으로 음용하는지 궁금해졌다. 그래서 기회를 놓치지 않고 얼른 물어보았다.

김재혁 선생님은 평소에 식사로 주로 뭘 드시나요? 궁금합니다.

릴케 우유, 빵, 바나나 같은 과일을 주로 먹어요. 딸기를 좋아합니다.

김재혁 거의 채식이군요. 우유는 채식은 아니죠?

릴케 우유는 마십니다.

김재혁 보헤미안은 우유가 주식이 될 것 같습니다.

릴케 보헤미안의 주식은 물론 자신의 심장이지요.

김재혁 아, 그렇군요. 심장을 먼저 던져놓고 심장이 던져진 그 쪽을 향해 달리는 것이 보헤미안의 삶이니까요.

릴케 그거 내가 시에서 쓴 표현 같은데요?

김재혁 네, 맞습니다. 선생님 것을 슬쩍 빌렸습니다. 이 카페가 세잔이 자주 들렀다는 카페죠. 선생님은 세잔을 상당히 좋아하셨죠?

릴케 그렇습니다. 자신의 작업을 하는 데 있어서 어떤 예외도 인정하지 않는 자세가 좋았어요.

김재혁 구체적으로 그게 뭔가요?

릴케 어머니가 돌아가셨을 때도 자신이 하던 작업 때문에 장례식에 가지 않은 겁니다.

김재혁 아니, 그건 정상이 아니지 않나요?

릴케 나는 가장 본질적인 것에 도달하는 것이 중요하다고 생각해요. 세잔은 그것을 해낸 거죠. 아무것도 신경 쓰지 않고 작업에만 몰두하는 거죠.

아침 여섯 시에 일어나 아틀리에로 가서 열 시까지 일하다가 다시 집으로 돌아와 식사를 하고 다시 아틀리에로 갔어요. 아틀리에로 가는 길에 멀리 생트빅투아르 산이 보였어요. 그것을 보며 그는 어떻게 하면 저 산의 본질에 도달할까 생각에 빠졌습니다. 어떻게 달리 묘사할 수 없는 모습으로 말이오.

김재혁 그랬군요. 어떤 복안 같은 것이 있었나요?

릴케 세잔은 깊이 들여다보겠다고 했어요.

김재혁 무엇을 보려 했을까요?

릴케 빅투아르 산의 보이지 않는 움직임과 태양을 갈구하는 모습, 저녁때의 멜랑콜리에 젖은 모습을 말이지요.

김재혁 매일 보는 산인데, 거기서 그런 것을 발견한 세잔이 대단하군요.

릴케 그래요. 집중하는 거죠. 사물에서 신성을 발견할 때까지 그리는 거지요. 행복하게 몰두하면서. 모세 이후로 산을 그런 눈으로 본 사람은 없어요. 40년의 끝없는 집중이 없이는 사물의 핵심에 도달하지 못해요.

김재혁 그런 마음가짐으로 생트빅투아르 산을 그렸군요.

릴케 실제 일이라는 주인이 세잔의 늙은 몸을 종 부리듯이 했어요. 그는 늙은 개가 된 거죠. 이 늙은 개는 일요일에만 잠시 풀려났습니다. 성자가 신과 연결되어 있듯이 세잔은 작업과 결합되어 있었습니다.

김재혁 아, 성자가 신과 연결되어 있듯, 세잔은 늘 작업과 결합되어 있다, 멋진 말씀입니다. 세잔은 그림에서 무엇을 추구했나요?

릴케 색채이지요. 사물의 본질을 색채에다 담은 겁니다. 색채끼리의 싸움을 부추기고 색채끼리 사이좋게 지내기도 하게 만들었습니다. 그의 그림에서는 우유부단함이 없어요. 색채가 진솔하기 때문이죠. 진솔하니까 속이지 않아 믿음에 바탕을 두고 서로 노니는 겁니다.

김재혁 그것이 생트빅투아르 산 그림에서도 나타나고 있나요?

사진_김재혁

세잔의 아틀리에 쪽에서 바라본
생트빅투아르 산

릴케　그렇죠. 그 그림들을 보면 화가가 개입하지 않은 채 색채들끼리 노는 모습이 보여요. 화가가 의식적으로 뭔가를 만든 것이 아니라 자신도 모르게 뭔가를 깨달아 그것을 화폭에 표현한 거죠. 색채 속에 자연스레 빅투아르 산의 내면이, 그 신성이 담기는 거죠.

김재혁　그것을 두고 본질적인 것에 도달한다고 하신 거군요.

릴케　열정의 순간에 발전은 자신도 모르게 전개되는 것이니까요.

김재혁　화가 본인의 의식이 너무 적극적으로 활동하면 안 된다는 뜻인가요?

릴케　내면의 눈에 순종하는 거죠. 그러다보면 푸른색이 오렌지색을 불러내고, 초록색이 붉은색을 호출하고 그러는 겁니다. 그대로 두다 보면 색채들끼리 노는 것이죠.

〈생트빅투아르 산〉
(폴 세잔, 1904-1906)

김재혁 그래도 정리 정돈과 틀 만들기는 화가가 하는 것 아닐까요?

릴케 물론 화가가 하는 거죠. 하지만 그는 색채의 소리를 듣고 거기 따라 붓질을 한 겁니다. 색채 속에 프로방스의 물빛이 담기고 바위가 담기고 붉은 대지와 어둠이 담기는 겁니다.

김재혁 아, 그렇군요. 이해가 될 듯, 안 될 듯합니다.

릴케 어렵지는 않아요. 창작하는 사람의 편견이나 잘못된 인식이 들어가는 것을 막자는 것이니까요. 그런 가운데 색채의 대조를 통해, 또한 대조의 극복을 통해 사물의 본질이 저절로 드러나는 겁니다.

김재혁 선생님은 세잔의 색채 놀이를 언어로 변환시켜 보려 하셨죠.

릴케 물론입니다. 나는 언어를 재료로 쓰는 시인이니까요. 눈으로 본 것을 외면화 하는 동시에 내면화하는 거죠.

김재혁 선생님도 초기에는 세잔처럼 인상주의 풍으로 시를 쓰시다가 나중에 가서는 사물의 본질을 직시하는 '사물시'를 쓰셨죠. 그 면에서 선생님은 세잔의 길을 그대로 밟으셨다고 할 수 있어요.

릴케 내가 모델로 삼은 것은 세잔뿐만이 아닙니다. 일본의 채색판화가 가쓰시카 호쿠사이(1760-1849)에게서도 모범을 보았어요. 그의 〈후지산 36경〉이 세잔의 생트빅투아르 산 제작과정과 다르지 않아요.

김재혁 네, 선생님이 쓰신 〈산〉이라는 시에서 저는 세잔과 호쿠사이 두 작가의 종합을 봅니다. 예술을 향한 열정을 흠씬 느끼면서요.

김재혁 아비뇽 이야기도 들려주시면 좋겠습니다.

릴케 1911년 10월에 아비뇽에 갔어요. 두 번째 프로방스 여행 때죠. 17일이나 아비뇽에 묵었습니다. 투른 운트 탁시스 부인의 자동차로 하루에 220킬로씩 달려서 도착했어요.

김재혁 아비뇽은 선생님 느낌에 어땠나요?

릴케 아비뇽 여행은 별빛과 같았습니다. 지금도 또렷하게 빛나고 있어요. 아비뇽은 정말 마음에 들었어요. 도시 자체가 아주 편안하게 느껴졌죠. 집에 온 것처럼 말입니다.

김재혁 그건 어떤 이유인가요?

릴케 투른 운트 탁시스 부인이 자동차를 운전수와 함께 내게 건네주고 빈으로 떠나서 그랬는지도 모르죠.

김재혁 제가 보기에는 아비뇽 교황청 건물의 그 돌이 주는 웅장함과 그 안의 고독 때문이 아닐까 합니다.

릴케 바위 위에 세워진 교황청의 모습은 압도적입니다. 교황청의 웅장함이 별들을 내몰 정도로 하늘 깊숙이 들어가는 모습이 너무 멋집니다. 그렇게 고독하게 서 있는 것이 나는 좋습니다.

사진_김재혁

아비뇽 교황청

김재혁 선생님이 《두이노의 비가》를 완성시킨 뮈조 성이 있는 스위스 시에르 지방을 가보았더니 산중턱 곳곳에 중세의 성들이 서 있더군요. 그런 고성들을 선생님은 특별히 사랑하시는 것 같은데요.

릴케 물론입니다. 그런 돌덩이가 나의 고독을 비호해주니까요. 그래서 이곳 프로방스가 어쩐지 시에르와 비슷하다는 느낌을 받습니다.

김재혁 아비뇽 교황청은 그렇게 겉으로는 웅장했지만 속으로는 이미 기울고 있었지요.

릴케 네, 그렇습니다. 가장자리는 이미 썩고 있었죠. 교황의 권위는 땅에 떨어졌으니까요. 그렇게 모순된 상황이 나의 호기심을 더욱 자극했던 것 같습니다.

김재혁 그건 고독과 어떤 관련이 있을까요?

릴케 그 자체가 인간적인 상황에 대한 하나의 상징이 되지 않을까요? 삶의 비밀이 거대한 돌덩이로 봉인된 것이죠.

김재혁 말씀을 듣고 보니 정말 그렇군요.

김재혁 선생님 시를 공부하면서 신선하게 다가왔던 것 중의 하나는 석관이었습니다. 석관이 우리나라에는 흔한 것이 아니라서 더 그랬는지도 모릅니다.

릴케 그건 나도 마찬가지입니다. 나도 체코나 독일에서 밖에 널려 있는 석관을 본 것은 아니고 외국, 즉 옛날 로마의 유적이 많이 남아 있는 프로방스 지방에서 보았던 거죠.

김재혁 아를에 알리스캉이라는 고대 무덤이 있습니다. 알리스캉이라는 말에 어떤 의미가 들어 있나요?

릴케 알리스캉은 '극락의 벌판'이라는 뜻입니다. '샹젤리제'와 같은 말인데 프로방스식 표현이죠. 그곳엔 큰 가로수길 양쪽으로 석관들이 즐비하게 늘어서 있습니다.

김재혁 그곳에 그런 묘지가 형성되게 된 이유라도 있나요?

릴케 초기 기독교 시대에 성인으로 추대된 아를의 첫 주교가 그곳에 묻혔지요. 그러자 사람들이 그 분의 기운을 받아 천국에 들고자 그곳에 묻히기를 바란 겁니다. 신의 은총을 기대한 거죠. 기원전 250년경부터 근 1500년 동안 유럽의 부자들이 선호하던 공동묘지였지요.

김재혁 복을 바라는 마음은 다 같군요. 론 강을 거쳐 많은 주검들이 그리로 모여들었겠군요. 석관이라는 이유만으로 선생님의 시에 그곳이 등장한 것 같지는 않습니다. 다른 이유가 있을 것 같은데요.

릴케 시간의 손길이 석관 속에 들어 있던 시체를 다 분해해버리고 나면 나중에 그 석관들은 뚜껑이 열린 채 후세 사람들에 의해 꽃을 심는 큰 화분

프랑스 아를 지방의 고대 공동묘지
알리스캉

위키피디아

고대 로마 시대의
석관

으로 이용되기도 했어요. 나는 열려 있는 석관들에서 많은 생각을 갖게 되었습니다. 죽음이 뚜껑을 열고 삶 속으로 들어온 격이니까요.

김재혁 고대 로마의 석관을 다룬 시를 몇 편 쓰셨죠? 저는 그중에서도《오르페우스에게 바치는 소네트》에 들어 있는 다음 시가 좋습니다. 읽어보겠습니다.

내 느낌을 한 번도 떠난 적 없는 너희들,
고대의 석관들아, 반갑구나,
너희들 사이로는 로마 시절의 즐거운 물이
방랑하는 노래되어 흐르는구나.

아니면, 즐겁게 잠에서 깨어나는 목동의
눈처럼 그렇게 활짝 열려 있는 너희들,
— 안에는 고요와 광대수염풀이 가득하고 —

황홀에 취한 나비들이 훨훨 날아올랐지;

이젠 모든 의심을 훌훌 털어버린 너희들,
반갑구나, 다시 열려진 너희들의 입은
침묵이 무엇인지 진작부터 알고 있었지.

친구들아, 침묵이 무엇인지 아는가 모르는가?
이 두 개의 질문이 사람의 얼굴에
머뭇대는 시간을 아로새겨 놓는구나.

릴케 지중해 연안에서는 사람들이 석관을 심지어 우물가의 물통으로도 사용했어요. 죽음의 세계를 거쳐 삶 속으로 물이 흐르는 거죠. 얼마나 상징적입니까?

김재혁 정말 삶과 죽음이 긴밀하게 연결되어 있음을 보여주는군요.

릴케 석관의 뚜껑이 열려 있고 그 석관들 위로 나는 나비나 잠자리는 무엇을 상징할까요? 크게 생각해보지 않아도 알 수 있죠. 그것은 죽은 자들의 영혼입니다.

김재혁 그 비슷한 것을《말테의 수기》에서 읽은 적이 있습니다. 돌아온 탕아를 묘사한 소설의 마지막 대목이죠. 탕아가 레 보 지역의 초원지대를 누비며 목동 일을 하는 존재로 묘사되고 있습니다. "아니면 알리스캉 공동묘지의 영혼들이 머물고 있는 그늘에 서서 눈으로 부활한 자들의 무덤처럼 열려 있는 무덤들 사이로 잠자리를 좇고 있는 그의 모습을 그려보아야 하나?"

릴케 내가 아를의 알리스캉을 방문한 뒤 쓴 겁니다. 삶과 죽음이 구분되는 것이 아니라 하나로 서로 통해 있음을 보여주고 싶었습니다. 석관의 열린 뚜껑은 다시 열린 입과 같습니다. 특히 자연 자체 속에서는 삶과 죽음의 구별이 없어요. 자연은 둘을 구별하지 않고 하나로 받아들입니다.

〈알리스캉의 가로수길〉
(빈센트 반 고흐, 1888)

김재혁 선생님의 통합론적 세계관을 볼 수 있는 대목이군요. 삶에서 자연스레 죽음과 함께하는 장면이 인상적입니다. 그런데 고흐 그림을 보면 알리스캉 공동묘지의 모습이 그대로 반영되어 있더군요.

릴케 그렇습니다. 고흐가 친구 고갱을 설득하여 아를로 오게 한 것이 1888년의 일이지요. 고갱이 도착하여 두 사람은 같이 그림을 그릴 장소로 알리스캉을 택했고, 10월 말에 그곳에서 그림을 그렸어요. 고흐는 4점을, 고갱은 2점을 알리스캉으로 소재로 그렸습니다.

김재혁 선생님은 역시 미술전문가답게 그림에 대해 훤히 꿰고 계십니다.

릴케 사람들은 예부터 일상에서 두려운 것을 자기 쪽에서 멀리 두려 했죠. 그러나 진정한 예술가들은 죽음을 자기 쪽으로 끌어들이려 합니다.

김재혁 아, 그렇군요.

릴케 그런데 역시 둘이 만난 것이 가을이라 화폭의 풍경도 가을이지요. 그림을 잘 보면 사람들의 옷차림이 제대로 된 정장이고 아주 잘 빼입은 것임을 알 수 있어요. 알리스캉이 당시 젊은이들의 데이트 장소로 이용된 거죠.

릴케와 나는 빈센트 반 고흐의 〈밤의 카페테라스〉의 모델이 된 곳으로 자리를 옮겼다. 그곳에서 멀지 않은 곳에 고흐가 〈별이 빛나는 밤〉을 그린 론 강과 다리가 있다. 릴케는 어딘가 모르게 고흐를 닮은 것 같기도 했다. 그의 얼굴이 평소보다 더 길게 느껴졌다. 예술가의 고민이 턱에 와서 고드름처럼 매달린 것 같았다. 카페의 푸른 불빛 때문이었는지도 모른다. 그에게서 고흐의 〈자화상〉을 본 것은.

남프랑스 아를의
빈센트 반 고흐의 〈밤의 카페테라스〉의
모델이 된 곳

사진_김재혁

〈밤의 카페테라스〉
(빈센트 반 고흐, 1888)

나는 프로방스를 먼저 보고 나중에 시에르를 보았다. 릴케 역시 프로방스를 먼저 보고 만년에 가서 시에르를 보았다. 릴케의 자취를 찾아 이탈리아 베네치아에서 트리에스테를 거쳐 근 6시간이 넘게 기차를 타고 시에르로 갔던 기억이 떠올랐다. 시에르 지방엔 낮은 구름이 산등성이마다 걸려 있었고 언덕 곳곳에 중세의 성들이 풀을 뜯는 양떼처럼 드물게 서 있었다. 중세의 풍경이 현대의 풍경 속에 걸려 있었다. 현대식 호텔을 즐기면서도 너무 현대적인 것을 싫어하고 고풍스러운 것을 사랑하는 릴케의 마음이 그곳에 서 있는 것 같았다. 그는 프로방스에서도 같은 것을 보았을 것이다. 그는 시에르 지방에서 발원하는 론 강이 프로방스까지 뻗어 있는 것에서 곳곳을 누비는 강의 영향력과 그 힘을 보았지만, 나도 그때 발견한 것이 있었다. 그의 무덤이 있는 라론으로 가는 초입에서 발견한 것, 그것은 바로 세상으로 우리의 마음을 이어주는, 릴케가 좋아했던 시골 우체국이었다.

사진_김재혁

릴케의 무덤이 있는 마을 라론 초입에 있는
우체국

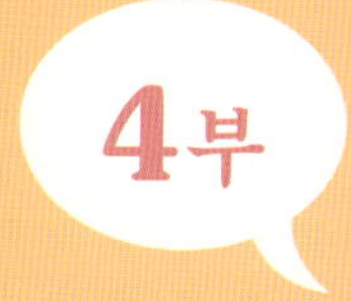
4부

“마음의 방향”

스페인의 톨레도, 론다에서

스페인 남부의 도시 톨레도를 한눈에 볼 수 있는 타호 강의 전망 좋은 언덕에 서서 릴케와 나는 도시를 바라보고 있다. 중세의 도시가 파란 하늘 아래 옛날 그대로 남아 멋진 풍경을 연출하고 있다. 우리가 서 있는 이 지점이 엘 그레코(1541-1614)가 〈톨레도의 풍경〉을 그렸던 곳임에 틀림없다. 그리스 크레타 섬 출신인 그는 톨레도에 들렀다가 도시가 너무 마음에 들어 자신의 이름도 '엘 그레코'로 바꾸고 스페인 사람처럼 살았다. '엘 그레코'는 '그리스인'이라는 뜻이다. 그의 원래의 그리스 이름은 도메니코스 테오토코풀로스이다. 그는 죽을 때까지 톨레도에 머물렀다.

사진_김재혁

〈톨레도 풍경〉(엘 그레코, 1604-1614)_위

언덕에서 바라본 톨레도 풍경_아래

김재혁 정말 이곳이 엘 그레코가 서 있던 장소가 맞는 것 같습니다. 그림을 보면 구도가 똑같거든요.

릴케 내가 보기에도 그런 것 같군요. 파리의 살롱에서 그 그림을 한 시간 넘게 감상했지요. 그림 속의 풍경에 나는 완전히 압도되었습니다.

김재혁 저도 선생님의 글에서 익히 들어서 이미 알고 있고 그림 속 풍경으로부터 어느 정도 감흥이 오긴 하지만 선생님의 설명을 더 듣고 싶습니다.

릴케 그림에서는 뇌우가 터졌습니다. 도시 뒤쪽으로 검은 구름이 쏟아져 내립니다. 도시는 언덕에 자리를 잡고 있고 그곳의 크고 각진 성당과 성곽들을 향해 길들이 가파르게 올라가고 있어요.

김재혁 정말 길들이 언덕을 향해 마치 사람들처럼 헐레벌떡 뛰어올라가는 것 같군요. 등에 짐을 지고 말이죠.

릴케 네, 그래요. 중경中景 아래쪽의 얼마 안 되는 햇살이 오히려 불면의 밤처럼 초원을 환하게 비추고 있어요. 그것이 뒤쪽의 묵시록적 풍경을 더욱 기괴하게 만듭니다. 강물은 검정과 짙은 초록의 활활 타는 수풀 속에 갇혔습니다.

김재혁 정말 어울리는 표현입니다. 검은 초록빛이 활활 타오르는 불꽃보다 더 강렬하게 느껴집니다. 압도적인 공포의 분위기입니다.

릴케 겁에 질린 도시는 이 질식할 듯한 분위기로부터 벗어나려고 발버둥을 치고 있는 것 같죠?

김재혁 그림을 읽는 선생님의 모습은 어딘가 예언자 같기도 합니다. 톨레도에 이렇게 직접 오셨으니 감회가 새로울 것 같습니다.

릴케 우리가 여행을 하는 이유가 분명해졌죠. 책으로, 그림으로 아무리 보아도 자신의 감각으로 직접 체험하고 느껴보는 것만큼 확실한 것은 없으니까요.

김재혁 선생님은 어떤 계기로 스페인 여행을 결심하셨나요?

〈라오콘〉(엘 그레코, 1604-1614)

릴케 스페인에 와서 머물고 싶다는 생각은 엘 그레코의 그림을 뮌헨에서 보았을 때부터 마음속에서 폭풍처럼 일어났어요. 그의 그림 〈라오콘〉 때문이지요.

김재혁 어째서 그런 생각이 드셨는지 궁금합니다.

릴케 그레코의 그 그림을 보면 저절로 그렇게 됩니다. 그만큼 매력이 있다는 거죠.

김재혁 이 그림의 배경이 톨레도이군요. 앞에서 보았던 〈톨레도의 풍경〉에 라오콘과 두 아들, 그 외에 신화적 인물들이 등장합니다.

릴케 네, 그림의 배경을 보세요. 톨레도가 그 끔찍한 광경을 알고 있는 것 같죠? 언덕은 불안스레 팔을 뻗고 있고 자기 뒤로 무너져 내리는 하늘에 얼굴이 창백하게 질려 있어요.

김재혁 제가 보기에는 〈톨레도의 풍경〉과 유사하게 여겨집니다.

릴케 물론 그렇죠. 그러니까 해석이 깊어지는 거죠. 아폴로 신전의 사제 라오콘은 뱀에 감겨 고통으로 얼굴이 일그러져 있고 아들 중 하나는 이미 죽어서 바닥에 쓰러져 있어요. 또 다른 아들 하나는 아직 뱀과 싸우고 있고요. 똬리를 튼 모양이 꼭 죽음의 무도를 연상시키죠.

김재혁 정말 끔찍합니다. 공포에 절어 모든 인물들이 잿빛으로 변했습니다. 두 마리의 바다뱀이 회초리처럼 사람을 후려칩니다.

타호 강 가까이서 본 톨레도

사진_김재혁

릴케 네, 엘 그레코는 신이 떠난 세계를 그로테스크한 목소리로 말합니다. 황량한 영혼의 풍경화죠.

김재혁 이런 톨레도 풍경에서 무엇이 선생님을 가장 끌어당겼나요?

릴케 톨레도 풍경은 창세기 그 자체입니다. 나는 바로 창세기의 풍경을 보고 싶었던 거죠. 그 음울한 정조를 직접 느껴보고 싶었어요. 톨레도는 한 마디로 하늘과 땅의 도시입니다.

김재혁 한 점의 그림이 선생님을 여행으로 이끌었군요. 여행은 선생님께 무엇인가요?

릴케 여행은 감각적 체험이고 새로운 언어의 창조를 위한 여정이죠. 여행은 열린 마음 상태를 지향하니까 많은 것을 만날 수 있는 기본 동인이 되죠. 예술이 억지로 이루어지는 것은 아니니 많은 곳을 다니며 기다리는 겁니다. 여행은 진보와 성숙을 가져다줍니다. 1912년 늦가을의 스페인 여행도 젊은 시절의 러시아 여행처럼 내게 많은 결실을 맺어줄 것으로 생각했습니다. 단순한 여행객처럼 스쳐 지나가는 것이 아니라 한동안 자리를 잡고 머물고 싶었죠.

김재혁 새로운 것에서 새로운 표현을 얻고 새로운 시도에서 한 단계 상승하는 것을 말씀하시는군요.《두이노의 비가》도 스페인과 관련이 있나요?

릴케 1922년 2월에《두이노의 비가》를 완성하기까지 나의 여정은 그것을 위한 방랑의 길이었습니다. 풍경은 그 자체가 언어입니다. 나는 스페인 풍경에서 천사의 언어를 보았어요. 하느님의 창조가 바로 이곳에서 시작되었다는 느낌이 든 거죠. 하느님이 네 번째 창조의 날에 해를 집어서 정확히 톨레도 위에 세워놓았다고 믿어요.

김재혁 스페인에서 창세기의 그런 느낌을 받은 것은 무엇 때문인가요? 스페인의 자연풍경 때문인가요? 아니면 다른 무엇이 있는 건가요?

릴케 서양의 기독교와 다른 믿음의 풍경 때문이죠. 문화적 차원에서도 이슬람 세계에서는 기독교와 다른 면이 많이 보입니다. 물론 그런 것을 발견하는 것이 중요합니다. 이교도적인 것이 기독교적인 것과 공존하니까 더욱 돋보이는 거죠. 여행은 스스로 새로운 공간 속에 위치하여 그 공간에 물들어보는 것입니다. 공간 속에 위치하여 새로운 것을 발견하는 거죠.

김재혁 새로운 것을 발견하기 위해서는 어떤 자세를 가져야 할까요?

릴케 편견을 버리는 거죠. 온 사방, 온 곳에서 순수하게 신을 마주하려는 자세를 갖고요. 사물들을 부당하게 대하는 마음자세를 바꿔야 합니다. 사물들에게 지나친 기대를 갖거나 요구하지 말고 그들의 말을 있는 그대로 듣는 겁니다. 마이스터 에크하르트의 표현을 빌자면 스스로 빈 마음의 벌판을 갖는 거죠.

김재혁 멋진 말씀이십니다. 선생님의 글을 보니 스페인을 다 좋아하신 것 같지는 않던데요.

릴케 네, 마드리드나 세비야, 코르도바는 마음에 들지 않았어요. 세비야 성당은 그야말로 과장과 뻐김 그 자체였죠. 마치 높이 솟아서 신을 제압하기라도 할 것처럼 말이죠. 가장 마음에 든 곳은 톨레도입니다.

김재혁 그렇군요. 스페인에서 "천사의 언어"를 느낀 것은 무슨 이유인가요?

릴케 천사의 뒤에는 신이 있지요. 나는 그 신의 숨결을 이곳 스페인에서 체험했던 겁니다. 이곳에 와서 태초의 신을 무함마드의 마음으로부터 느껴본 거죠. 느끼고 체험하는 것이 중요합니다.

김재혁 선생님은《두이노의 비가》의 천사가 기독교 하늘의 천사와는 아무 관련이 없다고 하셨죠?

릴케 그렇습니다. 내가 마음속에 둔 천사는 오히려 이슬람의 천사 모습에 가깝습니다.

김재혁 그건 의외입니다. 여태껏 릴케 연구에서는 대부분《두이노의 비가》의 천사가 기독교의 천사는 아니라는 쪽에 비중을 둬서 이야기했지 이슬람의 천사와 관련이 있다고는 보려고 하지 않았거든요.

릴케 아마도 기독교 세계 속의 연구자들이 그런 쪽으로 내 생각을 몰고 간 것 같습니다. 어떤 편견에서인가 이슬람의 천사와 관련시키기를 싫어한 것이겠죠.

김재혁 그러니까 1910년에서 1911년까지 만 1년간의 북아프리카 여행이나 1912년에서 1913년 사이에 있었던 스페인 여행이 《두이노의 비가》의 천사 탄생에 큰 영향을 주었다는 말씀이군요.

릴케 네, 그렇습니다. 북아프리카에서는 스핑크스 옆에서 하룻밤을 보내면서 그곳의 교교한 달빛을 한 몸에 받은 적이 있어요. 마치 그때까지의 모든 가치를 다 잃고 새로운 신을 맞은 듯한 분위기 속에 휩싸였죠. 달빛에 비친 스핑크스는 수많은 별들의 뜨고 짐을 보아온 듯 깊은 태연함을 얼굴빛에 띠고 있었습니다. 기독교라는 기존의 이데올로기가 아무것도 아니게 생각됐죠.

김재혁 제가 생각하기에는 북아프리카와 스페인에서의 이슬람과의 만남이 선생님의 정신적 세계관에 큰 전환점을 만들어준 것 같습니다. 그렇다면 선생님은 기독교보다는 이슬람 쪽에 더 관심과 사랑이 많았다고 생각해도 될까요?

릴케 일정 부분에서는 그렇습니다. 이슬람 종교는 소박하고 생동감이 넘쳐요. 어제가 꼭 오늘처럼 느껴지지요. 그렇지만 사실 《두이노의 비가》의 천사가 이슬람과 관련이 있다고 말한 것은 사물을 일률적으로 한 가지가 아닌 열린 관점에서 보자는 뜻으로 한 것입니다. 기독교에서는 인간의 원죄를 설정하고 그것으로부터의 속죄와 구원을 말하는데 이것은 옳지 않다고 봅니다. 게다가 기독교는 다른 종교보다 우월하다는 감정에 빠져 있기도 해요. 그 전에 나는 기자 지역의 피라미드 앞에서 스핑

시에르 릴케 박물관

스위스 시에르 지방 산책 중의 릴케.
뒷덜미 모습에서 왠지 아랍인 같은 느낌이 온다

크스를 보면서 우주에 대한 새로운 느낌을 갖게 되었어요. 태고의 이방 문화가 내게 새로운 세계를 열어준 거죠.

김재혁 선생님에게서는 우주적 종교성 같은 것이 느껴집니다.

릴케는 천사를 좋아하고 천사를 사랑한다. 그는 천사가 성모 마리아에게 그랬고, 무함마드에게 그랬듯이 자기에게도 어떤 커다란 메시지를 줄 것으로 생각했던 것 같다. 그의 세계에서 천사는 그에게 존재의 이유를 밝혀주는 빛이었다. 릴케에겐 이슬람 세계와의 접촉이 여행의 또 다른 목표였다. 이 여행을 통해 새로운 세계를 경험하게 된 것이다. 기독교와 이슬람이 겹치는 부분이 성경의 구약이다. 그래서 릴케는 스페인 여행길에서 구약과 《코란》을 읽는다. 릴케는 마음을 열고 이슬람을 받아들이려 했다.

릴케 나는 톨레도에서 창세기의 풍경을 느꼈습니다. 세계와 창조와 산과 협곡, 창세기를 말입니다. 자연 자체가 마치 식사를 마치고 일어나는 예언자의 모습처럼 보였죠. 그곳의 자연은 그의 입에서 나오는 예언의 말처럼 그 도시를 감쌌습니다.

김재혁 그렇게 말씀하시는 부분에서 저는 선생님이 1912년 초 겨울에 두이노 성에서 느꼈던 분위기를 연상해봅니다. 두이노 성이 있는 이탈리아 트리에스테 해안 풍경과 이곳 톨레도가 비슷해 보이기도 하거든요.

릴케 톨레도의 풍경을 보는 순간 그때 두이노성에서의 독특했던 마음상태가 심장으로 밀려온 것입니다. 그것은 아마도 엘 그레코의 그림과 연관이 있는 것 같기도 해요. 두이노 성에서 겪었던 심적 상태가 열 달 뒤에도 나타난 거겠죠.

김재혁 엘 그레코의 그림 중에서 선생님이 가장 좋게 생각한 작품은 무엇인가요?

릴케 그의 그림은 다 좋습니다. 아까 우리가 이야기를 나누었던 〈톨레도의 풍경〉도 좋고요.

김재혁 선생님은 그림을 묘사하면서 성경의 표현들을 많이 쓰셨죠. 기독교로부터 멀리 떠났다고 하면서도 늘 그쪽의 메타포를 사용하기도 하고요. 종교에 대한 선생님의 생각을 들어보고 싶습니다.

릴케 나는 무엇에든 열린 상태를 지향합니다. 종교에 대해서도 마찬가지이죠. 한쪽으로 고정되기보다는 열린 상태가 좋다고 보니까요. 기독교는 도그마에 갇혀 있고 자기중심적이지요.

김재혁 그것은 이를테면 어떤 것인가요?

릴케 스페인 곳곳에서 볼 수 있는 이슬람 사원이 바로 그겁니다. 이슬람 사원이었다가 지금은 기독교의 성당으로 사용 중인 많은 건물들이 바로 그 편협함의 예입니다. 코르도바의 메스키타 성당을 보세요. 이슬람의

사진_김재혁

코르도바의 메스키타 성당 내부.
856개의 기둥과 붉고 흰 문양이 이슬람의 흔적을 말해준다.
문화적 다양성을 구비한 코르도바는 아랍어, 라틴어, 히브리어까지
함께 구사하는 많은 교양인들이 모여 살던 곳으로 11-13세기에는 이곳에서
아리스토텔레스를 비롯한 많은 그리스 철학 문헌들이 라틴어로 번역되어
유럽으로 흘러들어갔다

입장에서 보면 그 사원들은 고통과 치욕이지요. 기독교는 마치 케이크를 자르듯이 완벽하게 배타적으로 신을 가르려고 하니까요. 코르도바에 들르고서부터 오히려 나는 격정적인 반기독교적 상태에 접어들었어요.

김재혁 메스키타 성당은 이슬람 사원의 모습을 그대로 놓고 성당으로 용도 변경한 것이죠.

릴케 무어족 지배 시절에 만든 기둥들과 아치들을 보고 나는 정말 경탄했어

요. 이곳에서 기독교는 이미 오래전에 극복된 것입니다. 이곳엔 한없는 무심함만이 있을 뿐입니다. 교회는 텅 비어 굶주리고 있죠. 기독교의 밥그릇은 이미 텅 비었습니다.

김재혁 초기부터 선생님의 반기독교적인 면은 정말 한결같습니다.

릴케 나는 코란을 읽어요. 코란을 읽으면 목소리가 들려요. 나는 나 자신이 바람 속에 세워진 풍금처럼 그 소리의 한 중간에 있는 겁니다. 소리의 폭풍 속에 있어요.

김재혁 그러면 선생님은 이슬람의 신을 어떤 관점에서 보시는 거죠?

릴케 신은 하나입니다. 그 신을 섬기는 방식이 다른 것이지요. 모세도 예언자이고 예수도 예언자이며, 무함마드 역시 예언자인 것입니다. 왜곡이 없는 열린 상태에서 하나의 온전한 우주를 보자는 거죠. 이것은 세계를 보는 새로운 관점을 줍니다. 기독교에서는 중개자로서의 예수의 역할이 너무 강조되어 있어요.

김재혁 기독교에 대한 선생님의 생각이 이해가 됩니다. 같은 관점에서 엘 그레코의 그림에 열광하는 이유를 좀 더 설명해주실 수 있을까요?

릴케 산 빈첸테 교회에 그의 그림 〈성모 마리아의 승천〉이 있지요. 큰 천사 하나가 비스듬히 그림 속으로 끼어들고, 다른 두 천사는 성모를 받치고 있어요. 다른 모든 것들 역시 성모를 떠받들고 있어 성모는 하늘로 올라갈 수밖에 없어요. 승천의 물리학이지요. 천사만 있지 다른 중개자들은 없어요. 그래서 더욱 직접적으로 마리아의 승천을 체험할 수 있습니다.

김재혁 선생님께서는 신과의 직접성을 추구하시는 것 같습니다.

릴케 네, 그렇습니다. 내가 유대교나 이슬람교에 더 애정을 갖는 것도 그런 까닭입니다. 게다가 기독교는 지나치게 내세를 강조하고 이승을 하찮은 것으로 격하시키니까요. 이승의 것을 사랑하고 우리에게 주어진 유일한 것으로 가슴으로 느껴야 하지 않을까요?

김재혁 그것이 선생님이 말씀하신 "신의 위대한 사용설명서"이군요.

릴케 그렇지요. 구약이나 코란은 온 집게손가락으로 신을 직접적으로 가리킵니다. 신과 우리 사이에 어떤 다른 존재가 끼어들지 않지요.

〈성모 마리아의 승천〉

(엘 그레코, 1577-1579)

김재혁 이슬람에 대한 생각을 구체적으로 갖추게 된 건 어떤 계기였나요?

릴케 1910년의 북아프리카 여행 때였지요. 12월 21일에 튀니지의 카이로우안에 들렀어요.

김재혁 아, 네. 그곳에 이슬람 대사원이 있지요.

릴케 도시 자체가 성지라고 할 수 있습니다. 메카 다음으로 많은 순례자들의 목표지이지요. 화가 파울 클레가 내가 뮌헨에 왔을 때 가까이 살았어요. 그는 튀니지의 카이로우안 여행을 하고 그린 스케치 60점을 몇 달 동안 나한테 맡겼어요. 그것을 보며 미리 공부를 했죠.

김재혁 그곳에서 이슬람에 대해 긍정적인 인상을 받으셨나 봅니다.

릴케 그래요. 그 도시에는 7세기 말에 예언자 무함마드의 동반자였던 시디 오크바 장군이 세운 이슬람 사원이 있습니다. 북아프리카에 처음 세워졌

〈카이로우안〉

(파울 클레, 1914)

죠. 수백 개의 기둥은 카르타고와 로마의 해안 식민지 지역에서 운반해 왔습니다. 이 기둥들이 흰 반구천정을 떠받들고 있죠. 높이가 35미터나 됩니다.

김재혁 거기서 가장 눈에 띈 것은 무엇이었나요?

릴케 이슬람 사원과 함께 있는 무덤들이었지요. 사원은 무덤이기도 했어요.

김재혁 거기서 무엇을 느끼신 거죠?

릴케 삶과 죽음은 하나라는 것이죠. 소박한 종교의 분위기 속에서 삶과 죽음이 함께 있는 것을 감각으로 직접 느끼니 그만한 경험도 없었습니다.

김재혁 독특한 종교적 체험을 하셨군요.

릴케 그것도 한 가지고요. 그 밖에 공간체험을 한 거죠. 그 어마어마한 규모가 바로 신의 임재를 증거하는 것 같았으니까요. 이슬람에서는 신은 하나입니다. 여호와나 신이나 알라나 하나라는 거죠.

김재혁 깨지지 않은 온전함 같은 건가요?

릴케 네, 그래요. 그것을 독일어로 "하일heil"이라고 합니다.

김재혁 아랍 세계는 선생님에게 기독교의 유럽과 다르게 보인 모양입니다.

릴케 그 사람들은 사막에 살면서 우주를 호흡합니다. 이 지구라는 별에 정말로 발을 딛고 사는 것 같습니다. 과거라는 개념에 의해 현재와 구분되지 않은 채 말입니다.

김재혁 아랍세계에서 자연 그 자체를 보신 듯합니다.

릴케 그 세계는 정말 현 기독교 사회와 비교됩니다. 기독교 사회엔 기계와 부패가 판을 칩니다. 사막의 순수함이 없어요. 사막에서는 신의 기운이 가득한 공기를 마실 수 있어요. 사막뿐만 아니라 사원이나 시장, 바깥 어디서나 왜곡되지 않은 우주를 느낄 수 있어요.

김재혁 이 땅에 발을 붙이고 산다는 말이 와 닿습니다.

릴케 서양인들은 땅으로부터 격리되었습니다. 이들은 공허한 이념의 홍수

속에서 허우적대고 있어요. 판에 박힌 기독교 사상이 그렇고요. 원래 종교라는 것은 한없이 소박하고 단순한 것이거든요.

김재혁 종교는 이념이나 지식이 아니라는 말씀이신가요?

릴케 그렇습니다. 기독교에서처럼 의무나 포기, 제한 같은 것은 더욱 아닙니다. 우주의 광활함을 포괄하는 것이 진정한 종교입니다.

김재혁 한마디 말로 요약한다면 무엇이라고 할 수 있을까요?

릴케 마음의 방향이라고 할 수 있지요. 아랍인들이 하루 중에 특정한 시간이 되면 메카를 향해 무릎을 꿇고 절을 하는 것, 그게 바로 종교입니다. 저절로 그렇게 몸을 움직이게 되는 거죠. 매일 다섯 번씩 신의 바람을 쐬는 겁니다. 절을 하면서 말입니다.

김재혁 말씀을 듣고 보니 정말 그런 것 같습니다. 그런 자세야말로 종교적 자세라고 하겠습니다.

릴케 나는 기독교에서 저편 하늘로 쫓아버린 것들을 이 지상으로 다시 가져와야 한다고 생각합니다. 천사들은 모두 결심을 하고 이 땅을 찬양할 것입니다.

김재혁 이 땅의 심연을 경험한 사람에게 그런 천사들이 다가오겠죠? 아무런 경험도 하지 않은 사람들이 아니라?

릴케 그렇습니다. 그 사람들이 진정한 종교적 인간이고 또한 시인이죠.

릴케는 겨울이 되면서 몸과 마음이 약해져 스페인의 남부 쪽으로 거처를 옮겼다. 톨레도와 아주 유사한 느낌을 주는 도시, 바로 안달루시아 지방의 론다였다. 릴케와 나는 론다의 푸엔테 누에보 다리 위에 서 있다. 우리의 등 뒤로는 초록색과 흰색 옷을 차려입은 론다 사람들이 그들의 5월 축제를 즐기기 위해 구시가 쪽으로 몰려가고 있다. 아이들 손에는 빨강, 파랑, 노랑 풍선이 들려 있다. 릴케와 나는 바람처럼 이곳에 왔다. 그리고 다시 바람 속에 서 있다. 오늘 릴케의 손에는 평소에 지니고 다니던 야콥센의 소설도 성경도 아닌 이슬람의 경전 코란이 들려 있다. 릴케는 손에 들고 있던 검은 색 장정의 독일어본 코란을 다리 난간 위에 올려놓는다. 우리의 눈길은 160미터가 훨씬 넘는 발밑 아래쪽으로 흐르는 과달레빈 강의 강물을 지나 온통 흰색으로 칠해져 있는 건너편 집들을 지나 멀리 계곡으로 흐르는 파란 물에 가서 멈추어 있다. 하얀 집들 주변으로는 낮고 푸른 언덕들이 바람에게 잠시 쉬어가라고 말을 건넨다. 릴케는 이미 오래전부터 스페인에, 그 풍경에 끌림을 느껴왔던 터였다.

김재혁 이곳에서 저 아래 계곡을 내려다보니 아찔함과 함께 웅장함의 느낌이 현기증처럼 이는군요. 내려다보는 게 힘들 정도입니다. 발가락이 간지럽고요.

릴케 가파르게 형성된 거대한 두 바위덩어리 사이로 강물이 흐르고 그 위로 들판과 바위와 올리브나무들이 자라죠. 강력하고 멋진 공기와 산들 그리고 아름다운 원경, 마치 읽으라고 펼쳐져 있는 성경의 시편 같죠.

김재혁 선생님의 연상력은 정말 기묘합니다. 제 느낌으로는 저 큰 바위 덩어리들이 마치 위로 치솟았다 떨어지는 분수처럼 보이기도 합니다.

릴케 산과 산들이 물결치는 것 같기도 하죠. 스페인에서 가장 오래된 도시 중의 하나가 산 위에 놓여 있는 모습을 보니 느낌이 그렇게 오는 거죠.

김재혁 선생님은 로댕에게도 이곳으로 오라는 초대의 편지를 하신 적이 있지요?

릴케 그래요. 1912년 12월 31일에 그런 편지를 썼지요. 이곳 풍경이 너무 아름다워서 혼자서만 보기엔 아까웠던 겁니다. 거인이 작은 도시 하나를

사진_김재혁

스페인 론다에 있는

푸엔테 누에보 다리

어깨 위에 짊어진 형상이니 조각가 로댕이 보면 충분히 영감을 받았을 겁니다.

김재혁 회칠을 한 하얀 마을이죠.

릴케 거인은 그런 작은 도시를 어깨에 짊어 메고 좁은 강물 위로 발걸음을 한 발짝 떼어놓는 거죠. 마치 성 크리스토포루스가 어린 예수를 업고 강물을 건넜듯이.

김재혁 아, 정말 그렇군요. 톨레도 성당에 갔다가 그 성화를 보았습니다.

릴케 탑과 산과 다리가 있는 이런 풍경 속에 있다 보니 문득 '기도'라는 말이 생각납니다. 김 선생님은 이슬람 사원에서 울리는 기도소리를 들어본 적이 있나요?

김재혁 네, 몇 번 들어봤습니다. '기도'라는 말에서 저는《기도시집》제2부 '순례의 서' 중 "이슬람교도 몸짓의 기독교도들은/우물가에 모여, 그들의 손을/평평한 사발인양,/물결이 영혼처럼 담겨온 그릇인양 내밉니다."라는 구절이 떠오르기도 합니다. '기도'는 영혼의 몸짓입니다. 그런데 풍경 속에서 기도를 떠올리는 선생님은 아무래도 종교적인 성향이 강하신 것 같습니다.

릴케 자연풍경은 내면의 소리를 위한 등가물이니까요. 이런 풍경 속에서는 천사의 목소리도 들리죠. 집약된 풍경은 인간의 눈이 아닌 천사의 눈으로 본 세계입니다.

김재혁 선생님에겐 풍경이 늘 큰 역할을 하는군요. 두이노에서 시작된 풍경의 여정은 스페인에서 계속되고 이어서 1920년 4월에 스위스에서 찾은 중세의 고택인 뮈조 성으로 이어지는 것 같습니다.

릴케 정확한 말씀입니다. 외적 환경이 나의 내면의 세계를 뒷받침하니까요. 정말 뮈조 성을 처음 보았을 때 나는 가슴이 설렜습니다. 이제 드디어《두이노의 비가》를 위한 알맞은 장소를 찾았다는 느낌이 왔지요.

김재혁 어떤 구체적인 사물을 들어서 설명해주실 수 있을까요?

릴케 론다에서 갈색의 토양을 배경으로 보았던 편도나무가 드디어 스위스 뮈조 성에서 꽃피는 것을 본 것입니다. 그 나무는 사실 나의 내면에서 자랐던 것이죠.

김재혁 선생님이 두이노 성에서 들었던 천사의 목소리와 론다에서 들었던 아침 새소리, 그리고 강물소리, 바람소리가 뮈조 성의 사과나무에서 꽃으로 피어난 거군요. 한 그루 꽃나무가요.

릴케 하나 더 붙일까요? 그 동안 하늘에 떠서 빛을 반짝이던 별들도요.《두이노의 비가》는 내게 위대하고 힘찬 하나의 기도입니다.

초기 시집《강림절》의 시가 다시 생각난다. "피어나라, 피어나라, 꽃나무야,/사랑스런 정원 한가운데에서./피어나라, 피어나라, 꽃나무야,/내 그리움의 제일 아름다운 꿈을/나는 여기서 기다리련다.//피어나라, 피어나라, 꽃나무야,/여름이 네게 보상해줄 터이니./피어나라, 피어나라, 꽃나무야,//보아라, 나는 여기서 햇살로/옷 가장자리에 술을 달고 있다." 꽃나무는 이렇게 오랜 세월을 지나 비로소 꽃을 피운다. 그 꽃의 이름은 '비가의 장미'이다. 우리는 그 꽃을 피워낸 시인을 앞에 보고 있다.

김재혁 선생님의 시에서 위안을 찾는 사람들이 많습니다. 어떤 사람은 선생님을 레바논 출신의 예언자 시인 칼릴 지브란과 비교하기도 합니다.

릴케 시가 갖는 위안적 요소와 그것을 추구하는 시인의 종교적 태도는 이미 연관성이 많이 입증됐지요. 프리드리히 횔덜린도 그렇고요.

김재혁 지브란은 "기도란 살아 있는 대기 속으로 그대 자신을 활짝 펴는 것이 아니고 무엇인가?"라고 말합니다. "어둠을 허공에 쏟아 버리는 것이 위로받기 위한 것"이라고 말합니다. 선생님의 〈신부〉라는 시에서도 어둠을 쏟아버리는 시적 화자의 모습이 나옵니다.

릴케 내가 쓰는 어법하고 비슷하군요. 지브란이 몇 년 생이죠?

김재혁 1883년생이니까 선생님보다는 7년 남짓 아래입니다. 고통을 어둠에 빗댄 것은 너무 흡사합니다. 지브란 역시 그의 《예언서》에서 신을 진정으로 만나기 위한 기도의 열정을 노래하죠. 우리는 신의 의지 속에 우리를 자유롭게 둘 때 신과 만날 수 있다고 합니다.

스페인 론다 풍경

사진_김재혁

릴케 아니, 이건 내가 젊어서 썼던 시들과 상당히 유사한 발상입니다. 《기도시집》에서 내가 했던 것들과도 비슷하고요.

김재혁 그러면 지브란이 선생님의 영향을 받은 거겠지요.

릴케 내 생각하고 또 비슷한 게 있나요? 혹시?

김재혁 저는 그 시인과 선생님이 기본적 사고의 틀이 비슷하다고 생각해요. 사랑에 대한 생각도 그렇고요.

릴케 어떤 면에서요?

위키피디아

칼릴 지브란.
프레드 홀랜드 데이가
찍은 사진(1898년경)

김재혁 "마치 현악기의 줄들이 하나의 음악을 울리지만 줄은 서로 따로이듯이"라는 구절입니다. 진정한 결혼은 악기의 두 줄처럼 서로 떨어져서 아름다운 화음을 낸다는 것이죠. 사원의 기둥들도 서로 떨어져 서 있으며 한 지붕을 떠받들고요.

릴케 거 참, 내가 〈사랑의 노래〉에서 말한 거네요.

김재혁 네, 그래요. 그 시의 해당 구절을 제가 읽어보겠습니다. "그러나 그대와 나, 그래 우리를 건드리는 모든 것은/두 현으로 한 목소리를 내는/운궁법運弓法처럼 우리를 합쳐줍니다./어떤 악기 위에 우리는 팽팽히 드리워져 있나요?/어떤 바이올린 주자奏者가 우리를 손에 넣을까요?/아 달콤한 노래여."

릴케 이거 다 비교되고 다 들통나는 듯한 기분입니다.

김재혁 그런데 선생님, 너무 흥분하신 것 같은데, 선생님이 묵고 계신 호텔 레이나 빅토리아로 들어가시죠.

릴케 아닙니다. 뭔가 더 알아보고 싶군요. 또 뭐가 비슷한 데가 있나요?

김재혁 참, 선생님도! 네, 말씀드리죠. 지브란은 '아름다움'을 "영원히 날아다니는 천사의 무리"라고 정의하기도 했어요. 이건《두이노의 비가》에서 선생님이 말씀하신 것과 아주 흡사하죠.

릴케 정말 그렇군요. 이건 우연의 일치인가요? 아니면 나의 영향을 받은 건가요?

김재혁 지브란도 1908년에 파리에 가서 로댕의 제자로 조각을 3년 배웠고, 프랑스어도 할 줄 알았다고 하니 선생님에 대해서도 익히 들어서 알고 있었을 겁니다.

릴케 그렇다면 내 작품을 봤다는 얘기네요.

김재혁 꼭 읽었다고 확답은 하지 못하겠습니다. 로댕의 안내로 영국 시인 윌리엄 블레이크를 접했다는 것은 분명합니다. 니체의《차라투스트라》의 영향도 분명하고요.

릴케 네, 그래요. 모든 것은 시인의 고유한 질그릇에 담겼다가 나오는 것 아닐까요. 위스키가 오크통에 따라 맛이 달라지듯?

김재혁 그래도 지브란은 또 "아름다움은 거울 속 자신의 모습을 응시하고 있는 영원이다."라고까지 말하고 있는데, 이는 선생님이 제2비가에서 천사를 규정할 때 쓰신 것하고도 비슷한 표현법입니다.

릴케 자연과 생명 그리고 그것의 원천에서 아름다움을 보는 것은 어느 정도 통용되는 사고가 아닌가 합니다. 그것까지도 다 유사함이나 영향 가능성으로 보는 건 무리가 있다고 생각해요.

김재혁 네, 괴테도 제자인 에커만과 나눈 대화에서 그런 이야기를 했습니다.

릴케는 스페인 지역으로 넘어오면서 이곳의 역사 지리적 상황을 생각하여 성경 대신 코란을 들고 나온 것 같았다. 그에게 나는 이슬람 문화에 대해 다시 물었다. 이곳에서 와서 보니 그에게서는 어딘지 모르게 기독교적인 것보다는 이슬람적인 분위기가 느껴졌다.

사진_김재혁

스페인

세비야 대성당

김재혁 독일에서도 이슬람 문화에 관심을 보인 사람들이 있었죠?

릴케 괴테나 뤼케르트, 칸트 같은 분들이 그랬죠. 괴테의 《서동시집》(1819)은 페르시아의 시인 하피스(1300-1389)에게서 영향을 받은 것이죠. 뤼케르트는 코란을 멋진 독일어로 옮겼고요.

김재혁 그리고 또 가장 유명한 라이너 마리아 릴케가 있죠.

릴케 거 참, 그렇게 말씀하시니 쑥스럽군요.

김재혁 사실 선생님께서 이슬람에 큰 관심을 가지셨다는 사실은 보통은 잘 알려져 있지 않습니다.

릴케 북아프리카와 스페인 여행을 하다 보니 이슬람 문화를 자주 보게 됐죠. 그때 느낀 소박함과 단순함이 마음에 들었어요. 무언가를 강제하거나 강요하지 않는 그저 마음의 방향 같은 자세가 좋았습니다. 저절로 일어나는 신의 바람 같은 것이죠.

김재혁 저절로 일어나는 신의 바람에 자신을 자연스럽게 맡긴다는 말씀이시군요.

릴케 열린 상태로요. 그것은 바로 기도의 자세입니다. 사실 나는 어떤 종교를 두둔하는 것이 아닙니다. 이슬람 문화를 그저 편견 없는 눈길로 보고 싶은 거지요. 코란을 읽다보면 문화적으로 풍요로워지는 것을 느낍니다.

김재혁 타자를 통해 자아를 비추어 보는 것이군요.

릴케 자신을 다시 잘 돌아보게 만들어주는 이런 문화와 종교야말로 소중한 것이 아닌가요? 그래서 나는 아랍적인 것에 대해 흥미를 갖게 되었습니다.

김재혁 선생님은 혹시 내면적으로 이슬람적인 것에 끌림을 느낀 것은 아닐까요?

릴케 물론 그런 것도 있는 것 같습니다. 1911년에 북아프리카 여행을 하면서 접했는데, 아랍인들이 사용하는 언어가 이상하게도 내 마음에 와 닿습니다. 아랍어를 하는 것이 나로서는 이상하게도 쉽고 편했어요. 아랍어에 매력을 느꼈죠.

김재혁 괴테도 젊었을 때 이슬람 세계에 대해 많은 관심을 갖고 아랍어를 공부했다고 하더군요. 물론 만년에도 괴테의 작품에서 이슬람에 대한 언급을 발견하기는 어렵지 않아요.

릴케 《서동시집》이 대표적이죠. 그중의 〈천국 시편〉이 그렇습니다. 동양의 행복을 노래한 걸작입니다. 〈무함마드의 노래〉도 빼놓을 수 없죠.

김재혁 저도 아랍어를 공부해봤지만, 코란에서 사용되는 그 언어의 풍부한 이미지와 울림은 정말 거부할 수 없는 힘을 지녔더군요.

릴케 흠, 이건 정말 우연의 일치군요. 김 선생님은 러시아어에도 관심이 많으시던 것 같던데요.

김재혁 저야 선생님이 하신 부분을 뒤따라 해보는 것에 불과하죠. 좀 웃기는 말씀을 드려도 될까요?

릴케 네, 그게 뭔데요?

김재혁 아랍어를 공부하다 보니 그 발성법이 혹시 사막을 오가는 낙타에게서 온 것이 아닌지, 그런 생각이 들었습니다. 주변의 동물들과 소통하다 보면 인간도 그 동물의 발성을 닮는 것 같거든요.

릴케 그거 흥미로운 관찰입니다. 사람은 늘 주변 환경의 영향을 받으니까요.

김재혁 그냥 여담으로 말씀드려보았습니다. 그런데 선생님이 이슬람에 끌린 것은 내적 유사성에서 기인하는 것 같습니다. 사실은 선생님 어디엔가는 아랍인의 모습이 스며 있는 듯하기도 합니다.

릴케 그런가요? 아무튼 나는 이슬람의 그 뒤틀리지 않은 세계상이 좋았습니다. 지상에 태어나 피조물로서 느끼는 순수한 마음상태 같은 것 말입니다.

김재혁 세상에 많은 종교가 있지만 그것들을 기독교든, 이슬람이든, 유대교든, 아니면 이교이든 다 인정하려 했던 괴테의 자세하고도 선생님은 많은 점에서 닮은 것 같습니다.

릴케 그렇습니다. 나 스스로 괴테와의 친근함을 아주 많이 느낍니다. 보편적 인류애를 지향한 괴테의 관점이 옳다고 보입니다.

김재혁 선생님이 괴테를 거쳐 이슬람 세계에 관심을 갖게 되는 데에 큰 역할을 한 사람이 있다면 누가 있을까요?

릴케 그건 루 살로메의 남편인 프리드리히 카를 안드레아스 박사입니다. 그 사람은 페르시아학을 전공해서 내게 이슬람 문학과 철학에 대해 많은 것을 알려주었지요. 아랍어도 그를 통해 더 심화시킬 수 있었습니다. 괴테의《서동시집》을 권한 것도 그였죠.

김재혁 루 살로메와의 만남은 이래저래 선생님의 세계에 큰 축복이었군요.《신시집》중에 〈무함마드의 부름 받음〉이라는 시가 있습니다. 이 시는 선생님이 북아프리카를 여행하기 전인 1907년에 쓴 걸로 알고 있습니다.

릴케 1899년과 1900년에 러시아 여행을 하면서 이슬람 사람들을 접한 적도 있고, 코란을 부분적으로나마 읽은 적도 있습니다. 이슬람 세계가 나의 마음에서는 그리 멀게만 느껴지지는 않았습니다.

김재혁 다른 종교에 대해서도 늘 마음을 열고 있으셨다는 말씀이군요.《두이노의 비가》중 제8비가에서 보이는 "열린 세계"도 이와 관련이 있지 않나 싶습니다. 〈무함마드의 부름 받음〉 시를 한국어로 읽어보겠습니다.

무함마드의 부름 받음

그런데 산꼭대기의 그의 은신처로
금방 알아볼 수 있는 자, 그 천사가, 꼿꼿이,

맑고 활활 타오르는 모습으로 찾아왔을 때
그는 모든 요구를 거절하고, 그저

원래의 자기 모습대로, 수많은 여행으로
마음이 어지러운 상인으로 남게 해달라고 하였다.
그는 전혀 글을 읽을 줄 몰랐다. 그리고
그러한 말은 현자라도 알 수가 없는 것이었다.

그러나 천사는 위엄 있는 태도로 그에게
종이에 적혀 있는 것을 가리키고 또 가리켰다.
조금도 굴하지 않고 끊임없이 읽으라고 하였다.

그러자 그는 읽었고, 천사는 허리를 굽혔다.
그리하여 그는 이미 그 계시를 읽은, 또 읽을 줄 아는
그리고 순종하며 수행하는 자가 되어 있었다.

릴케 610년 어느 날 메카 교외의 히라 동굴에서 원래 상인이었던 무함마드(570-632)가 알라 신에 의한 부름 받음을 체험하는 장면을 형상화해본 시입니다.

김재혁 무함마드가 글을 모르는 사람으로 그려진 것이 좀 특이합니다. 무함마드가 일자무식이라는 것은 어떤 의미일까요? 천사는 그에게 읽으라고 명하고, 그는 무슨 말인지 알지도 못하면서 읽습니다.

릴케 신의 말을 받아들이려면 어떤 읽기나 쓰기의 경험으로 미리 그릇이 더럽혀져 있으면 안 되기 때문이 아닐까요?

김재혁 기독교에서 동정녀 마리아를 통해 고지가 이루어졌던 것과 같은 관점

이기도 하네요.

릴케 네, 그렇게 봐도 좋겠습니다.

김재혁 시에서 천사 가브리엘이 와서 무함마드에게 신의 뜻을 전하는 과정이 아주 자연스러우면서도 극적으로 그려져 있습니다. 인물의 급변이 뚜렷하고요.

릴케 신의 말을 읽었을 때 그는 이슬람을 완벽하게 받아들인 사람이 되었죠. 그는 읽어냈습니다. 다시 말해 복음이 신과 인간 사이의 근원적인 계약에 대한 기억으로 자리 잡았습니다.

김재혁 계시를 읽은 무함마드는 오히려 천사보다 더 우월한 존재가 된 것이군요. 신과 인간 사이의 근원적인 계약을 기억하는 존재이니까요. 그런데 선생님은 무함마드를 노래할 만한 어떤 내적 필요가 있었나요?

릴케 예술가도 무함마드 같은 존재가 되고 싶은 열망이 있습니다. 시인에게도 그 같은 신의 소명이 찾아온다면 좋지 않을까요? 나는 시인으로서 언제나 그와 같은 심도 있는 과제를 마주하고 싶었습니다. 《두이노의 비가》의 첫 대목을 얻기 전에 오히려 그런 생각은 더욱 절실했습니다.

횔덜린도 비가 〈빵과 포도주〉에서 시인의 사명을 노래했지만, 릴케에겐 시인의 사명을 위해 지상의 모든 것이 시적 계기로 작동했다. 그것이 그를 유럽을 넘어 북아프리카로까지 발길을 이끌었다. 그때 만났던 별들이 총총한 하늘이 많은 이야기를 해준 것 같다. 그에게는 별들 뒤의 우주가 더 궁금했을 수도 있다. 릴케는 뮌헨 출신의 천문학자 에르바인 폰 아레틴과 긴밀한 우정을 나누며 별들의 세계에 대해 수많은 대화를 하였다. 릴케는 우주와

위키피디아 독일

론다의 레이나 빅토리아 호텔 입구에 있는
릴케 조각상

교통하면서 또 다른 천사를 생각하고 있는지도 모를 일이었다. 릴케와 나는 론다의 푸엔테 누에보 다리 위에 서서 남부스페인의 하늘 위로 은은하게 떠오른 달을 바라보다 그가 묵고 있는 레이나 빅토리아 호텔로 돌아갔다. 호텔 정원 입구 쪽에 있는 책을 손에 든 릴케의 조각상이 지나가는 우리를 바라보며 미소를 지었다. 인공지능과 제4차 산업혁명의 시대로 접어들고 있는 지금 또 하나의 예언자 같은 시인이 필요하지 않을까?

피렌체, 나그네에게 마음을 열지 않는 도시

'꽃의 도시'라는 뜻의 피렌체로 왔다. 로마에서의 고대유적들과의 떠들썩한 만남을 뒤로 하고 온 피렌체는 처음부터 예술의 향기를 풍긴다. 릴케는 소시 적에 왔던 이곳을 다시 보자 감개가 무량한 모양이다. 푸석푸석한 해면 같은 고대 유적들로 가득했던 로마와 달리 이곳은 르네상스를 이끌었던 거장들이 아직도 곳곳에 살아남아 자신들의 싱싱한 솜씨를 뽐내고 있다. 릴케는 로마는 마음에 들지 않는다고 했다. 그것은 나도 동감이다. 피렌체 두오모 성당을 예약해서 좀 힘들지만 조토의 종탑에 올라갔다가 릴케와 나는 작은 미술관 옆의 한적한 카페에 들어와 있다. 릴케는 재스민 차 한 잔을, 나는 아이스 아메리카노를 마시는 중이다. 젊은 시절의 릴케는 피렌체의 르네상스에서 무엇을 발견했을까?

사진_김재혁

피렌체 '조토의 종탑'에서 본 피렌체 전경.
왼쪽에 산타 마리아 델 피오레 성당의
반구천정이 보인다

김재혁 토스카나 지방의 피렌체에 오시니 감흥이 어떠신가요?

릴케 지금 저편 하늘에 드리운 노을은 내가 처음 왔던 그때나 다름없군요. 피렌체에서 가장 아름다운 것이 저 붉은 노을이 아닌가 싶습니다.

김재혁 베키오 다리 위에 걸쳐 있던 노을이 가장 아름다웠던 것 같습니다.

릴케 그렇죠. 노을빛 속 아르노 강 위에 놓인 베키오 다리는 양쪽의 오래된 집들을 싸고 있는 노란 보자기를 묶어주는 검은 리본 같지요. 저절로 미소가 번지는 풍경입니다.

김재혁 저는 트리에스테에서 봤던 어둠 속에서 살짝 빛을 밝히던 노을이 더 진지했습니다.

릴케 트리에스테 두이노 성을 들르셨다는 말씀인가요?

김재혁 네, 그렇습니다.

릴케 정말, 김 선생님은 내 뒤를 철저히 캐고 있군요.

김재혁 그게 제 직업이고, 또 평생 그렇게 해왔으니까요.

릴케 김 선생님도 나만큼이나 집착이 크시군요.

위키피디아

베키오 다리

김재혁 그런지도 모릅니다. 트리에스테에 대해서는 다른 곳에서 이야기를 나눌까 합니다.

릴케 무슨 이야기가 기다릴지 궁금하군요.

김재혁 《피렌체 일기》는 어떻게 쓰시게 됐나요?

릴케 피렌체는 르네상스의 발상지죠. 그곳은 젊은 시절의 내게 무언가를 말해줄 것이라고 생각했습니다. 한창 시인의 길을 가려하던 시기이니까요.

김재혁 선생님이 쓴 가장 초기 일기에 속하죠?

릴케 그렇습니다. 피렌체에서 만난 예술품들에 대한 나의 생각을 적었고 또 그로부터 받은 영향을 쓴 것입니다.

김재혁 루 살로메의 권유가 있었다고 들었습니다.

릴케 한편으로는 루 살로메를 위해 작성한 여행 보고서 같은 것이죠.

김재혁 그렇다면 좀 공적인 특징이 있겠네요.

릴케 예, 나만의 개인적 체험을 쓴 것은 아니라고 봐야겠죠. 외부세계, 특히 예술품의 세계를 잠언 형태로 기술했으니까요.

김재혁 선생님이 첫마디로 쓴 말이 아주 인상적입니다. "겨울을 사랑하는 우리의 고장으로부터 나는 멀리 봄으로 추방되었습니다."라고 1898년 4월 15일 피렌체에서 적고 있어요. 왜 이런 표현을 쓰셨나요?

릴케 나는 사실 진정한 예술품들의 가치를 느끼기 위해 고독을 필요로 했어요. 고독의 길을 위해 피렌체로 간 거죠. 그래서 추방이라는 말을 쓴 겁니다.

김재혁 그러면 피렌체에 도착해서 어떻게 하셨나요?

릴케 여행가방을 들고 힘겹게 그곳에 왔으니 답답했어요. 그날 저녁 호텔에서 우연히 산책을 나왔다가 시뇨리아 광장에 이르렀어요. 먼저 베키오 궁전의 무게에 위압당했지요. 잿빛 궁전의 그림자의 무게가 머리 위에 얹히는 것 같았죠. 그리고 이어서 로지아 데이 란치를 발견했습니다.

사진_김재혁

피렌체 베키오 궁전과

란치의 회랑(아래 오른쪽)

두 마리의 사자를 지나서 로지아의 어스름 안으로 걸어들어 갔죠. 사자는 피렌체의 상징입니다.

김재혁 저도 시뇨리아 광장을 처음 보고 그곳의 궁전과 조각상들 앞에서 한 없이 작아졌던 기억이 있어요.

릴케 눈에 가장 먼저 띈 것은 〈사비니 여인들의 납치〉였어요. 그리고 그 뒤편에서 벤베누토 첼리니(1500-1571)의 〈메두사의 목을 든 페르세우스〉를 봤습니다. 특히 이 조각상의 아름다움과 역동성에 매료되었습니다. 신들로부터 많은 무기와 지혜를 얻은 그는 메두사의 머리를 베어 높이 쳐들고 있었어요.

김재혁 아주 유명한 조각인 것은 아는데요. 저의 부족한 식견을 좀 더 채워주시겠습니까?

릴케　문학에서도 메두사의 목을 자른 페르세우스는 많이 다루어졌습니다. 같은 소재를 다룬 청동 조각품이 피렌체에 있는 거죠. 16세기 중반에 벤베누토 첼리니가 만들었고 그의 대표작이라고 할 수 있습니다. 이탈리아 르네상스의 대표적 조각이기도 하지요. 전체를 하나의 주형으로 만들었다니 대단하죠.

김재혁　그런 객관적 지식 말고 작품의 미묘한 면을 알려주시면 좋겠는데요.

릴케　그건 불가능해요. 김 선생님과 나는 같은 사람이 아니니까요.

김재혁　선생님도 참 냉정하시네요.

릴케　나는 높은 곳에 위치한 그 조각품들을 매 순간 더욱 새롭게, 더욱 차분하게 감상했습니다. 그러자 조각품들의 몸짓과 생각이 점점 더 내 마음에 다가왔어요.

김재혁　결국 그 말씀이시군요. 자신의 마음의 눈으로 봐야 한다는 것 말입니다.

릴케　이 예술가들의 숭고한 고독을 느껴봐야 해요. 그들이 가슴속에 품었던 진지함까지.

김재혁　선생님은 삶 위에 이런 건축물을 세우고 싶어 했지요? 제 느낌입니다만.

릴케　바로 그렇게 물으시면 어떻게 대답을 합니까?

김재혁　당시엔 뭔가를 성취하고자 하는 의지가 대

위키피디아

메두사의 목을 든 페르세우스

위키피디아

우피치 미술관 외부 회랑의
안드레아 오르카냐의 입상
(니콜로 바잔티, 1308-1368경)

단히 강했던 것 같습니다.

릴케 그렇습니다. 예술을 통해 자기실현을 하고자 했던 거죠. 르네상스 시절의 그런 인간이 되고 싶었습니다.

김재혁 최초의 르네상스 인간은 피렌체에서 태어났죠?

릴케 바로 안드레아 오르카냐입니다. 화가이자 조각가이고 건축가이죠. 1350년대에 피렌체 조형예술을 부흥시킨 사람이죠. 그분의 혜안에 감탄할 뿐입니다. 르네상스 예술의 선구이죠.

김재혁 그 예술가에게서 뭔가 각별한 것을 느끼시나 봅니다.

릴케 그가 나를 그 시대의 비밀 속으로 인도하는 것 같거든요.

김재혁 아주 비밀스런 이야기가 나올 것 같군요.

릴케 그렇게 비밀스러울 것까지는 없어요. 우리가 르네상스의 본 고장인 피렌체로 왔으니 당연한 것 아니겠어요? 나는 당시 그가 들이마시고 내쉬던 호흡을 느껴요. 그의 호흡에 비하면 당시 나의 호흡은 아이의 헐떡거림에 지나지 않았죠. 그의 건축을 보면 나는 이상하게 자유로워지면서도 또 두려워지기도 합니다.

김재혁 그건 왜 그렇죠?

릴케 그건 예술가 대선배에게서 느끼는 경외감이겠죠. 비유를 들자면, 아이가 조상의 갑옷을 어깨에 걸치면 일단은 그 번쩍임에 자랑스러워지겠죠. 그런 한 편 바로 갑옷의 무게에 기쁨보다는 고통스러움을 느끼게 되죠.

김재혁 아주 자랑스러워하다가 이내 무릎을 꿇어버리는 격이네요.

릴케 그렇습니다. 르네상스 예술의 대선배를 보는 순간 반갑고 고맙고 나도 그렇게 할 수 있겠다고 생각하다가 다음 순간 좌절하는 거지요.

김재혁 피렌체에는 광장도 참 많습니다. 뒷마당 같은 광장도 수 없이 많으니까요. 이런 광장에는 돔의 밝고 숭고함 같은 것은 찾아볼 수 없지요.

릴케 그런 광장의 아치 위에는 알 수 없는 하얀 조각상들이 있어요. 눈을 어디로 돌려도 어둠 속에서 하얀 형상들이 툭툭 튀어나오죠. 마치 누군가를 환영하러 나오듯이. 뒤를 돌아봐도 아무도 없으니 분명 나를 반기러 뛰어온 거죠.

김재혁 정말 그런 느낌이 든다면 좋겠어요.

릴케 이름도 없고 보잘 것 없는 나를 누군가가 그렇게 반겨주면 고마운 일이죠. 조각상 하나하나로부터 경건하게 축복을 받고 그때 서로를 알아본다면 말이죠.

김재혁 그런데 그때 알아본 인물들은 누구이던가요?

릴케 놀랍게도 안드레아 오르카냐가 첫 번째이고요. 그는 생각했던 대로 깊은 사념에 잠긴 눈길로 있었죠. 이마에 빛을 받으면서. 조토 역시 생각에 잠겨 있었고, 이어 미켈란젤로와 레오나르도가 있었습니다. 보카치오, 페트라르카도 있었고, 단테도 있었어요.

김재혁 결국 피렌체 르네상스의 인물들을 다 만나셨군요.

릴케 조용하고 평온한 얼굴표정을 보자 나는 마음이 편안해졌습니다. 이어 나는 너무 큰 감동으로 뜨거워진 얼굴을 광장 밖으로 나와 아르노 강 위로 펼쳐진 밤하늘에 식혔습니다.

김재혁 그 건물들과 조각들을 보기 전과 보고 난 뒤에 변화라고 하면 무엇일까요?

릴케 얼굴이 빛나지 않을까요? 아까 보니 작은 집들에서 나와 웅장한 궁전으로 들어갔던 사람들이 나중에는 궁전보다 더 큰 모습으로 찬란함과 영원함의 고향으로 들어갈 만큼 크게 자라난 것을 보았거든요.

김재혁 엄청난 비유이십니다.

릴케 피렌체는 사실 지나가는 나그네에게 쉽게 자신을 열지 않아요. 몇 주씩 머물러야 조금 이해하게 되지요. 베네치아하고는 느낌이 완전히 달라

사진_김재혁

피렌체 최초의 르네상스 양식으로 메디치 가의 교회와 장례지로 사용된 로렌초 성당 내부 천정화. 기독교 세계의 위계를 잘 보여준다

사진_김재혁

산 로렌초 성당.
내부에 메디치 가문의 무덤과 전시관 그리고
도서관이 있다

요. 베네치아는 궁전들이 밝고 명랑하고 말수도 많지요. 아름다운 여인들처럼 운하의 수면에 자신들의 모습을 비추어 보면서 혹시 사람들이 자신들이 늙어가는 것을 알아차릴까 조바심을 내요. 아름다움만이 유일한 낙이고 소원이지요.

김재혁 두 도시를 그렇게 비교하시는군요. 흥미롭습니다. 저도 베네치아의 카날 그란데 운하를 따라 쭉 늘어서 있는 건물들의 모습에서 나르시스를 연상해보기는 했습니다.

릴케 그러니까 베네치아에서는 아주 잠깐 머물다 가는 사람도 이 화사한 건물들의 황금빛 웃음을 선사받죠.

김재혁 그래서 여행을 하고 났을 때 피렌체보다 베네치아에서 쉽게 추억이 만들어지는 것 같습니다. 이제 보니 그런 이유가 있었군요.

릴케 좀 더 이야기하자면, 베네치아의 건물들은 하루의 매 시간을 깨어 있고 밤이 되면 달콤한 멜랑콜리에 빠지곤 합니다. 그러니 슬쩍 스쳐지나가는 방문객에게도 추억을 남겨주는 거죠.

김재혁 피렌체는 그것과는 다른 양상을 띠고 있다는 거군요.

릴케 피렌체의 궁전들은 왠지 이방인에게 그들의 말없는 이마를 적대적으로 들어 보이고 있어요. 친근함이 없다는 거죠. 얼른 마음을 안 열고 지나가는 사람들의 발걸음을 거부하는 듯한 태도로 엿듣고 있어요. 어두운 벽감이나 성문에서.

김재혁 그건 어떤 이유일까요? 저로서는 이해가 좀 안 되는데요.

릴케 그건 내게도 미스터리입니다. 정말 어울리지 않죠. 현대화된 거리에서 사람들은 축제를 하고 즐기는데 이렇게 못마땅한 듯한 표정으로 서 있는 옛 성들의 모습이 말이죠.

김재혁 오랜 세월에 석화되어서 그런 것은 아닐까요?

릴케 물론 정방형의 벽돌들의 밭고랑 사이에 진지함이 너무 배어버린 건지도 모르죠.

김재혁 아, 그러고 보니 피렌체에는 건물에 밝은 표정을 만들어줄 창문들이 별로 없어요. 게다가 창문이라는 것도 어린 아이의 수줍은 미소 정도도 안 될 만큼 빛을 발하지 못해요.

릴케 그건 내가 쓰는 표현 같은데요.

김재혁 선생님의 표현을 흉내 내봤습니다.

릴케 결국 분명해졌네요. 왜 피렌체 건물들이 잔뜩 찌푸린 듯하게 보였는지요. 그것은 바로 창문이 적기 때문입니다. 창문이야말로 외부의 빛을 받아들이고 외부와 교통하는 통로인데 그것이 거의 없이 안으로 문을 닫아버린 거죠.

김재혁 그러면 진지하다는 표현보다는 수줍어한다는 표현이 더 맞을 것 같기도 합니다. 어린애처럼 수줍어하는 거죠. 피렌체의 꽃은 수줍게 피어났나 봅니다.

릴케 그러나 이것이 더 멋진 것을 위한 씨앗이었던 거죠. 그 무뚝뚝함에서 더 밝은 날을 위한 예술이 피어났으니까요. 오히려 그 건물들은 그런 노력의 증거물로 봐야 합니다.

김재혁 그 구체적인 증거는 어디서 찾을까요?

릴케 바로 기둥들이죠. 기둥돌림띠는 대개 이빨 모양을 하고 있어서 마치 잠복하는 화살촉처럼 위에서 내려다보며 입구를 방어하고 있어요. 하지만 묵직한 돌기둥마다 장식돌림띠로 정교한 식물들의 줄기가 뻗어나고 그 끝에 꽃이 피어나죠. 꽃 가운데 사람들의 얼굴이 있어 르네상스가 인간의 재탄생임을 보여줍니다.

김재혁 물론 피렌체가 꽃의 도시라는 것쯤은 저도 알고 있습니다. 그러나 선생님의 그 견해는 아주 독특해 보입니다.

릴케 사실 산타마리아 델 피오레 성당이 피렌체의 꽃으로 일 년 내내 붉게 피어 있지만 피렌체 전체가 꽃이라고 할 수 있어요.

김재혁 자신의 것을 지켜내면서 정신을 꽃 피워낸 피렌체 르네상스 시대에 대한 적절한 설명이 될 것 같습니다.

릴케 피렌체는 인간들의 새로운 정신이 피어난 도시, 자유의 도시지요. 그래서 유럽의 많은 예술가들이 찾았고요.

이 유서 깊은 도시에 릴케와 마주앉아 있으니 퀄퀄 쏟아지는 생각들을 정리하여 내놓을 만큼 내 마음의 환기통이 제대로 작동을 하지 않았다. 나는 그곳에서 멀지 않은 레프불리카 광장으로 조금 걸어보자고 릴케에게 제안했다. 걸어가는 내내 릴케는 아무 말도 하지 않고 골목과 골목 그리고 바닥을 마치 수험생처럼 암기하려는 것 같았다. 광장에는 조각상들이 많았다. 하지만 그보다 관광객들이 넘쳐났다. 릴케는 정신이 산만해진 모양이다. 우리는 조금 한적한 노천카페에 가서 자리를 잡았다. 릴케의 얼굴을 보며 뭔가 하려 했던 한 마디가 마침내 떠올랐다.

김재혁 선생님은《피렌체 일기》를 쓰시면서 루 살로메에게 뭔가를 보여주고자 한 면도 있었던 거죠?

릴케 물론 그건 사실입니다. 그러다 보니 너무 한쪽으로 쏠린 듯한 느낌이 들었습니다. 그래서 그 생각을 바꾸기로 했죠.

김재혁 어떻게 하셨나요?

릴케 휴가차 가족과 온 러시아 출신의 한 여인과 달빛 아래 비아레조 해변을 걸으며 그런 자폐증의 예술에서 벗어나야겠다고 고백했어요. 프라하에서 뮌헨으로 도망쳐 나왔을 때처럼 말이지요.

사진_김재혁

산 지오반니 세례당과
조토 종탑

김재혁 그러니 고독만 중시하신 것은 아니었군요.

릴케 예술은 인간들에게 울며 다가가가야 하니까요. 혼자만의 울음이어서는 안 된다고 봐요. 주변을 보고 주변과의 교류 속에 성장해가야 하는 거죠.

김재혁 젊을 적의 유아독존의 예술관이 오래 간 것은 아니네요.

릴케 빨리 생각을 고친 겁니다. 그때부터 여행이 제대로 시작된 거죠. 눈으로 본 것을 눈에 보이게 표현해보고자 노력하게 된 겁니다. 평원에서 사는 법도 배우고 하늘을 위대하게 바라보는 법도 배우고 강물이 수백

만의 사람들을 향해 흘러가는 것도 알아야 하는 것이죠. 그냥 본 것이 아니라 자기 것으로 만든 것을 내놓는 겁니다.

김재혁 선생님의 경험시론이 다시 나오는군요.

릴케 예술에 대한 믿음이 아주 컸어요. 어릴 때 말입니다. 거의 신앙처럼 믿었지요.

김재혁 그래서《피렌체 일기》에는 종교와 예술이 섞여 있는 경우가 많군요.

릴케 피렌체의 르네상스 예술이 인간적 아름다움을 종교적으로 표현하고 있으니까요. 종교에서 인간으로 넘어가는 과정 속에서 예술이 이제는 과거의 종교의 자리를 대신하는 거죠.

김재혁 그런데《피렌체 일기》에서 "신은 가장 오래된 예술품"이라고 하셨는데 그 의미가 궁금합니다. 물론 서양에서 성당이 갖는 예술적 가치는 알고 있습니다. 혹시 신이 곧 성당인가요?

릴케 꼭 성당이라고는 할 수 없습니다. 당시에는 사랑이 예술가에게 그림을 그리고 기도를 지으라고 했으니까요. 신은 사랑의 다른 말일 수 있습니다.

김재혁 실제 선생님의 성당 짓기는 사랑을 지어 올리는 일과 같은 맥락처럼 보입니다.

릴케 성당을 짓는 일이야말로 서양에서 유구한 역사를 통해 가장 중요하게 여겨졌던 일이지요.

김재혁 그래서《기도시집》에서 성당 짓는 일에 대한 묘사가 많이 등장하는군요.

릴케 성당은 서양의 모든 예술과 정신의 집합체이죠. 그림도 있고 건축도 있고 음악도 있으니까요.

김재혁 《기도시집》중의 시 한 편을 읽어드리겠습니다.

일꾼들입니다, 우리는, 곁수, 거장工匠, 장색匠色이죠.
우리는 짓습니다, 그대 높은 중당中堂을.
그러면 때때로 진지한 방랑객이 찾아와서는
한 줄기 빛처럼 우리의 수백의 혼魂 사이로 지나며
떨리는 손으로 우리에게 새로운 솜씨를 보여줍니다.

바다에서 불어오는 바람처럼 모든 것을 아는 듯한
시간이 당신에게서 빛을 뿌리며 다가와
우리의 이마에 입 맞출 때까지,
우리는 흔들리는 비계 위로 올라갑니다.
손에 손에는 묵직하게 망치가 들려 있습니다,

그러면 망치질 소리가 끝없이 울려 퍼집니다.
산과 산을 넘어 뚝딱 뚝딱 메아리칩니다.
어둑해질 무렵에야 우리는 당신을 놓아 줍니다.
그러면 당신의 떠오르는 윤곽이 어슴프레 보입니다.

신이여, 당신은 위대합니다.

릴케 참으로 오래전에 쓴 시라 지금 들으니 내가 쓴 것 같지가 않고 좀 낯설게 느껴집니다.

김재혁 완벽을 추구하는 선생님의 성품으로 미루어 그런 느낌이 든 것으로 생각합니다. 오히려 저는 순수하고 소박한 표현이 좋습니다. 성당을 짓는 과정이 아주 잘 드러나 있군요.

릴케 그렇죠. 성당은 1, 2년 사이에 짓는 것이 아니고 몇 백 년에 걸쳐 짓기 때문에 우리 인간 정신의 결집체라고 할 수 있어요. 성당은 외부뿐만 아니라 내부도 예술의 향연입니다.

김재혁 피렌체의 산타마리아 델 피오레 성당의 반구천정 같은 경우가 그렇죠. 1296년에 짓기 시작하여 다 지어놓고 반구천정을 못 올리고 있다가 현상공모를 통해 1434년에 브루넬레스키가 드디어 반구천정을 올리는데 성공한 것이죠.

릴케 나는 예술에도 이 같은 신앙심이 필요하다고 생각해요. 예술작품 하나로 끝낼 것이 아니라 세대를 두고 훌륭한 예술가들이 나와 인류의 정신을 고양하고 더 나은 인류로 발전해 나가도록 이끌어가는 것 말입니다.

김재혁 선생님에게 예술이 얼마나 중요한지 알겠습니다.

릴케 나의 삶의 버팀목이죠. 성당 내부의 구조물들이 자신들의 리듬을 지키듯이 나도 나의 예술로 삶의 리듬을 지키고 싶은 거죠. 그렇게 해서 안정감 있게 삶을 버티는 겁니다.

김재혁 피렌체 시내를 걷다 보면 정말 그런 리듬감이 느껴집니다. 공간과 공간, 골목과 골목, 건물과 건물이 자신의 위치를 잘 지켜내고 있어요. 그래서 피렌체 전체가 하나의 아름다운 추억으로 남는 것 같습니다. 선생님이 그 시절에 쓴 인상적인 시가 한 편 있어서 그것을 한 번 읽어드리겠습니다.

> 목초지 속 갈수록 검은 빛깔을 띠어가는
> 사이프러스를 보라. 발을 들여놓을 수
> 없는 가로수길마다 돌 같은 몸짓의
> 형상들이 우리 따위는 안중에도 없이
> 누군가를 기다리고 있는 모습을 보라.

나도 그러한 조용한 그림이 되고 싶다.
다시 찾아 왔다가는 덧없이 사라지는
장미들의 나라에서 의연히 벗어나련다.
연못들 중의 한 연못처럼 끊임없이
언제나 푸르른 참나무의 검은 영상을
가슴에 품고, 무수한 밤의 위대한
징조를 보다 가까운 곳에서 보련다.

두이노 성 입구의 사이프러스 나무들

사진_김재혁

릴케 1898년 봄에 피렌체 리플리에서 쓴 거로군요. 사이프러스는 내가 좋아하는 나무입니다. 이탈리아 곳곳에서 만날 수 있어요. 고딕 건물처럼 하늘로 쭉 올라가는 형태가 마음에 들어요. 멀리서 다가올 누군가를 기다리는 여인 같기도 하고요.

김재혁 저는 문학청년 릴케가 《두이노의 비가》의 대시인 릴케를 기다리고 있는 것처럼 느껴집니다.

릴케 결국 내가 나를 기다렸다는 말씀이시군요. 허허.

릴케는 젊은 시절에 들른 피렌체에 보름간 머물렀다고 했다. 피렌체는 지나가는 나그네에게는 마음을 열지 않는다고 그는 말했다. 나는 이 도시의 신뢰를 얻었는가? 모르겠다. 전혀 얻지 못한 것 같다. 나는 피렌체가 품고 있는 진정한 생각만큼 피렌체를 읽어내지도 써내지도 못했다. 상대와 진심이 통했다면 상대의 아픔을 향해 울음을 울 수 있어야 한다. 깊은 역사성을 간직한 도시는 쉬운 접근을 허용하지 않는다. 경건하게 더 깊이 바라보아야 할 것이다. 그래야 묵은 돌들, 구운 벽돌들 틈의 이끼, 기둥에 새겨진 다양한 모티프의 문양들이 그들의 입구와 계단을 몇 번씩 드나들어 친숙해진 발에게 언젠가 마음을 열리라. 그리고 들어오는 이에게 시원한 그늘을 베풀리라. 릴케의 시가 그러하듯이.

프라하 산책

체코 프라하, 주황빛 진흙 기와가 세월을 머금어 겨울 햇빛 속에 아름답게 빛난다. 두 번의 세계대전에도 거의 흠집이 나지 않은 온전한 모습이다. 우리는 그 도시의 구시가에 있는 프란츠 카프카가 평소 자주 들렀던 한 카페에 앉아 있다. 여기 사람들은 아침 이른 시간인데도 맥주를 즐기고 있다. 내 앞에 앉아 있는 시인 릴케는 맥주가 아닌 홍차를 주문했다. 그는 술을 거의 마시지 않는다. 나는 체코의 유서 깊은 전통을 떠올리며 필스너 맥주를 한 잔 주문했다. 릴케는 원래 이곳 사람이다. 그런데도 그는 왠지 이곳을 낯설어한다. 한 곳에 뿌리를 내리지 못하는 태생적인 방랑자 기질 때문인가? 그는 이곳에서 어린 시절을 보낸 후 마치 화재를 피해 집에서 뛰쳐나오듯 이곳을 버리고 뮌헨으로 달아났다. 왜 그렇게 떠돌이 생활을 했는지, 그것이 궁금했다. 나는 찻잔을 입에 가져가는 릴케에게 물었다.

왼쪽에서 두 번째 건물이
하인리히가세 17번지 릴케가 태어난 곳이다.
1924년에 헐리고 오늘날에는 새 건물로 바뀌었다.
1899년 프라하에서 발행된 우편엽서에 있는 사진이다

김재혁 저는 프라하에는 처음입니다. 어제 한 번 둘러봤습니다만 정말 고풍스러운 중세의 느낌이 묻어납니다. 선생님은 이곳 프라하에서 출생하셨는데 왠지 이곳이 고향이 아닌 것 같아 보입니다.

릴케 물론 이곳이 나의 출생지이고 청소년 시절을 보낸 곳이기도 하니 물리적으로는 고향이 맞지요.

김재혁 대개 나이가 들면 고향에 대한 그리움을 시에서 노래하기도 하는데 선생님 시에서는 이곳에 살던 시절에는 오히려 향토의 노래가 나오다가 나중에 가서는 그런 부분은 찾아볼 수가 없어요. 특별한 이유라도 있는 건가요? 고향에 대한 선생님의 생각은 어떤가요?

릴케 이상하게도 이곳이 내게는 고향으로 느껴지지 않았습니다. 아마도 우리 조상이 프라하에 오랜 뿌리를 갖고 있지 않아서 그런지도 모르죠. 어쩌면 고향의 개념은 보통 어머니와 연관되는데 내게 그런 것이 없기 때문인 것 같기도 하고요. 게다가 이곳의 공기가 나의 호흡과 맞는 것 같지가 않았고, 내가 비상할 수 있는 공기로 여겨지지도 않았어요. 황금빛 도시는 더더욱 아니었지요.

김재혁 선생님이 태어난 이곳에 선생님의 박물관이나 기념관, 생가 터 같은 것이 남아 있지 않은 것도 그런 이유군요. 저는 카프카 생가나 박물관은 있는데 선생님의 것은 없는 것을 이상하게 생각했거든요.

릴케 카프카 그 친구야 이곳이 터전이니까 그럴 수 있지요. 나는 그래서 차라리 한 곳에 고정되지 않은 이곳저곳으로 떠도는 그런 고향을 원했어요. 이곳저곳에, 여러 나라에 나뉘어 있는 고향을 말입니다.

김재혁 선생님은 체코어를 전혀 쓰지 않았나요? 할 줄도 모르고?

릴케 그렇지 않습니다. 체코어야 이곳에서 태어나서 생활했으니 큰 불편 없이 할 줄 알았습니다.

김재혁 선생님께서는 물리적, 지리적 고향이 아닌 정신적, 원형적 고향을 원하신 것 같습니다. 그것은 혹시 체코 프라하가 오스트리아 합스부르크 왕국(1867-1918)의 속국으로 있어서 다양한 민족에 의해 다양한 언어가 쓰이고 수많은 곳에 왕국의 땅이 퍼져 있어서가 아니었던가요?

릴케 당시에 프라하 인구가 35만 정도였는데, 독일어를 쓰는 주민 수가 3만이었어요. 우리 집은 잘 살지는 못했지만 독일어를 쓰는 엘리트 계층에 속했어요. 물론 그런 것도 한 이유가 될 수는 있지만 나는 진정한 고향을 찾아 나선 거지요. 내 기질에 맞는 곳을 찾아 나섰지만 그것이 딱 한 곳에 있지 않았어요. 그래서 다시 불안스런 마음을 가지고 다른 곳으로 발걸음을 옮기곤 했습니다. 어쩌면 사람의 마음을 찾아 나선 건지도 모릅니다.

김재혁 프라하에서 찾지 못한 고향에 대한 그리움이 선생님의 발길을 여러 나라, 여러 도시로 향하게 했군요. 그런데 선생님의 여행과 방랑은 단순히 고향 찾기만으로 보이지는 않습니다. 어떤 한 줄의 시를 찾아가는 낭만적 감정 같은 일면이 보이거든요.

릴케 그래요, 시인으로서 방랑했다고 보면 될 겁니다. 한 곳에 줄곧 머물지 않고 외국어 말소리가 들리는 미지의 장소로 떠다니는 여행은 새로운 인상을 줍니다. 나는 여행을 할 때도 사물을 깊이 오래 보고 그것을 내 자신의 내면의 풍경과 견주어 보는 것을 좋아합니다.

김재혁 태생적인 보헤미안 기질이 있어서 그랬던 것은 아닌가요?

릴케 사실 나는 어릴 적부터 여행에 대한 그림과 기사를 좋아했어요. 그런 기사들을 오려서 스크랩을 해놓았으니까요. 어린 시절의 긴 일요일 오후나 겨울 저녁에 그것들을 훑어보는 게 재미였어요.

김재혁 어릴 적부터 뭔가를 찾으려는 열망이 많으셨던 것 같습니다. 정해진 한 곳에서 볼 수 없는 그 무언가를 향해.

릴케 고향이란 물리적으로 태어난 곳이 아니라고 봐요. 내 생각에는 자신의

프라하의 구시가와 신시가를 나누는 그라벤 거리.
릴케가 이곳을 거닐던 19세기 말에 제작된 사진이다.
그라벤 거리는 프라하의 독일인들이
일요일이면 주로 이용했던 상업거리이다

진정한 고향을 어딘가에서 찾으려는 그런 열망에서 모든 위대한 것이 생겨난다고 봅니다. 그러기 위해서 일단 마음을 열어야지요.

김재혁 선생님은 방랑자의 운명을 타고 나셨군요. 선생님은 방랑을 통해 내면의 생각을 외적으로 표현할 계기를 얻으셨던 것 같습니다. 안에 감추어 둔 고백을 외적인 뭔가를 앞세워 표현한다는 것, 그것이 시의 본질이 아닐까요? 그런 계기를 마련해준 도시나 장소들 중에서도 특히 뚜렷하게 마음에 새겨진 곳이 있을 텐데요.

릴케 나에겐 러시아와 파리가 가장 기억에 남아요. 러시아는 어떤 의미에서 나의 체험과 느낌의 토대가 되어주었고, 파리는 나의 형상화의 의지를 위한 주춧돌이 되어주었지요. 러시아가 지금의 나를 만들어주었다고 생각합니다. 그곳은 내 본능의 고향이자 모든 내 내면의 원천이라 할 수 있어요.

김재혁 그러니까 여행을 통해 보고 받아들인 것을 가지고 시적 창조를 하신 거로군요. 선생님은 아주 부드러워 보이시지만 아주 주도면밀하신 데가 있어요. 시적 태도 면에서도 동일한 형식이나 내용을 반복하지 않으려 하시잖아요.

릴케 여행에서 보통 중요시하는 것은 유명 관광지이지요. 그런 곳은 누구나 똑같은 느낌으로 끌려가게 되어 있습니다. 동일한 굴레를 빙빙 도는 것, 거기에서는 새로운 것이 생길 수 없어요. 나는 그런 것을 싫어합니다. 내가 22살 때 쓴 《피렌체 일기》에서 말했듯이 가장 중요한 것은 "보라!"는 것입니다. 그냥 보는 것이 아니라 '자신만의 눈으로' 보는 것입니다.

김재혁 독일 낭만주의 화가 카스파어 다비트 프리드리히의 금언도 "너만의 눈으로" '보라!'는 것이었는데, 대가들의 생각은 어느 부분에서 일치하는 것 같습니다. '그만의 눈으로 본' 북해의 뤼겐 섬 풍경과 그림에 등장하는 사람들의 모습이 인상적입니다.

릴케 프리드리히의 그림을 저도 좋아합니다. 어떤 다른 사람이 지나간 길이나 습관의 저울이 아닌 그만의 눈으로 사물과 관계를 맺는 그 장면이 너무 보기 좋아요.

〈뤼겐 섬의 석회암 절벽〉
(카스파어 프리드리히, 1818)

김재혁 그의 풍경화는 전래의 풍경화에서 벗어나 그만의 독특한 신앙심이 자리 잡고 있죠. 시를 읽는 독자의 입장에서도 마찬가지인 것 같습니다. 어떤 평론가가 좋다고 해서 무턱대고 그것을 추수하다 보면 아무런 감동도 받을 수 없거든요. 여기서 레바논의 시인 칼릴 지브란의 시 구절이 또 떠오릅니다.

릴케 어떤 구절이죠?

김재혁 "언제나 더 고독한 길을 찾는 우리 방랑자들은 하루를 끝낸 그 장소에서 새날을 시작하지 않는다."

릴케 대지가 잠들어 있어도 여행하는 시인의 모습이 떠오릅니다. 정말 멋진 말이군요.

김재혁 관습의 노예가 되지 않고 끝없는 자기 변모의 길을 찾아 가는 진정한 구도자, 그 모습이 정말 마음에 들어요.

릴케 참, 좋군요. 대단히 섬세한 영혼의 소리이군요.

김재혁 지중해 연안 레바논 산맥의 청아한 만년설이 만들어낸 영혼의 소리라고 생각합니다.

릴케 자연 속에서 맞이하는 계절은 편안하죠. 인간은 자연이 부르는 노래를 듣고 거기에 존재를 맡기면 되니까요.

김재혁 그런데 선생님께서는 여러 고장을 여행하시고 그곳의 풍경과 빛을 온몸으로 받아들이시는데, 그것이 늘 쉽게 이루어지는가요?

릴케 그게 말처럼 쉽지는 않아요. 한 도시가 마음을 열 때까지 끈기를 가지고 기다려야 하니까요.

김재혁 그렇게 많은 곳을 여행하시다 보면 어느 한 곳에 정착하고 싶다는 생각이 들을 때도 있을 텐데요.

릴케 그래요. 오래토록 보호받는 고독 속에서 하늘과 땅을 노래하고 칭송하고 싶을 때가 있지요.

김재혁 그래서 선생님이 찾은 곳이 만년의 스위스 뮈조 성관이었나 봅니다. 방랑과 귀환, 타지로 나가고 싶은 마음과 집에서 일상을 누리고 싶은 마음은 늘 번갈아가며 시인의 마음속을 드나드는 것 같습니다.

릴케 정말 김 선생님은 시인의 기질에 대해서 잘 아는 것 같아요. 이렇게 우리가 이야기를 나누다 보니 프라하에서 출발해서 뮈조 성에까지 이르렀군요. 나는 방랑과 여행에서 외적으로나 내적으로 많은 영향을 받았지요.

김재혁 네, 그러면 선생님, 프라하 시내를 걸으면서 말씀을 나눴으면 해요. 선생님의 어린 시절 발길이 닿았던 곳들이 궁금하기도 하고요.

릴케 그렇게 합시다. 카를 교를 건너서 흐라드신 성 쪽으로 가봅시다. 옛날에 이 골목들로 돌아다니며 뛰어놀던 기억이 소록소록 떠오릅니다. 이 작은 골목들을 사랑했죠.

김재혁 네, 무조건 이곳을 싫어하신 것은 아니군요. 이곳에 오니 선생님의 젊은 시절 시가 한 편 생각납니다. 〈옛 집에서〉를 암송해보겠습니다.

옛 집에서, 내 앞에 훤히 트인
프라하를 한눈에 휘둘러본다.
저 아래쪽에는 황혼의 시간이
발소리 죽여 소리 없이 지나간다.

간유리로 보듯 도시는 흐릿하다.
아주 높이, 투구를 쓴 거인처럼
내 눈앞에는 뚜렷이 니콜라우스 교회의
푸른 녹청의 반구천정이 솟아 있다.

멀리 붐비는 도시의 소음 속에
벌써 여기 저기 불빛이 깜박인다. —
지금 옛집에 있자니 목소리 하나가
'아멘'이라고 말하는 것 같다.

릴케　아, 그건 내가 젊은 시절에 낸 시집《가신을 위한 제물》(1895)의 첫 번째 시군요. 지금 들어보니 정말 쑥스럽습니다.

김재혁　저는 이 시를 대학교 때 읽으면서 인상적이라고 생각했어요.

릴케　인상적이라고요? 어느 부분이 그렇던가요?

김재혁　시 자체가 인상적이니까요. 인상주의 그림처럼 말이죠.

릴케　참, 그렇군요. 이곳에 와서 내가 쓴 젊은 시절의 시를 들으니 옛 생각이 나는군요.

김재혁　어떤 생각이 제일 많이 나시죠?

릴케　아버지는 내가 제대로 된 직업을 갖기를 바라셨죠. 그래서 주위에서 친지들이 당신 아들은 뭐하냐고 물으면, 그때마다 시인이라고 대답하는

사진_김재혁

프라하 흐라드신 광장 전망대에서 본 프라하 시내.
가운데 보이는 것이 성 니콜라우스 교회이다.
프라하의 가장 유명한 바로크 식 건물중 하나이다.
100탑의 도시답게 곳곳에 탑들이 보인다

것이 고역이었지요.

김재혁 이렇게 훌륭한 시인이 되었는데도 그런가요?

릴케 그건 우리 생각이죠. 시인은 어떤 지위도 아니고 어떤 계급도 없고 게다가 연금도 못 받으니까요. 한마디로 실생활과는 아무런 관련이 없으니까요.

김재혁 인생의 회한은 어디에나 있는 것 같습니다.

릴케는 생각에 잠겨 걸음을 옮겼다. 프라하는 전체로 보아도 그렇게 큰 도시가 아니다. 걸어서 시내 곳곳을 둘러보아도 될 정도이다. 2월 초라 조금 공기가 차갑다. 카프카의 생가는 남아 있지만, 좁은 셋집에서 넉넉지 못한 삶을 살았던 릴케의 집은 그의 생가로서 보존될 수가 없었다. 릴케의 기억에 그 시절은 슬프게 남아 있다. 그가 태어날 당시 부모님 사이의 사랑은 이미 많이 식은 상태였다. 그가 아홉 살 되던 해에 그의 어머니는 남편을 떠났다. 릴케가 숙였던 고개를 들었다.

릴케 이 골목이군요. 초등학교 때 어머니는 이쪽으로는 못 다니게 했어요. 이쪽은 좀 못사는 체코인과 유대인들이 살던 곳이었지요. 이곳에 유대인 교회당이 아직도 그대로 있군요. 어머니는 내게 프랑스어를 배우라 하고, 체코 아이들과는 못 사귀게 했습니다. 늘 집에서 학교 교문 앞까지 손을 잡고 데려다 주었으니까 딴생각을 할 겨를도 없었어요.

김재혁 조심스런 말씀이지만, 선생님이 고향에 대한 애정을 느끼지 못하는 것도 혹시 가정의 분위기하고 연관이 있지 않을까요?

릴케 그런 것들이 기억 속에 잠재되어 있는지도 모르죠. 하지만 그런 이야기는 정말 하고 싶지 않군요. 그래도 그것이 사실인 것은 어쩔 수 없는 일입니다. 아무리 지우려 해도 지워지지 않는 얼룩과 같은 것이죠.

김재혁 그래서인지 선생님의 문학에서는 그런 부정적인 감정을 털어내서 정화하려는 경향이 한 축을 차지하고 있는 것 같은데요.

릴케 물론 그런 것들을 기회가 있을 때마다 이야기로 꺼내서 마음속에서 덜어내려고 많이 노력했습니다. 어머니의 성격이 좀 남다른 데가 있었지요. 좋게 말하면 자유를 추구한 거고, 부정적으로 말한다면 허영심이 과다했던 거죠.

김재혁 어떤 면에서였나요?

릴케 1899년엔가, 어머니는 얇은 《잠언집》을 써서 프라하에서 출간한 적이 있죠. 그런데 표지에는 1900년으로 적었어요. 열망과 야망이 많았던 여인이었죠. 귀족 같은 고상한 삶을 원했으니까요. 군대의 규율에 충실했던 아버지와 성격이 맞을 리가 없었습니다. 내 나이 아홉 살 되던 해에 결국 두 분은 갈라섰습니다.

김재혁 어린 시절이 별로 행복하지는 않았군요.

릴케 서로 잘못된 선택이었죠. 아버지는 젊은 시절 군인으로만 살다 포병 사격장 업무에서 온 청력 문제로 제대하고 내 막내삼촌이 마련해준 철도회사 직원으로 일했는데 민간인으로서 사회생활에 어설펐어요. 동료들은 상관에게 보고할 문서에 외국어를 집어넣어 아버지를 당혹케 만들기도 했지요. 군대의 복무규정 같은 것에만 익숙하고 고지식했으니까요.

PHIA RILKE.

EPHEMERIDEN.

PRAG 1900.

릴케의 어머니 조피가 낸 잠언집. 총 53쪽의 얇은 책으로 자신의 불행한 결혼에 대한 고백이 주를 이루고 있다

김재혁 죄송한 말씀이지만, 그 부분은 선생님하고도 좀 비슷해 보입니다.

릴케 그런가요?

김재혁 제가 보기엔 어머니와 아버지의 충돌하는 성격이 선생님 내부에 그대로 들어 있는 것 같습니다.

릴케 그럴지도 모르죠. 어머니는 나를 당신의 살이요 피라고 했으니까요. 어머니는 나를 자기 의지가 없는 존재로 만들어 그냥 소유하려고 했어요. 소유욕이 강한 분이었지요. 아버지는 반면 그런 면은 없고 내가 반듯한 시민적인 삶을 살기를 원하셨어요.

김재혁 어머니가 아들에게 자신의 못 다한 꿈을 투사하신 거군요.

릴케 학교가 끝나고 저녁에 집에 들어가면 어머니는 마치 승리한 여신 같은 표정으로 나를 쳐다봤어요. 나는 어머니의 과도한 사랑과 소유욕으로부터 도망치고 싶었지요.

김재혁 그래서인지 어린 시절을 노래한 선생님의 시에서는 주로 혼자서 보내는 모습이 많이 드러납니다.

릴케 혼자서 무작정 많이 걸었죠. 그라벤, 옵스트가세, 페르디난트 슈트라세, 몰다우 강의 부두 할 것 없이. 어른들 틈 사이로 무턱대고 걸었던 것입니다. 나중에 친구들이 나보고 부탁하더군요. 프라하 시내 안내를 좀 해달라고요.

김재혁 아, 그런 일도 있었군요. 이 길도 당시에 많이 걸었던 곳인가요?

릴케 물론입니다. 당시엔 도로, 광장, 길모퉁이, 궁전, 교회 등등 모르는 곳이 없을 정도로 돌아다녔죠. 보헤미아 지방 남부까지도 여행한 적이 있어요.

김재혁 그렇게 많이 보고 다니다 보면 이 고장에 대한 애정도 생기지 않았을까요?

릴케 가정적으로는 불행했지만, 이곳의 풍경 자체는 정말 아름다웠죠. 그래서 일면 이것들을 시에다 담고 싶었죠. 아름다운 풍경을 보면 카메라에 담듯이요. 그 결과물이 시집 《가신에게 바치는 제물》입니다.

김재혁 이렇게 선생님과 걷다 보니 도로명이나 골목 이름들이 모두 익숙합니다.

릴케 그건 왜죠?

김재혁 선생님이 젊었을 때 쓰신 시와 소설에 모두 나오는 이름들이네요. 《보후쉬 왕》이라는 소설에서는 우리는 고향의 보물들을 잘 알아야 한다고까지 쓰셨죠.

릴케 우리는 알지 못하는 사이에 고향의 산과 들, 교회, 궁전들이 들려주는 이야기를 들으면서 성장하니까요. 예술을 지망하는 사람에게 중요한 것은 그러므로 박물관 순례인지도 모릅니다.

김재혁 네, 그 말씀에 전적으로 공감합니다. 흐라드신 성과 그 광장의 전망대에서 내려다본 프라하의 모습을 그린 시가 있습니다. 그 시를 한 번 선생님이 직접 읽어주실래요?

우리는 흐라드신 성 광장에서 잠깐 발을 멈추고 난간이 있는 곳으로 가서 그곳에 기대어 섰다. 우리는 아래쪽 프라하 시내를 내려다보았다. 그리고 릴케는 안주머니에서 돋보기안경을 꺼냈다. 그 안경을 쓰니 모습이 많이 달라 보였다. 돋보기 때문에 눈이 더 커지면서 젊은 시절의 휑한 눈이 보이는 것 같았다. 젊은 시절로 돌아간 듯 릴케는 내가 건네준《릴케전집》중 앞쪽을 뒤져 시를 읽기 시작했다. 나직한 릴케의 목소리.

Vom Lugaus

Dort seh ich Türme, kuppig bald wie Eicheln
und jene wieder spitz wie schlanke Birnen;
dort liegt die Stadt; an ihre tausend Stirnen
schmiegt sich der Abend schon mit leisem Schmeicheln.

Weit streckt sie ihren schwarzen Leib. Ganz hinten
sieh St. Mariens Doppeltürme blitzen.
Ists nicht: Sie saugte durch zwei Fühlerspitzen
in sich des Himmels violette Tinten?

릴케는 읽기를 끝내더니 나를 힐끔 쳐다보았다. 이번에는 나보고 한국어로 읽어보라는 표시다. 나는 가방에서 내가 번역한 《릴케전집》 제1권의 해당 페이지를 찾아 읽기 시작했다. 운과 리듬이 조화롭게 들리는 원시를 읽은 릴케의 목소리에 주눅이 들리지 않게 나름 목소리를 가다듬어 이제는 새로운 리듬을 타게 된 시를 한국어로 읽어본다.

망루에서

저기 탑들이 보인다, 어떤 것은 도토리처럼 둥글고
또 어떤 것들은 날씬한 배[梨] 모양으로 뾰족하다;
저기 도시가 있다. 도시의 수천의 이마를 저녁이
벌써 부드럽게 쓰다듬으면서 애무하고 있다.

도시는 검은 몸뚱이를 마음껏 뻗고 있다. 맨 뒤쪽에
성 마리아의 탑들이 반짝이는 모습을 보라.
마치 도시가 두 개의 더듬이 끝으로 하늘의
보랏빛 잉크를 빨아 마시는 것 같지 않은가?

김재혁 저, 아래로 내려다보이는 성 마리아 교회의 두 뾰족탑이 특히 두드러지게 묘사되어 인상적입니다. 뾰족탑 두 개가 곤충의 더듬이처럼 보랏빛 하늘을 마시는군요. 사진으로 찍었다기보다는 동영상 같다고 할까요.

릴케 아직은 시적으로 성숙하지 못해서 그저 외부의 사물을 보고 그것을 묘사한 것에 불과하죠. 이곳에 오니 나의 모습이 모두 드러나는 것 같아서 좀 쑥스럽습니다.

김재혁 화가가 대가가 되기 위해서 수십만 점의 스케치를 하는 것과 같다고 생각합니다. 지금의 선생님이 있기 위해서 이 작품 역시 하나의 작은 벽돌이 된 것이 아닐까요?

릴케 좋게 생각해주시니 고맙습니다.

김재혁 오히려 그렇게 큰 변형 없이 묘사해놓은 것이 이 도시를 알려주는 좋은 안내서같이 느껴집니다. 꼭 사진첩 같기도 하고요. 이 도시가 100탑의 도시라는 괴테의 말이 기억납니다. 선생님 시에서 조형성이 크게 작동하는 것도 그와 관련이 있다고 생각해요.

릴케 이곳에서 어린 시절부터 받은 무형유형의 영향이 있었는지도 모르겠습니다. 그럼 자, 이제 클라인자이테 쪽으로 내려갈까요? 사실 프라하를 여행하려면 마차를 타고 클라인자이테에서 흐라드신 성을 거쳐 다시 돌로 된 유서 깊은 카를 교를 건너는 게 최고죠.

김재혁 선생님이 특히 좋아하셨던 곳이 바로 여기 클라인자이테 거리였죠? 아주 오래된 건물들이 눈에 띄네요. 《가신에게 바치는 제물》 중에 〈클라인자이테〉라는 시가 있죠. 그것을 제가 한 번 읽어보겠습니다.

가파른 합각머리 지붕의 옛집들,
종소리 가득한 높은 탑들,
좁은 마당들을 향해 아주 작은
조각의 하늘이 애무의 손길을 뻗는다.

모든 계단의 말뚝 위에는 사랑의
동신童神이 피곤스레 미소 짓고 있다;
저 지붕 높이 바로크식 꽃병들 주위로는
장미의 넝쿨이 물처럼 졸졸 흐른다.

사진_김재혁

흐라드신 광장에서 본 프라하 시내 풍경.
아래 가까운 곳이 클라인자이테의 모습이다

저기 작은 문에는 거미가 줄을
치고, 태양은 남모르게
마리아 석상 밑에 적힌
은밀한 말을 읽는다.

릴케 김 선생님이 읽은 세 편의 시를 보니 당시에 내가 어떤 생각을 가지고 시를 썼는지 알겠습니다.

김재혁 그게 뭔가요?

릴케 아까 김 선생님이 좋다고 하신 말이 전부 괜한 말임을 금방 알아챘어요. 그게 칭찬이 아니라 사실은 좀 부족하다는 말이었죠.

김재혁 아니, 꼭 그런 것은 아닙니다!

릴케 이 시들은 모두가 똑같아 보입니다. 지붕이 나오고 탑이 나오고 탑은 위를 향해 솟아 있고, 뭔가가 뭔가를 애무하거나 슬쩍 건드리는 거죠.

김재혁 저는 꼭 그렇게 생각하지는 않습니다. 대상은 다르지만, 같은 붓으로 같은 화풍으로 그렸을 뿐이죠. 같은 시기에 썼으니까 유사할 수밖에 없고요. 지금의 선생님은 이런 시를 쓰지 않죠. 그래도 저는 한 가지 풍경이 하나의 앵글에 잡히는 게 마음에 듭니다.

릴케 아무튼 고맙습니다. 다시 카를 교 건너편에 있는 카페에 들어가서 좀 쉽시다. 나이가 드니 다리가 아프군요.

우리는 카를 교로 들어섰다. 600년이나 되었다는 다리다. 멀리로 프라하 성이 보였다. 몰다우 강풍경과 어울려 모든 것이 한 화가가 그려놓은 그림 같이 보였다. 겨울의 스산한 공기 속에 붉은 지붕의 집들은 몸을 움츠렸고, 다리 양쪽의 성인상들은 더욱 생각에 잠긴 것 같았다. 다리는 폭이 넓어서 걷는데 시원한 느낌이 들었다. 우리는 건너편의 한 카페로 들어가 창가 쪽에 자리를 잡고 앉았다. 다리를 건너면서 마음속에 생기고 있던 질문을 차를 한 잔 시킨 뒤 물어보았다. 나는 갖고 있던 릴케 시집 중 흐라드신 성을 노래한 시 〈흐라드신〉을 슬쩍 펼쳐 보았다. 아무래도 릴케의 이 젊은 시절 시들은 지금 내 앞에 있는 노시인의 벌거벗은 백일사진 같아서 더욱 마음에 들었다.

비바람에 낡은 옛 궁전의 이마가
자꾸만 눈길을 끈다.
벌써 아이의 눈길은
그리로 기어오르고 있다.

사진_김재혁

프라하 카를 교의 저녁

서둘러 가는 몰다우 강의 물결도
흐라드신 궁전에게 인사를 보내고,
다리 위의 성상들은 그 궁전을
진지한 눈길로 바라본다.

새로 지은 탑들은 모두
파이트 성당 탑의 손잡이를,
아이들이 사랑하는 아버지를
올려다보듯 바라본다.

사진_김재혁

카를 교에서 바라본
불 켜진 프라하 성

김재혁 평생을 방랑하면서 가장 인상에 남았던 장면을 몇 가지만 말씀해주시겠어요?

릴케 꽤 많지만 몇 가지만 말씀드리죠. 하나는 나일 강의 도공의 모습이고 또 하나는 로마의 밧줄 만드는 사람이었어요. 세상에서 가장 오래된 몸짓을 반복하고 있었던 거죠. 나일 강의 아주 작은 마을에서 물레를 돌리고 있는 도공의 모습은 내게 수많은 생각을 심어주었어요.

김재혁 아주 시원적인 인간의 모습을 보셨군요. 그래서 더욱 인상적이었고요.

릴케 남프랑스의 레보라는 고장의 풍경 속을 한 목동과 함께 걸었던 일도 잊히지 않아요.

김재혁 그 전원적인 풍경 말씀을 들으니 《말테의 수기》의 〈탕아의 전설〉이 생각납니다. "뭐라고 책잡을 것 없는, 양들의 배고픔의 자취를 따라 가며 그는 말없이 세계의 초원을 누볐다. 이방인들은 아크로폴리스에서 그를 보았다. 그리고 어쩌면 오래도록 프랑스의 보에서 목동이 되어"라

사진_김재혁

블타바 강(독일어 명: 몰다우 강)
저녁 풍경

고 부모 곁을 떠나 광활한 들판을 걷는 탕아의 모습을 그리고 있죠. 선생님의 체험이 작품 속으로 변용되어 들어가 지금까지 살아남아 있습니다.

릴케는 손에 들었던 찻잔을 내려놓고 카를 교 밑으로 흐르는 강물을 바라보며 생각에 잠겼다. 그의 머릿속으로 강물이 흐르는 소리가 들렸다. 조용히 흐르는 강물 소리가 아니었다. 서로 뒤엉켜 쿵쾅 소리를 내기도 했고, 서로 싸우는 듯 된소리와 쉿소리를 내기도 했다. 프라하에 대한 그의 생각은 모순과 갈등 속에 있었다. 프라하라는 고도古都를 생각하면 아름다우나, 불행했던 어린 시절을 생각하면 다시 찾고 싶지 않은 곳이었다. 릴케의 프라하 하늘에는 무지개와 먹구름이 함께 떠 있었다. 이 모순된 감정의 도시에서 벗어나는 것만으로도 젊은 릴케에게는 기쁨이었다. 그렇지만 그의 문학의 맹아는 부정적이든 긍정적이든 이 도시 프라하에서 싹텄다.

프라하에서 뮌헨으로,
킴제 호수로

시를 찾아서

약간의 겨울 진눈깨비가 흩날리는 중세 도시 프라하. 지나가는 머리 위를 어물전 생선들처럼 얽어매는 전깃줄 하나 보이지 않게 도시는 깔끔하다. 발걸음을 뗄 때마다 오래된 볼록볼록한 포석들이 외지에서 온 내 발바닥을 제 등으로 슬쩍슬쩍 밀어낸다. 옛날 기사단이 묵었던 붉은 문장의 건물 아래를 지나 릴케와 나는 카를 교로 들어섰다. 프라하에서 보낸 릴케의 청춘 시절은 늘 궁금하다. 특히 그가 대학에 다니면서 무엇을 했는지 그것이 알고 싶었다. 누구나 대학시절이 인생에서 중요한 역할을 하므로 릴케를 향한 이 질문은 내가 프라하를 떠나기 전에 꼭 던지고 싶었던 것이다. 나는 카를 다리를 건너면서 그곳에 서 있던 얀 네포무츠키 성상을 가리키며 릴케에게 물었다.

사진_김재혁

클라인자이테 쪽에서
카를 교로 들어서는 입구

김재혁 얀 네포무츠키 성상을 쳐다보면서 성상의 청동 받침대의 하단부에 있는 부조 여인상을 만지면 소원이 이루어진다고 하던데요. 사람들의 손을 타서 황금처럼 반짝이는 저 여인의 등을 선생님도 젊었을 때 만지셨나요?

릴케 물론이죠. 젊었을 적엔 특히 바라는 것이 많으니까요.

김재혁 선생님은 많은 소원 중에서 특히 무슨 소원을 비셨죠? 저는 충분히 추측할 수 있습니다.

릴케 김 선생님은 평생을 내 뒤를 캐셨으니 당연히 아실 겁니다. 그래요. 시인으로 성공하게 해달라는 것이었습니다.

김재혁 선생님의 시에서는 같은 사랑 시라도 하인리히 하이네와 달리 아주 달착지근한 맛이 느껴집니다. 저는 그 비결이 시인이 되고자 한 선생님의 젊은 시절부터의 열정에 있다고 생각했어요. 같은 사랑을 노래해도 거기에 사탕가루와 계피가루를 함께 살짝 뿌려놓은 듯 맛이 독특하거든요.

릴케 아, 그런가요? 저도 몰랐던 사실입니다.

김재혁 감정의 미묘한 움직임을 마치 바람에 흔들리는 갈대 끝에 앉은 나비처럼 섬세하게 묘사하는 것이 선생님의 시적 표현의 특징인 듯합니다. 감정의 골짜기를 온통 섭렵하여 거기에 낱말을 씌워 표현하는 거죠.

릴케 김 선생님의 설명이 더 멋집니다. 아무튼 프라하의 카를 페르디난트 대학에 다니면서 문학에 몰두했던 것은 사실입니다.

김재혁 원래 어떤 분야를 공부하셨나요?

릴케 예술사, 문학사 그리고 철학이었지요. 하지만 시 쓰고 소설 쓰는 일을 더 좋아했습니다. 드라마도 쓰고 평론도 썼습니다.

김재혁 《치커리》라는 문학잡지도 만드셨는데요?

릴케 네, 300부 정도를 자비로 찍어서 구 시가지 광장에서 지나가는 사람들

사진_김재혁

밤의 불빛에 빛나는 틴 성당과
어둠에 묻힌 종교개혁자 얀 후스의 동상이 있는 이곳 프라하 구 시가지 광장에서
스무 살의 릴케는 수사 같은 검은 옷을 입고서 길 가는 사람들에게
자신이 만든 얇은 문학팸플릿《치커리》를 돌렸다.
이곳 광장 모퉁이에 카프카의 생가가 있고, 릴케 가족이 세를 들어 살던 집터도 있다에게 무료로 나누어주었지요. 사람들은 좀 의아해했어요. 파는 거냐고 묻는 사람도 있었고요.

김재혁 그런 자세에서 문학을 향한 열정이 느껴집니다. 왜 '치커리'라는 이름을 붙였나요?

릴케 파라셀수스에 따르면 치커리는 100년마다 되살아난다고 합니다. 내 시도 그만큼 죽지 않고 영원한 생명력을 지니기를 당시에 치기어린 마음으로 생각했던 것 같습니다.

김재혁 어디에서나 뜨거운 열정이 숨 쉬는군요. 프라하에서 대학을 다니시면서 외지로 여행은 하지 않으셨나요?

릴케 제 인생에서 여행은 빠질 수 없는 부분입니다. 당시에도 빈과 부다페스트, 드레스덴, 잘츠카머구트 등지로 여행을 하면서 내 나름의 견문을 넓히려고 노력했습니다.

김재혁 오스트리아와 헝가리, 독일 등지로 다니셨군요. 그렇게 다니시다 보면 어떤 느낌이 들 것 같습니다. 자신이 사는 곳에 대해서요.

릴케 바로 그겁니다. 그렇게 다녀 보니 결국 프라하라는 협소한 촌구석을 떠나야겠다는 생각이 걷잡을 수 없이 들었어요. 그래서 뮌헨으로 가서 학업을 계속하기로 마음먹었습니다.

김재혁 열망이 또 다른 방랑길로 이끌었군요. 자신을 계발하려는 끝없는 호기심이 작동했던 것 같습니다.

릴케가 1896년 9월 마침내 프라하를 떠나 뮌헨으로 가서 쓴 단편소설 〈에발트 트라기〉(1898)의 내용들이 생각났다. 유머와 반어가 섞여 있는 이 글은 우리에게 많은 것을 암시해준다. 나는 생각나는 대로 릴케에게 뮌헨에서의 초창기 생활에 대해 물어보았다.

김재혁 〈에발트 트라기〉는 자전소설로 봐도 될까요? 선생님의 전기적 사실들과 견주어 보면 유사한 사항들이 많이 보이던데요.

릴케 뭐 그렇게 봐도 크게 틀린 것은 아닐 것 같습니다. 내가 프라하에서 겪었던 작은 갈등들과 새 도시 뮌헨에 와서 경험한 일들이 소소하게 적혀 있으니까요.

김재혁 뮌헨으로 처음 나오셨을 때 느낌은 어떠셨나요?

릴케 막상 뮌헨에 와서는 집에 있지 않고 첫 몇 주 동안은 줄곧 밖으로만 다녔어요. 구체적으로 뭘 하겠다는 계획도 없이요.

김재혁 아마도 해방감 때문이었을 것 같습니다. 모든 구속으로부터 해방을 맛보셨을 테니까요.

릴케 자유란 역시 스스로 선택해야 하는 고통을 줍니다. 그러다 보니 이제 무엇을 해야 하나, 이런 느낌이 들었어요. 당장 화랑에도 가보고 그림들도 구경해봤지만 썩 마음에 들지는 않았어요. 실망만 컸습니다. 《뮌헨 안내서》를 하나 사서 탐구를 해보았지만, 그 일도 곧 싫증이 났어요.

김재혁 뮌헨에 엄청난 보물이 있을 걸로 생각하셨나 봅니다. 선생님의 인생에 커다란 계기를 만들어줄 그 무언가가.

릴케 그건 사실입니다. 그래서 그런 것이 눈에 띄지 않자, 좀 여유를 갖자고 스스로에게 다짐했죠. 그래서 뮌헨에 몇 년이고 살 사람처럼 행동하기 시작했죠. 일요일에는 맥주 가든을 찾아가 사람들 틈에 끼기도 하고 옥토버페스트가 열리는 들판을 찾기도 했죠.

김재혁 그곳 생활에 익숙해지기 위한 노력이었군요?

릴케 그렇습니다. 뮌헨에서 유명한 '영국식 정원'도 찾아갔습니다. 오후 5시와 6시 사이에 그곳 벤치에 앉아 넓게 자리 잡은 들판 위로 떠가는 구름들을 바라보았습니다. 구름들이 하늘에서 높은 산 모양을 만들면 내일은 저 산꼭대기에 올라가야지 하며 환상에 사로잡히기도 했지요.

사진_김재혁

뮌헨의 영국식 정원

김재혁 정말 그 다음 날 그 산꼭대기에 올라가셨나요?

릴케 그랬으면 좋았겠죠. 하지만 이튿날엔 비가 내렸고 한없이 뻗어 있는 골목마다 안개가 꼈죠. 다시 새 아침이 오기를 기다릴 수밖에 없었지요. 젊은 나는 모든 게 달라지기를 기다렸어요.

김재혁 그때 어떤 해결책을 찾으셨나요?

릴케 하지만 물어볼 사람도 없었습니다. 그저 혼자 살아가면서 모든 일을 일어나는 대로 둘 수밖에요.

김재혁 저는 뮌헨에서 보낸 선생님의 첫 시절을 생각하면 당연히 떠오르는 만남과 사람이 있습니다. 너무나도 유명하니 빼놓기도 힘듭니다.

릴케 무슨 말씀을 하시려는 건지 압니다. 젊은 시인들이었던 빌헬름 폰 숄츠와 야콥 바서만을 생각하셨겠죠.

김재혁 그뿐만이 아니죠. 꼭 빼놓을 수 없는 한 사람이 있을 텐데요.

릴케 아, 루 살로메 말씀이시군요. 야콥 바서만의 집에서 그녀를 실제로 처음으로 만났죠. 나보다 14살 위였고 결혼도 한 상태였지만, 그녀의 성숙한 아름다움과 지력 앞에 나는 정신을 잃고 말았어요.

김재혁 당시 선생님은 어린 대학생이었고, 그녀는 니체와 그의 친구인 레와 셋만의 동거를 하는 등 많은 풍문을 몰고 다녔고 많은 저술로 이름을 낸 작가였으니 당연했을 것 같습니다. 루 살로메의 마음을 얻기 위해서 많은 노력을 하신 걸로 알고 있는데요.

릴케 네, 시도 써서 보여주고 영국식 정원 앞에서 남몰래 장미를 들고 기다리기도 했지요.

김재혁 《젊은 시인에게 보내는 편지》를 보면 시인 지망생에게 너무 젊은 나이에는 사랑시를 쓰지 말라고 충고하고 계신데요. 선생님은 젊은 나이에 그런 사랑시를 쓰셨어요.

릴케 사랑시를 쓰기가 그만큼 힘들다는 거죠. 오래전부터 대가들이 사랑시를 많이 써서 거기서 개성을 찾기가 힘들다는 뜻으로 한 말입니다.

김재혁 선생님은 루 살로메에게서 사랑만을 보신 것 같지는 않은데요.

릴케 그렇습니다. 무엇보다 내 관심을 끌었던 것은 그녀가 쓴 에세이 〈유대인 예수〉였어요. 그것에 자극을 받아 나도 곧 〈그리스도 환시〉라는 연작시를 썼어요. 나는 종교에 대한 사고에 있어 그녀와 내가 유사하다는 것을 느꼈습니다. 종교를 바라보는 열린 마음이 그랬지요.

김재혁 선생님의 시 중에 뮌헨에서의 일상을 기록한 그 당시의 풋풋한 대학생의 모습을 잘 보여주는 시가 있어서 제가 첫머리를 한번 읽어보겠습니다. 〈대목장〉이라는 시입니다.

> 뮌헨의 10월 축제날이었다,
> 테레지아 들판엔 외침소리와 전율의
> 물결이 가득하다. 예술의 변방에서 온

형형색색의 손님들은 살찐 소들을 보고
한입 가득 아는 말들을 쏟아낸다.
둥지를 박차고 나온 어린 소녀들은 짝을 지어
소란한 하루 속을 대차게 떠돌고,
형형색색의 조끼를 입은 청년들과
멋쟁이 신사들이 그들의 꽁무니를 쫓는다.

릴케 지금 들어보니 정말 쑥스럽기 그지없군요. 이런 시는 김 선생님이 자꾸 찾아서 공개하지 않는 게 좋겠어요.

김재혁 아닙니다. 저는 젊은 시절의 스스럼없는 일상이 시로 변하는 것을 보는 것이 재미있습니다. 이 시에서는 뮌헨의 10월 축제를 다루고 있어요. 선생님도 10월 축제가 열리면 그곳을 젊은이답게 많이 기웃거렸다는 얘기네요.

릴케 젊은 시절엔 다 그런 것 아닌가요? 그게 젊다는 표시이기도 하고요. 그런 젊음이 나는 여전히 부럽습니다.

김재혁 네, 맞습니다. 이 세상에 유일한 존재가 단 한 번 겪는 유일한 시간이니까요.

릴케 뮌헨에는 미술관이나 아틀리에도 많으니까 대목장 말고 그런 곳도 자주 찾았습니다. 조형예술에 원래 관심이 많아서요. 예술서한을 써서 보헤미아에서 발간하는 잡지《보헤미아》에 싣기도 했습니다.

김재혁 그러셨군요. 당시 뮌헨에서 잘 나가던 화가들 중엔 누가 있나요?

릴케 프리츠 폰 우데(1848-1911)가 대표적이죠. 젊은 건축가 아우구스트 엔델(1871-1925)과도 교류를 했지요.

김재혁 그러다가 결국 대도시 뮌헨을 떠나셨죠.

릴케 루 살로메와 함께 뮌헨 근교의 시골에 거처를 구했어요. 당시엔 뮌헨이

〈아내와 아틀리에에서〉
(프리츠 폰 우데, 1881)

싫지 않았지요. 다른 어떤 대도시보다 애정과 호감이 가는 도시였어요. 그래도 교외의 자연 속에 머물고 싶었습니다.

김재혁 루 살로메의 존재가 늘 선생님의 마음을 행복하게도 하고 불행하게도 한 것 같은데요. 그녀가 옆에 있을 땐 행복하고 곁에 없을 땐 불행해했던 것이 아닌가요?

릴케 너무 그렇게 확정적으로 말씀하시면 곤란하고요. 아무튼 당시에는 루 살로메와 함께 있고 싶었습니다. 내게 부족한 것을 그녀에게서 구할 수 있었으니까요. 1897년 5월 31일에 이자르탈에 있는 볼프라츠하우젠에서 묵을 집을 찾았어요. 그곳에서 좀 오래 머물 생각이었지요.

김재혁 루 살로메와 단 둘이서 묵으려 했나요?

사진_셰를/SZ

왼쪽부터 프리다 폰 뷜로, 릴케, 건축가 엔델, 루 살로메
(1897년 여름 볼프라츠하우젠 정자에서)

릴케 아뇨! 꼭 그런 건 아닙니다. 6월 14일에 그 집으로 루의 친구인 프리다 폰 뷜로와 함께 이사했습니다.

김재혁 혹시나 해서 물어본 거였습니다.

릴케 물론 그런 질문이 나오는 것은 당연한 거죠. 하지만 그 집엔 건축가 아우구스트 엔델이 자주 찾아왔고요, 7월에는 루의 남편인 프리드리히 카를 안드레아스도 와서 머물렀어요. 루 살로메가 원했던 것은 관습의 굴레에서 벗어난 자유롭고 독립적인 삶이었습니다.

김재혁 선생님의 생각과 기억 중심에는 늘 루 살로메가 태양처럼 떠 있는 것 같습니다. 함께 했던 기억이 언제나 선생님의 편지로 되살아나는 것을 자주 보게 되거든요. 루를 그리워하는 편지에는 슬픔의 정조가 가득하고요. 루와 함께 했던 곳을 떠날 때 선생님은 선생님의 표현대로 "죽어 가는 사람"과 작별하듯 떠나곤 했죠.

릴케 좀 쑥스럽기는 하지만 맞는 말씀이네요. 그녀와 함께 보냈던 곳은 어디나 고향처럼 느껴졌으니까요. 고요한 너도밤나무 숲, 반짝이는 초원 위에 꽃을 피워 올린 나무들, 잿빛 엉겅퀴들은 나를 향해 어서 오라 손짓합니다.

김재혁 정말 그 분을 향한 선생님의 감정은 신을 대하는 것과 같습니다.

릴케 네, 그래요. 실제 루 살로메는 내게는 단순한 하나의 여성 이상의 존재였죠. 한 마디로 고향으로 가득한 여인이었어요.

김재혁 자꾸 고향이라는 말씀을 하시는데요. 그러면 그 정도로 따뜻한 분이었나요? 고향 같다고 하면 그렇게 연상되는데요?

릴케 보통 생각하는 따뜻함과는 좀 달랐지요. 내게 뮤즈이기도 했고 정신적 고향이기도 했습니다. 나에게 시를 가능하게 해주었던 여인이었어요.

김재혁 그때가 선생님이 아직 한창일 나이였으니 그 상태를 이해할 수 있을 것 같습니다.

릴케 사실이 그랬어요. 루는 나의 삶과 시의 모든 것이었으니까요. 고독할 때마다 떠오른 이름은 루 살로메였죠.

김재혁 루 살로메 자신은 그렇게 선생님에게 의지하지 않았나요?

릴케 전혀요. 루는 자기 확신과 자긍심이 강한 여자였어요. 누구에게 기대거나 요구하거나 하는 것을 싫어했어요. 원래 지력이 높은 데다 타고난 성품이 강했으니까요. 자신의 인생 자체를 가장 사랑했어요.

김재혁 선생님이 루 살로메에게서 받은 영향은 제가 보기에 이루 말할 수가 없을 것 같습니다. 강력한 태풍을 맞았다고나 할까요. 어머니가 붙여준 세례명 '르네'까지 바꾸셨죠. '라이너'로요? 왜 그랬죠? 뭔가 강렬한 것을 바란 건 아닐까요?

릴케 물론 그런 면이 있죠. 루는 '르네'보다 '라이너'가 더 멋지고 독일적이고 남성적이라고 생각했어요. '르네'는 발음상으로도 좀 여성적이죠.

김재혁 르네가 프랑스어로는 '재생'의 의미를 가지니 일찍 죽은 선생님의 누나가 자꾸 연상될 수도 있었겠네요.

릴케 그래서 나도 동의했던 겁니다. 이름을 '라이너'로 바꾸면서 그런 나빴던 기억과도 결별하고 새롭게 하나의 시인으로 탄생하고 싶었던 거죠. 루는 그런 직관을 갖고 있었어요.

김재혁 어릴 때 갖고 놀았던 인형이나 여자아이 옷과도 끝이었겠군요. 그런 상념들로부터.

릴케 그런 셈이죠. 해방이었죠. 어머니의 억지스런 강압으로부터.

김재혁 필체도 바꾸었죠? 사람의 필체는 하루아침에 바꾸기가 쉽지 않은 건데 어떤 특별한 방법이 있었나요?

릴케 루를 만나기 전에는 정말 내 필체가 조악하기 짝이 없었어요. 거의 어린애처럼 내리긋는 게 다였지요. 그것을 고치느라고 1897년 여름 볼프라츠하우젠에서 루의 도움을 받아가며 오래 연습을 했습니다.

김재혁 아, 그러셨군요. 필체는 그 사람의 마음이라고 하는데, 그것을 바꾼 것은 선생님의 마음을 바꾼 것과 다름없습니다. 그만큼 루 살로메가 선생님에게 중요했다는 뜻이겠죠.

릴케 루는 젊은 나를 확실한 손길로 이끌어주었습니다. 인생에서나 시에서나.

김재혁 마치 낭만주의 시인 노발리스와 조피의 사랑 이야기를 듣는 것 같습니다. 조피가 노발리스의 뮤즈가 되어 그를 이끌었지요. 《푸른 꽃》의 헌시에서 분명하게 이야기하듯이.

릴케 루는 뮤즈이면서 나의 스승이기도 했어요. 그녀는 나의 시에 대해 냉정하게 평가할 줄 알았죠.

김재혁 어떤 면에서 그런가요?

릴케 루는 어려서부터 직접 시를 썼어요. 그녀의 지적으로 내 시의 과잉된 면을 나 자신도 깨달았어요. 마구 쏟아져 나오는, 자신을 토로하는 과장된 표현들 말입니다.

김재혁 그래서 어떻게 하셨나요?

릴케 소박하고 단순한 것을 익히기 시작했죠. 아주 자연스럽게 쓰려고 노력했습니다. 나의 넘치는 표현들이 젊은 그 시절에는 오히려 나의 가난이었어요.

김재혁 넘쳐서 오히려 가난했다는 말씀이 창작하는 입장에서 와 닿습니다. 선생님은 당시에 완전히 루에게 기대셨던 것 같습니다. 한밤중 등대에 기대는 배처럼 말이죠.

릴케 그래서 소박한 사랑시를 쓰게 되었어요. 루 역시 젊었을 때 그처럼 소박하게 사랑을 표현하기도 했어요.

김재혁 그러니 선생님의 시에서 흘러나오는 사랑의 표현들은 루에게서 흘러나오는 것이기도 하겠군요.

릴케 그런 면이 없는 건 아닙니다. 나는 사랑하는 사람의 마음속에서 고향을 느끼곤 합니다. 내게는 또 다른 고향이 필요했던 것 같습니다. 당시에요. 나와 함께 예술을 추구할 수 있는 상대라면 더욱 좋다고 생각했지요.

김재혁 〈내 눈빛을 꺼주소서〉라는 유명한 시도 그때 썼던 거죠?

릴케 그때는 그런 사랑의 감정이 실제 내 안에서 솟아났으니까요.

김재혁 선생님의 시는 그만큼 독특한 표현을 갖고 있어요. 〈내 눈빛을 꺼주소서〉를 저는 초등학교 다닐 때 읽었어요. 그때도 참 인상이 깊었죠.

릴케 내 시를 이미 초등학교 때 읽었다니요. 그게 더 대단해 보입니다.

사실 릴케의 〈내 눈빛을 꺼주소서〉를 나는 순정만화에서 읽었다. 내가 살던 시골은 내가 중학교 2학년 2학기 겨울이 되도록 전기가 들어오지 않았다. 유일한 낙은 읍내에 나가는 형에게 부탁해서 만화책을 빌려다 읽는 것이었다. 흥행사가 나오는 만화, 로봇이 나오는 만화, 축구만화, 전쟁만화, 무협지 만화 할 것 없이 다 읽어버렸더니 나중에는 순정만화만 남았다. 그때 나는 그곳에서 릴케의 이 시를 처음 접했다. 당시에는 이런 사랑의 시도 있구나 하고 생각했지 그것이 릴케의 시인지는 알지 못했다. 그 시를 이곳에서 다시 한 번 되뇌어본다. 이 시 속에 루 살로메를 향한 사랑의 절정이 들어 있다.

> 내 눈빛을 꺼주소서, 그래도 나는 당신을 볼 수 있습니다.
> 내 귀를 막아주소서, 그래도 나는 당신의 목소리를 들을 수 있습니다.
> 발이 없어도 당신에게 갈 수 있고,
> 입이 없어도 당신의 이름을 부를 수 있습니다.
> 내 팔을 부러뜨려주소서, 나는 손으로 하듯
> 내 가슴으로 당신을 끌어안을 것입니다.
> 내 심장을 막아주소서, 그러면 나의 뇌가 고동칠 것입니다.
> 내 뇌에 불을 지르면, 나는 당신을
> 피에 실어 나르겠습니다.

시에 쓰인 표현들이 얼마나 육감적인가. 얼마나 큰 자기헌신 속에서 사랑을 이루고자 하는가. 거의 자폭테러의 수준에까지 이르고 있다. 혹시 다른 저간의 사정이 있을까 해서 릴케에게 물어보았다.

김재혁 루 살로메는 어릴 적부터 시도 쓴 것으로 알고 있는데요. 시를 한 편 소개해주시겠어요?

릴케 그녀가 소녀 적에 쓴 시가 있어요. 사람들이 많이 좋아하는 시죠. 〈생에의 기도〉라는 시입니다. 한 구절 읽어보겠습니다.

> 친구가 친구를 사랑하듯이 나는
> 그대를 사랑합니다, 수수께끼 같은 생이여!
> 내가 그대 안에서 환호하던, 울던,
> 그대가 내게 고통을 주던, 기쁨을 주던,
>
> 그대의 행복과 고통과 함께 그대를 사랑합니다.
> 그대가 나를 파멸시켜야 할 때가 되면,
> 나는 그대의 품을 고통스레 벗어날 것입니다,
> 친구가 친구의 가슴을 벗어나듯이.

김재혁 이 시에서 "그대"는 "생"을 지칭하죠. 선생님의 초창기 글에서 생을 강조하는 부분이 많이 나오는데, 그 출처가 어디인가 했더니 루 살로메였군요.

릴케 허허, 그렇게 몰아가지는 마세요. 물론 옛 생각이 많이 나기는 합니다. 하지만 생의 소중함을 꼭 루 살로메에게서 배웠다고 할 수는 없죠.

김재혁 생을 칭송하고 느끼기 위해 이슬 젖은 새벽의 풀밭을 맨발로 걷던 것도 루 살로메에게서 배운 걸로 알고 있는데요.

릴케 아마 러시아 여행 시절 볼가 강가에서 그랬었는지 모르지만 그건 맞습니다.

김재혁 그런데 그 시가 그걸로 끝은 아닌 것 같습니다. 좀 더 읽어주시겠어요?

릴케 네, 읽어드리죠.

나의 온 힘으로 그대를 끌어안겠습니다!
그대의 불꽃으로 나를 불태워주소서,
작열하는 투쟁의 불꽃 속에서
그대의 수수께끼를 더 깊이 캐게 해주소서.

수천 년이고 살아 그대를 생각하겠습니다!
나를 그대의 양팔 안에 가두어 주소서.
나에게 줄 더 이상의 행복이 없다면,
어서, 그대의 고통이라도 주소서.

김재혁 아, 온몸으로 생을 받아들이고 힘을 다 바쳐 생 속에서 불타겠다는 의지, 정말 대단합니다. 그런데 어딘가 모르게 선생님이 루 살로메를 위해 쓰신 〈내 눈빛을 꺼주소서〉와 닮은 것 같습니다.

릴케 그런가요? 삶을 향해 모든 것을 바치려 했던 루의 모습이 젊고 순수하게 들어가 있는 시이죠.

김재혁 기본적으로 소환과 환기가 바탕의 정조를 이루고 있고요. 임을 양한 외침 같은 것이죠.

릴케 제대로 보셨습니다. 서정시의 기본은 이곳에 없는 그 무언가를 불러내는 것이니까요.

김재혁 루 살로메는 '생'을 불러내고, 선생님의 시에서는 '임'을 불러내고 있죠.

릴케 그 밖에 또 비슷한 점이 있나요?

김재혁 가장 인상적인 것은 행복이 아니면 고통이라도 달라는 부분입니다. 선생님의 고통의 시학이 생각납니다. 시의 전체적인 분위기도 비슷합니다. 헌신의 태도가 그렇죠. 표현의 절실함도 그렇고 표현 그 자체도 많이 닮아 있어요.

릴케 그럴 수도 있겠습니다. 루 살로메의 이 시를 내가 젊었던 그 당시 많이 읊조렸으니까요.

김재혁 하지만 선생님의 시에서는 대상이 더 높은 곳에 있는 것 같습니다. 신처럼 말이죠.

릴케 루 살로메가 내게는 그런 존재로 느껴졌어요. 그때 자신의 생 앞에 경건해지자는 말도 생각났고요.

김재혁 루 살로메와의 사랑과 관련한 선생님의 이야기 속에는 하시지 않은 말씀도 많이 있다고 생각합니다.

릴케 어떤 것을요? 뭔가 특별한 이야기를 기대하시는 것 같은데요.

김재혁 선생님의 감정은 〈내 눈빛을 꺼주소서〉라는 시로도 충분히 드러났지만 루 살로메의 반응은 어떠했는지…

릴케 상상에 맡기겠습니다. 이 정도의 사랑시를 써서 바쳤는데요.

이 시절의 이야기에서 릴케가 적을 두었던 뮌헨 대학은 많이 등장하지 않고 거의 루 살로메 이야기만 나오는 것으로 보아 릴케의 영혼이 루에게 흠뻑 빠져 있었음을 가늠해볼 수 있다. 시골 분위기 속에서 살면서 릴케는 대도시와 카페 문화에 대한 칭송으로부터 거리를 두고 이제는 좀 더 소박한 생활양식으로 접어든다. 음식이나 의복, 하루의 일과가 여기에 따라 변화한다. 같은 해 9월에 볼프라츠하우젠 생활을 접고 릴케와 루 살로메는 베를린으로 이사한다. 그 뒤 17년이 지난 1914년 8월에 릴케는 다시 그곳을 찾

사진_김재혁

킴제 호수, 헤렌인젤 쪽에서 바라본 프라우엔인젤.
1200년 된 프라우엔뵈르트 수도원의 모습이 보인다

는다. 전원에 가서 쉬라는 의사의 권고 때문이다. 뮌헨 근교에 대한 릴케의 사랑은 1915년에도 이어진다. 오순절 때 릴케는 루 살로메와 함께 둘이서 킴제 호수로 소풍을 가 헤렌인젤과 프라우엔인젤 두 곳을 방문한다.

김재혁 선생님은 뮌헨 쪽에 관심이 늘 있었던 것 같습니다. 〈기수 크리스토프 릴케의 사랑과 죽음의 노래〉에서도 린다우 같은 바이에른 지방의 지역이 등장하니까요. 뮌헨 근교의 킴제 호수는 저도 아주 좋아합니다. 몇 년 전 겨울에 그곳을 찾았을 때도 차가운 호수바람 속에 햇살의 따스함을 느꼈던 기억이 납니다. 선생님도 그 섬을 좋아하신 것 같은데요.

릴케 내 아내와 딸도 킴제 호수의 그 섬에 가보고 싶다고 해서 1917년 6월에 그 섬을 다시 찾아갔죠. 아내와 딸이 졸라서 가기는 했지만 사실 그때는 썩 내키지는 않았어요.

김재혁 왜인가요?

릴케 힘든 시기를 겪고 있었기 때문이지요. 집단 살상의 전쟁(제1차 세계대전)이 언제 끝날지 모르는 상황이었고, 글을 쓴다는 것 역시 생각하기 힘들었

킴제 호수의 은빛 물살.
멀리 알프스의 만년설이 보인다

죠. 전쟁이 오래 계속될수록 그런 끔찍한 세계 속에서 건강을 유지한다는 것은 더욱 어려웠어요.

김재혁 제 느낌으로는 그 호수와 섬의 공기와 자연이 건강을 위해 좋을 것 같던데요.

릴케 실제 나는 한없이 길게 늘어져만 가는 나의 우울한 심리상태를 그곳의 공기로 씻어낼 수 있다는 생각을 했어요. 그 넓은 호수 한 가운데 있는 헤렌인젤의 호텔에 묵으면서 여유를 찾으려고 노력했습니다. 건너편에 있는 작은 섬 프라우엔인젤까지도 다녀왔고요.

사진_김재혁

김재혁 저도 가보았지만 참 아름다운 섬이더군요. 그래서 화가들도 많이 찾고요.

릴케 한 번은 산책길에서 다람쥐가 나를 향해 달려왔습니다. 정면으로 다가왔죠. 바로 내 발치까지 뛰어왔어요. 그러더니 나를 보고는 우회해서 옆쪽 잔디밭으로 달려갔습니다.

김재혁 인상이 깊으셨던 모양입니다. 그만큼 자연이 자연 그 상태로 있다는 뜻인가요?

릴케 그래요. 플라타너스 숲과 온갖 자잘한 관목들로 이루어진 그곳의 자연이 성곽과 같이 여겨져서 좋았습니다. 주변의 소음이 침입할 수 없는 그 단단한 고독이 마음에 들었습니다.

김재혁 선생님은 언제나 두꺼운 돌로 이루어진 성곽 속의 고독을 찾는 것 같습니다.

릴케 그것은 나의 작업과 관련이 있습니다. 그것이 나의 창작을 가능케 해주니까요. 그리고 창작을 할 수 있을 때 내 몸 상태도 좋아져요.

김재혁 삶과 예술이 하나로 일치된 삶을 구가하려는 마음자세는 늘 한결같으시군요.

나는 릴케의 말을 들으면서 몇 년 전에 찾아갔던 킴제 호수의 잔잔하게 빛나는 찬 겨울의 은빛 물살을 떠올려보았다. 나는 그 은빛 물살이 릴케의 발치까지 멋모르고 다가갔던 다람쥐처럼 여겨졌다. 배의 물살에 실려 오는 햇살의 에테르가 조용한 고독의 에너지가 되어 내 가슴으로 들어오는 것 같았다. 릴케도 청둥오리 몇 마리가 유유히 떠 있는 킴제 호수의 자연 속에서 나와 비슷한 것을 느꼈을까? 감정의 주인은 그 감정을 느끼고 주재하는 사람의 몫일 뿐이다.

5부

로마,
분수의 도시

이른 아침 로마 중심지에 있는 트레비 분수 주변은 한가하다. 한낮 같으면 관광객들이 빈틈없이 들어차서 감히 앉아볼 생각도 하지 못할 분수 가의 벤치들이 한가롭게 놀고 있다. 그중 한 벤치를 릴케와 내가 차지했다. 릴케는 분수에서 떨어지는 물줄기를 바라보고 있다. 위에서 떨어져 대리석 수조에 고이는 물은 파랗다. 이른 아침의 신선한 공기와 잘 어울리는 색깔이다. 올 여름은 무척 덥다. 분수에서 간간히 튀어 오르는 물방울이 시원하게 느껴진다. 분수 주변의 검은 포석들이 물 기운을 받아 반짝인다. 골목들이 사람들 소리로 웅성대기 전에 나는 릴케의 시 〈로마의 분수〉를 읽는다. 릴케는 변함없이 분수의 여러 조각 형상들에서 떨어지는 물줄기를 바라보며 내 목소리에 귀를 기울인다.

사진_김재혁

로마 트레비 분수

로마의 분수

— 보르게세에서

두 개의 물받이. 오래된 둥근 대리석 테 안에
하나가 다른 것 위에 포개고 앉아,
위쪽의 물이 넘실넘실 가만히 몸을 기울여,
아래쪽에서 기다리고 있는 물을 향하면,

아랫물은 소곤대는 윗물에게 침묵으로 답하며
슬그머니 오무린 손바닥을 내밀며,
윗물에게 미지의 대상인양
푸름과 어둠 뒤편의 하늘을 보여 주면서

아름다운 물받이 속에서 향수도 잊은 채
살며시 둥글게 둥글게 제 몸을 펼치며,
꿈꾸듯 이따금 한 방울 한 방울씩

두텁게 자란 물이끼를 타고 아래로 떨어진다,
마지막 수면을 향해, 아래쪽에서 기꺼이
다리가 되어 제 물받이를 미소 짓게 하는.

김재혁 분수의 정경이 잘 느껴지는 작품입니다.

릴케 옛날 생각이 나는군요. 시에도 장소를 명기했지만 보르게세 공원에서 쓴 것입니다. 보르게세는 이탈리아 가문 이름입니다.

김재혁 지금은 보르게세 공원으로 유명하죠. 로마에서 가장 큰 공원이라고 하더군요.

릴케 그곳에 가면 공원 한쪽에 분수가 있어요. 그 분수를 보고 그대로 묘사해본 시가 위 작품입니다.

김재혁 분수의 수반이 세 개이고, 그 아래쪽에 물이 고이는 수조가 있군요. 그리고 주변에는 무성하게 우거진 숲이 있고요.

릴케 네, 그래요. 그 정경을 그냥 그대로 묘사해봤습니다. 내 생각을 되도록 배제하고서요.

김재혁 그러면서도 시에서 분수를 의인화해서 생동감을 주고 있어요. 시인의 생각은 배제되었지만 분수는 살아서 말을 하고 있습니다.

릴케 사실 공원 한쪽에서 하나의 존재로 살아 있는 분수를 그려보고 싶었어요. 우리 인간도 그런 존재가 아닐까요? 누가 봐주든 안 봐주든 그냥 존재하는 거죠.

김재혁 인간은 그래도 좀 다른 것 같습니다. 누구의 인정을 받으려고 무진 애를 쓰니까요.

릴케 물론 그런 면이 많이 있지요. 그래도 결국은 혼자서 고독하게 존재하는 것이 인간이라고 봐요. 결국은 그렇게 되죠.

김재혁 네, 맞습니다. 그런데 위 시는 독일의 선배 시인 중에 C. F. 마이어라는 분이 쓴 것과 좀 유사한 데가 있습니다.

릴케 그 작품 역시 유명하죠. 시의 대상이 된 장소도 동일하고요.

김재혁 그분의 시 〈로마의 분수〉를 읽어보겠습니다. 아니, 그 전에 제가 여기 보르게세 공원에 있는 그 분수 사진을 가져왔습니다. 함께 보시죠.

릴케 참 철저하십니다. 시와 시를 비교하고, 또 사진과도 비교해보시려는 거죠?

김재혁 현실의 모습이 서로 다른 시인의 시에서 어떻게 묘사되는지 보고 싶어서입니다. 선생님께서 마이어의 시를 직접 독일어로 읽어보시죠.

릴케 그럼 내가 한 번 읽어보겠습니다.

Der römische Brunnen

Aufsteigt der Strahl und fallend gießt
Er voll der Marmorschale Rund,
Die, sich verschleiernd, überfließt
In einer zweiten Schale Grund;
Die zweite gibt, sie wird zu reich,
Der dritten wallend ihre Flut,
Und jede nimmt und gibt zugleich
Und strömt und ruht.

김재혁 선생님 목소리의 중저음과 시의 내용이 잘 어울립니다. 울림이 좋은 목소리에 맞추어 정말 분수가 위로 솟았다가 아래로 흐르고 흘러 마침내 수반에 가서 멈추어 서는 것 같습니다.

릴케 내가 독일어로 읽었으니 이번엔 김 선생님이 한국어로 번역해서 읽어 보시죠.

김재혁 네, 그렇게 해보겠습니다. 번역이라는 것이 쉽지는 않지만, 여기 제가 오래전에 번역해놓은 게 있어서 가져왔습니다.

로마의 분수

물줄기는 위로 솟아올랐다가 떨어지면서
대리석 둥근 수반에 넘치도록 고이고,

수반은 물보라로 흐릿해지면서
두 번째 수반의 바닥으로 넘쳐흐르고,
이 수반은, 물이 가득 차면, 물을
세 번째 수반으로 넘실대며 쏟아내니,
수반은 저마다 동시에 받고 주면서
흐르며 고여 있다.

릴케 잘 들었습니다. 마이어는 이 시에 많은 공을 들였어요. 방금 읽으신 것이 일곱 번째 고쳐 쓴 것으로 그것이 완성본이죠.

김재혁 마이어도 선생님 못지않게 '사물시'를 쓰듯 사물을 그대로 묘사하려고 했다는 것이 놀랍습니다. 물론 마이어가 훨씬 선배이니 선생님이 그 시인에게서 자극을 받은 것으로 보입니다.

릴케 마이어가 이탈리아 여행을 한 것이 1858년입니다. 1860년에 이 시의 첫 번째 원고를 썼죠. 2년 뒤에 말입니다. 당시 여행의 인상을 되살려서요. 그 후 고치고 또 고쳐서 20여 년이 지난 1882년에 드디어 완성본을 내놓은 겁니다.

김재혁 마이어도 좀 특이했던 작가로 알고 있는데, 그런 꼼꼼함이 있었군요. 집에 숨다시피 하면서 거의 혼자 지냈다고 하더군요.

릴케 시인에게 그런 면이 있는 것은 어쩔 수 없어요. 나 역시 사람들 앞에 쉽게 나서지 않는 성격이지요.

김재혁 그래도 선생님은 강연 여행도 다니시고 인기도 많으시잖아요.

릴케 물론 그렇기는 합니다만. 그 이야기는 그 정도만 합시다.

김재혁 네, 알겠습니다.

릴케 마이어는 네 번째 원고에서만 해도 "로마의 한 정원에 분수가 하나 숨어 있네" 하고 아주 서술적으로 쓰고 있어요. 최종 원고에 가서는 그런

위키피디아

보르게세 공원 내
'해마의 분수'

무대 배경 같은 이야기를 싹 빼버리고 있어요. 아주 훌륭합니다.

김재혁 선생님이 추구하는 시적 세계와 닮은 면이 있는 것 같습니다. 특히 사물시 말입니다.

릴케 원래 16행이던 것을 8행으로 줄였고 2연이던 것을 1연으로 만들었어요. 되도록 적은 말로 많은 이야기를 하려고 한 거죠.

김재혁 시에서의 언어 응축의 좋은 예군요.

릴케 마이어가 쓴 것과 내가 쓴 것 중 어느 것이 더 마음에 드시나요?

김재혁 선생님의 시가 좋게 느껴집니다. 마이어는 전체를 1연으로 만들어서 연속성을 보여주면서 분수의 움직임에 주목했다면, 선생님은 소네트 형식으로 써서 4행, 4행, 3행, 3행, 이런 식으로 전개해나가다가 마지막 연에 가서 반전을 이루고 있어요.

릴케 반전이라면? 어떤 의미인가요?

김재혁 맨 마지막 연에서 물을 전체적으로 담아주면서 수반으로 하여 미소 짓게 하는 것 말입니다. 존재의 넉넉함 같은 것을 느낄 수 있어요. 집을 나가는 모험이 다시 집으로 돌아오는 듯한 편안함 같은 것이죠.

릴케 감사합니다. 좋게 생각해주셔서.

김재혁 나중에 쓴 사람이 누리는 이득도 물론 있는 거죠.

릴케 하하하. 네, 알겠습니다.

김재혁 참, 그건 그렇고 당시에 어떻게 로마에 오시게 됐죠?

릴케 나는 시를 쓰려 할 때 잘 안 되면 환경을 바꿉니다.

김재혁 어떻게 바꾸죠?

릴케 여행을 떠나는 겁니다. 다른 하늘 아래에 가서 다른 공기를 쐬면서 새로운 시작을 해보는 거죠.

김재혁 그렇게 해서 창작에 필요한 자극을 받으시는 거군요. 멋진 삶이십니다.

릴케 그렇게 멋진 것만은 아니죠. 몸이 약했기 때문에 방랑생활이 쉽기만 한 것은 아니었어요. 그래도 자기혁신을 이루기 위해서는 어쩔 수가 없었습니다.

김재혁 여행도 어떤 계기가 있어야 가능할 텐데요?

릴케 네, 로마에 오게 된 것은 아내 덕분이었죠. 아내가 브레멘 시에서 예술장려금을 받아냈어요. 그것으로 로마로 가서 겨울 동안 지내면서 작업을 할 것이라고 하더군요. 그래서 나도 따라 나섰습니다. 그래서 1903년 9월 10일에 로마에 도착했지요.

김재혁 그래서 같이 지내셨나요?

릴케 그건 아닙니다. 아내는 아내대로, 나는 나대로 아틀리에를 구해서 거기서 각자 작업을 했어요. 공원이 있는 곳이었지요. 젊은 예술가들이 많이 와 있었어요.

김재혁 로마에서 처음에 집을 구한 것이 어디였는지 궁금합니다.

릴케 포로 로마노 아시죠? 바로 위쪽의 비탈진 곳이었어요. 우리는 1904년 6월까지 줄곧 로마에 있었어요.

김재혁 로마가 마음에 드셨나 봅니다.

릴케 꼭 그런 것은 아닙니다. 로마는 피렌체보다 육중한 모습으로 보였지요.

사진_김재혁

고대 로마 시대 정치의 중심지였던
포로 로마노 유적

과거의 유산도 더 많이 남겨서 갖고 있고요. 그렇지만 어떤 개성이 느껴지지는 않았어요. 금방 지쳐버리게 되는 대규모 전시장 같았습니다.

김재혁 저도 그렇게 느꼈습니다. 어디를 가나 파헤쳐져 있는 곳에 크고 육중한 기둥들이 보이는데 거의가 다 비슷하더군요. 집을 지으려고 땅을 파면 그런 유적들이 나오니 어쩔 수가 없나 봅니다.

릴케 그런데 그것이 바로 무기력하고 생기 없고 마치 흐릿한 박물관 같은 분위기이죠. 다만, 수로와 분수의 물만 살아 있어요. 다른 것들은 땅에서 파내 간신히 보존해놓은 대리석 덩어리일 뿐이지요. 문헌학자들, 역사학자들의 말만 믿고 여행객들은 거기에 열광하는 겁니다.

김재혁 그렇다면 로마는 선생님의 작업에도 별로 도움이 되지 않았겠네요.

릴케 사실 로마에 오고부터 몸도 안 좋았고 창작을 할 기분도 나지 않았습니다. 도시가 주는 신선한 자극도 없었고 고독도 확보되지 않았어요.

김재혁 사실 로마가 선생님께 별로 호의적이지 않았다는 것은 선생님이 쓴《젊은 시인에게 보내는 편지》중 로마에서 쓴 편지를 읽고 어느 정도 예측하고 있었어요. 선생님이 로마에 9월 10일에 도착했을 때 로마의 거리는 텅 비어 있었다고 했죠. 열병의 소문까지 돌고 있어서요.

로마, 마르크스 아우렐리우스 청동기사상

릴케 실제 그랬습니다. 어느 도시의 상황이 그곳에 막 도착한 여행자의 삶을 규정하는 거죠. 방을 얻기도 힘들었고 집 없는 자의 어려움과 낯섦을 느꼈죠. 많은 과거의 유물들이 있지만 현재를 살아가는 우리와는 전혀 연결고리가 없는 거죠. 그런 것들은 감정도 가치도 없는 과거의 잔해물일 뿐이니까요.

김재혁 정말 아주 부정적이군요. 그렇게 보면 과거의 유산들은 우리에게 전하는 말이 하나도 없는 건데요?

릴케 꼭 그렇지는 않아요. 이름을 아는 로마의 예술작품은 나름 극치의 아름다움을 뽐내지요. 말을 탄 청동 기사상 말입니다. 마르크스 아우렐리우스의 기사상이죠. 미켈란젤로가 만든 계단도 내게는 아주 마음에 듭니다. 물결처럼 아래로 넘실대며 이어지는 그 계단이 정말 좋습니다.

김재혁 제 생각에 선생님이 사물에 접근하려면 어떤 기본 조건이 충족되어야 하는 것 같습니다.

릴케 그렇습니다. 바로 고요와 고적함이죠. 그 이후에야 사물들이 눈에 들어옵니다. 그리고 사물들을 통해서 자신을 발견하죠. 아까도 말씀드렸듯이 나는 분수와 샘 같은 것들에 더 많은 주의를 기울였어요.

김재혁 살아서 움직이는 맑은 물이 선생님께 무슨 말을 전했나 봅니다. 땅 속에서 파낸 과거의 유물들의 잔해 더미 속에 있다 보니까요.

릴케 공원 한쪽에 자리 잡은 나의 작은 집은 조그만 정원까지 딸려 있어서 거기서 흙을 만지며 채소를 가꾸기도 했어요. 씨앗을 뿌리고 잡초를 뽑고 그랬죠. 다만 그런 일을 잘 할 줄 모르는 자신을 질타하면서 말입니다. 그때 《말테의 수기》를 시작해야겠다는 생각이 떠올랐어요. 1904년 봄이죠.

김재혁 선생님은 정말 고유한 작업환경이 필요한가 봅니다. 책상도 늘 동일한 규격의 것을 사용하시잖아요.

릴케 로마의 내 작은 집은 창문이 컸어요. 그래서 정원을 훤히 내다볼 수 있었죠. 하늘과 밤도 실컷 바라보고요. 그리고 내가 늘 사용하는

시에르 릴케박물관

뮈조 성의 릴케가 쓰던 입식책상

사진_김재혁

시에르 릴케 박물관의 입식책상. 릴케가 사용하던 것과 동일한 모양과 동일한 치수로 제작한 것이다

서서 읽고 쓰는 입식책상을 방 한 가운데에 놓았습니다. 양쪽의 큰 창문을 다 즐길 수 있게요.

김재혁 로마에서 많은 수확이 있었나요?

릴케 그곳에서 시 〈오르페우스. 에우리디케. 헤르메스〉를 완성했죠. 하지만 창작의 분위기가 오래가지는 못했어요.

김재혁 거대한 잿빛 도시 속이라는 부정적인 이미지 때문이었을까요?

릴케 로마라는 도시 속에 있으면서도 나는 나의 정원에서 일어나는 일에 더 관심이 갔어요. 꽃들이 피어나고 새들이 와서 노래하는 것에 말이지요.

김재혁 구체적으로 어떤 식물들을 가꾸었는지 이 기회에 말씀해주시겠어요?

릴케 화단에 히아신스도 심었는데 아주 더디게 자라났어요. 잠에서 깨기 싫어서 자명종 스위치를 자꾸 눌러대는 사람처럼 간신히 꽃눈을 떴지요. 나의 정원 근처에는 느릅나무와 참나무가 많았습니다. 유다나무도 꽃을 피우더니 하룻밤 사이에 몽땅 잎으로 변했어요. 라일락도 꽃송이를 맺었고요.

김재혁 식물만 있었던 것은 아니겠죠?

릴케 네, 물론 개구리 소리도 시끌벅적했어요. 밤에는 부엉이 소리도 가끔 들렸어요. 나이팅게일의 울음소리는 아직은 시작되지 않았고요.

김재혁 아주 섬세하게 기억하시네요.

이야기를 하다 보니 어느새 시간이 좀 지났고, 트레비 분수 주변으로는 별별 관광객들이 다 모여들기 시작한다. 결혼기념 사진을 찍는 쌍들, 가족끼리 서로의 사진을 찍어주느라 부산을 떠는 사람들, 리어카에 물건을 잔뜩 싣고 와 이런저런 잡다한 기념품을 파는 행상들, 푸른 셔츠를 입은 한 무리의 안전요원들 등. 분수 옆에는 또 장갑차가 와서 지키고 서 있고, 혹시 있을지 모르는 테러에 대비하여 지나가는 사람들을 중무장한 군인들이 눈여겨보고 있다. 릴케는 웅성대며 모여드는 관광객들이 못마땅한가 보다. 미간이 저절로 찌그러진다. 단체관광이나 대중적인 관광을 그가 왜 그렇게 싫어하는지 궁금해서 이에 대해 몇 마디 이야기를 나누어 본다.

사진_김재혁

아침 시간이 지나면서 트레비 분수 주위로 몰려들기 시작하는 인파

김재혁 선생님은 왜 관광객들을 안 좋게 생각하시나요?

릴케 관광지에서는 진실이 사라져요. 관광객들은 봄을 즐기는 게 아니라 봄이 왔다고 떠들어대며 다니는 겁니다. 관광객들은 봄 자체가 아니라 봄의 전시를 즐기는 거죠. 자기들을 맞으려고 관광지가 온통 화장을 하고 있다고 생각합니다. 그때 대접받는 걸로 생각하죠.

김재혁 독일인들 같은 경우 겨울이 춥고 어둡고 그러니까 거기에 지쳐서 이탈리아를 찾는 게 아닐까요? 그것은 그리 나무랄 것이 못 되는 것 같습니다만.

사진_김재혁

로마 나보나 광장의 분수. 이 광장에는 세 개의 분수가 있다

릴케 물론 그렇죠. 그것을 뭐라 할 권한이 내게는 없어요. 나는 단지 내 생각을 말한 것뿐입니다.

사진_김재혁

로마 판테온 신전 앞의 분수.
괴물의 형상의 입에서 물이 쏟아진다

김재혁 섬세한 성격 때문에 더 그렇게 느끼시는 것 같기도 합니다. 무심하면 그냥 넘어갈 것 같기도 한데요.

릴케 이것은 무심의 문제가 아니지요. 실제 관광객들로 인해 온 거리와 골목이 뒤죽박죽이 되고 고요가 깨지고 통행조차 어렵게 된다고 생각해봐요. 숙박업소들은 가득 차고 음악과 소음들로 들끓고 어디 가서도 조용한 곳을 구할 수 없게 되고요.

김재혁 혹시 관광객들에 대한 그런 비판이 선생님의 시 쓰기와 관련이 있는 것은 아닌가요?

릴케 물론 있지요. 진정이 어린 눈빛으로 사물을 보자는 겁니다. 무언가를 자랑하기 위해 껍질만 보지 말고, 시간을 충분히 갖고 음미하자는 것이죠. 진정한 삶의 모습이 그리운 겁니다.

김재혁 역시 그러셨군요. 시인으로서 하시는 말씀이지만 사물의 진정한 모습을 보자는 뜻은 저도 이해할 것 같습니다. 그러기 위해서는 타성과 정신의 분산, 게으름 등을 버리고 적극적으로 사물을 봐야겠습니다. 여행객도 마찬가지일 것 같습니다. 스스로가 더 적극적으로 대상을 살피지 않는 한 가이드가 들려주는 이야기를 동일하게 듣고 동일하게 생각할 수밖에 없을 테니까요.

릴케 새소리나 분수의 물소리, 바람에 흔들리는 수풀소리가 인간사의 시끄러운 부산함보다 더 진실에 다가가게 해줄 수 있지 않을까요? 우리에게 더 경이롭고요. 그리고 허영과 허황됨을 벗어나서 더 시적인 것에 가까워지는 게 아닐까요? 고대의 가면 얼굴상으로부터 가장 진실한, 끝없이 새로운 물이 솟아나는 것을 곳곳의 분수에서 보셨지요? 인간과 새 그리고 포유동물들을 위해서 말입니다. 물이야말로 생동감 있고 살아 있는 원소이며 영원히 다가와서 자신을 낮추는 신성이지요.

김재혁 네, 그렇군요. 선생님의 말씀을 듣고 보니 조금은 이해가 되는 것 같습니다.

릴케 아니, 조금 이해된다고요?

릴케 선생이 갑자기 흥분하는 바람에 나는 머쓱해졌다. 그렇게 자신의 입장을 강변하는 것도 그를 직접 접한 이후로 처음이었다. 그는 시를 쓰기 위한 작업 조건 이야기가 나오니 전에 없어 격한 감정을 감추지 않았다. 그렇게 시인의 입장을 강조하는 것은 평생을 두고 그의 곁을 떠나지 않은 시적 사명감 때문이었으리라.

베네치아,
가면과 의지

베네치아의 모습에서 꽃단장하는 여인을 떠올리기는 어렵지 않다. 수면에 비친 베네치아는 자기 얼굴을 응시하며 생각에 잠겨 있다. 건물들마다 현기증 날 정도로 아름다운 파사드를 자랑한다. 모든 건물이 저마다 얼굴이고 모든 운하가 거울이다. 릴케의 삶과 작품에서는 베네치아의 수많은 얼굴들이 잊히지 않는 추억처럼 자주 등장한다. 베네치아의 다양한 모습은 먼 바다에 나가 돌아오지 않는 애인을 그리는 여인이 자신이 짜는 레이스 속에 고통을 새겨 넣듯 그의 글 속에 아로새겨져 있다. 아침나절의 산 마르코 광장 햇빛 속으로 사람들이 모여들기 시작한다. 카페 플로리안은 모닝커피를 마시려는 사람들로 생기가 돌고 있다. 나는 먼저 와서 릴케를 기다리는 중이다. 잠시 후 릴케가 흰 손수건으로 이마의 땀을 훔치며 들어온다. 그는 호텔 팔라초 발마라나에서 오는 길이다. 그에겐 좋아하는 장소가 늘 따로 있다. 카페 플로리안도 그가 좋아하는 카페 중의 하나이다. '로쿠스 아모에누스' 즉 좋아하는 장소에 대한 애착을 릴케에게서 느낄 수 있다. 카페 직원이 우리 테이블로 다가오자 나는 차를 한 잔 시키고, 릴케는 화이트와인을 한 잔 시킨다.

사진_김재혁

베네치아 산 마르코 광장의

카페 플로리안

김재혁 선생님은 베네치아를 정말 사랑하시나 봅니다. 베네치아는 어떻게 좋아하게 되었나요?

릴케 베네치아에 대해 처음 알게 된 것은 괴테가 쓴《이탈리아 기행》에서였어요. 괴테가 베네치아를 본 시각은 그렇게 새롭지는 못했던 것 같습니다.

김재혁 어떤 면에서 그런가요?

릴케 그의 이야기는 별 감흥이 없이 그냥 연극무대와 베네치아 사람들의 생활 주변만 맴돌고 있거든요. 독특한 자기 느낌이 없다고나 할까요.

김재혁 그렇군요. 그러면 선생님이 직접 느끼신 베네치아에 대해 말씀해주시죠.

릴케 베네치아에는 1897년 봄에 처음 왔습니다. 그날 밤 호텔의 발코니에 앉아 대운하 카날 그란데 쪽을 바라보았지요. 밤이 별들과 함께 산타 마리아 델라 살루테 성당 위에 살포시 내려앉았어요. 마치 기적을 보는 것 같았습니다. 검은 수로는 별빛 속에서 잠들었고요.

김재혁 아, 너무나 멋진 정경묘사입니다. 그 시절에 쓴 선생님의 〈베네치아〉라는 시가 있으니 한 번 읽어보겠습니다.

낯선 외침소리. 우리는 곤돌라를
하나 고른다, 검고 날씬한 걸로.
대리석 도시의 기둥들 곁을
조용히 미끄러지듯 지나간다.

고요하다. 뱃사공들은 저희끼리만
말을 할 뿐. 노 젓는 소리 철썩이고,
교회들과 운하로부터 우리를 향해

낯선 밤이 손짓을 보낸다.

그리고 검은 뱃길은 더욱 고요해지고,
바람결에 멀리서 아베마리아가 들려온다, -
정말이지, 나는 죽은 황제다,
그들이 나를 무덤으로 데려간다.

릴케 내 초기 시집《강림절》에 실린 거군요. 22살 때 쓴 건데… 지금 다시 들어보니 치기어린 청년의 시네요. 스스로를 "죽은 황제"라고 칭하다니 낯이 뜨거워지는군요.

김재혁 선생님의 초기 시에서 많이 보이는 표현이죠. 때로는 거지의 왕이라고도 하죠.

릴케 사실 나는 내게 익숙하지 않은 환경 속에 있는 것을 좋아해요. 이곳 베네치아에 와서 곤돌라를 처음 타면서 "죽은 황제"가 되어 어둠 속으로 빨려 들어가는 그런 느낌을 받았어요.

김재혁 선생님의 경우에는 새로운 환경에서 느끼는 감흥이랄까, 그런 낯섦 같은 것이 아마도 시적 영감의 원천인 듯합니다.

릴케 시인으로서 관습성이나 진부함을 벗어나는 것이 제일 먼저 해야 할 일이죠.

김재혁 위 시에서는 그런 시도가 완벽하게 성취되었다고는 할 수 없을 것 같은데요. 제가 보기엔 신낭만주의 시의 느낌이 납니다만.

릴케 물론 당시엔 아직 어려서 나만의 세계를 이루지 못했으니까요. 그냥 젊은 시절의 풋풋한 시도로 봐주시기 바랍니다. 세계를 향해 마음을 남김없이 활짝 열어야 하는데 아직 그렇지 못했던 거죠.

김재혁 네, 그렇군요. 잠시 시 이야기를 떠나서 현실적인 질문을 드릴게요. 당시 젊은 대학생이었는데 경제적으로는 어땠나요? 좀 여유가 있으셨나요?

릴케 나는 인생에서 경제적으로 늘 누군가의 도움을 받았습니다. 베네치아에 처음 왔을 때는 나름의 스폰서가 있었죠. 나탄 숄츠베르거라는 뉴욕 출신의 화학 전공 학생이었는데 뮌헨에서 만났습니다. 부유한 유대인 집안의 자제였어요. 그 친구가 나를 베네치아에 초대했습니다.

김재혁 그땐 어디에 묵으셨나요?

릴케 처음 베네치아에 왔을 때는 호텔 브리타니아에 묵었지요. 당시 최고급이었죠. 중앙난방에 엘리베이터도 있고 대운하 카날 그란데가 훤히 보였습니다.

김재혁 그런 분위기도 다시 느끼시고, 베네치아에 오셔서 감회가 새로우시겠습니다.

릴케 나도 모르게 기분이 좋아지는군요. 그때도 이곳 카페 플로리안에 자주 들르곤 했죠. 나의 후원자였던 탁시스 후작부인의 가족을 만나기도 했습니다.

김재혁 술은 잘 안 하시는 걸로 알고 있는데요? 포도주를 시키셨네요.

릴케 아닙니다. 포도주 정도는 마십니다. 이탈리아산 오르비에토를 좋아하죠. 그랜드 호텔에 묵을 때 즐겨 마셨어요. 옛날 생각이 많

사진_김재혁

플로리안 카페의 내부 모습

릴케가 즐겨 마셨던 이탈리아산 화이트와인 오르비에토

이 납니다.

김재혁 이곳에 추억이 많이 얽혀 있으신 것 같습니다.

릴케 베네치아를 총 10번 방문했어요. 아까 말씀드렸듯이 1897년 3월에 처음 왔고, 1920년 7월 13일에 마지막으로 왔었지요. 나는 이탈리아의 다른 어느 곳보다 이곳을 좋아해요.

김재혁 그 이유는 무얼까요?

릴케 피렌체는 나름 좋았지만 나그네에게 마음을 잘 열지 않았어요. 로마는 극히 싫었습니다. 생기라고는 없고 세월의 먼지에 절은 칙칙한 박물관 같은 분위기 때문이죠. 베네치아는 내게 뭔가를 자꾸 생각나게 했어요. 그만큼 베네치아가 내 마음속에 각인되어 있었던 겁니다. 신문이나 책을 보다가도 문득문득 베네치아가 떠오르곤 했으니까요.

김재혁 아, 그랬군요. 구체적으로 설명 좀 해주세요.

릴케 유럽의 어느 도시도 베네치아만큼 풍부한 예술적 전통을 갖고 있는 곳은 없죠. 이 작은 공간에 유럽 예술이 모두 집합해 있어요. 베네치아는 수많은 문학, 그림, 음악의 소재가 됐죠. 나를 발전시킬 수 있는 다양한 영양소를 베네치아가 충분히 제공했어요.

김재혁 오로지 베네치아의 예술이 선생님을 사로잡았던 건가요? 아니면 베네치아에 무언가 다른 게 있었나요?

릴케 다 지난 일이니 고백해야겠군요. 내가 한때 사랑했던 미미 로마넬리(1877-1970)를 알게 된 것이 베네치아에서였어요. 자매가 숙박업을 했죠. 나나 로마넬리와도 친하게 지냈어요.

김재혁 여성 이야기가 빠지나 했습니다. 미미 로마넬리와는 많은 편지를 나눈 걸로 알고 있습니다.

릴케 그랬어요. 이야기를 잘 들어주어서 문학에 대해서도 서슴없이 털어놓고 이야기했죠.

김재혁 그 자매의 호텔에 묵은 건 언제죠?

릴케 1907년 11월이었어요. 19일부터 30일까지였습니다. 11월이라서 날씨가 쌀쌀해서 몸을 많이 움직여야 했지요. 베네치아에서 산책을 하면 모든 골목과 시장터를 알게 돼요. 걷다 보면 홀연 널따란 방처럼 시장터가 눈앞에 나타나곤 합니다. 꼬불꼬불한 길을 헤매다 보면 의외의 것을 만나기도 하죠. 이때 〈베네치아의 늦가을〉, 〈베네치아의 아침〉 같은 시들이 탄생했습니다.

김재혁 산책을 하는 가운데 시가 태어나나 봅니다. 선생님은 원래 산책을 좋아하시죠. 그리고 도시를 걸어서 열정적으로 탐사하시고요. 몸소 체험하는 것의 모범을 보여줍니다. 베네치아 하면 투른 운트 탁시스 부인을 언급 안 할 수가 없겠죠?

릴케 탁시스 부인은 원래 이 고장 출신의 아주 부유한 귀족이었지요. 부인의 저택이 카날 그란데 대운하 바로 옆에 있었습니다.

김재혁 탁시스 부인은 선생님과 여행하거나 산책을 할 때가 가장 좋았다고 하더군요. 왜 그랬을까요?

릴케 아, 그분이 그런 말을 했나요? 글쎄요 왜 그랬을까…

김재혁 제가 생각하기에는 그건 선생님께서 사물을 보는 눈이 보통 사람들과 달랐기 때문일 겁니다. 평범하지 않게 사물을 읽고 받아들이는 모습이 탁시스 부인에겐 흥미롭고 신선해 보였겠죠.

릴케 그렇게 보이나요?

김재혁 이를테면 이런 거죠. 베네치아 산타포르모자 교회 안의 비석을 보고서 선생님은《두이노의 비가》에서 "아니면 얼마 전의 산타 마리아 포르모자의 비문처럼 비문 하나가 네게 엄숙히 그것을 명하지 않았던가?"라고 받아 적었다고 하셨습니다.

릴케 그래요. 그곳의 비문이 내게 그렇게 말했으니까요. 1911년 4월 3일에

사진_김재혁

베네치아 산타마리아포르모자 교회.
성당 안쪽 벽에 《두이노의 비가》의 첫 번째 비가에 나오는
"아니면 얼마 전의 산타 마리아 포르모자의 비문처럼
비문 하나가 네게 엄숙히 그것을 명하지 않았던가?"를
릴케에게 노래하게 한 비문이 있다

탁시스 부인과 함께 그곳을 방문했습니다. 거기엔 한 인간의 삶과 죽음을 기록한 비문이 있었죠. 교회 오른쪽 제단의 벽면에 있는 비문의 내용은 이렇습니다. "평생토록 나는 다른 사람들을 위해 살았다, 하지만 마침내 내가 죽은 뒤에도 나는 꺼지지 않았다, 오히려 나는 차가운 대리석 속에서 홀로 살고 있다, 내 이름은 헤르만 빌헬름이다, 플랑드르는 나를 슬퍼하고, 아드리아는 나를 그리워하며 탄식한다, 그리고 가난한 사람들은 나를 부른다. 그는 1593년 9월 16일에 세상을 떴다."

김재혁 그렇습니다. 같은 것을 봐도 그것의 진가를 알아보는 사람은 적어요. 더욱이 그것을 자신의 작품에서 되살리기는 힘들고요.

릴케 나는 내가 본 것, 여자의 뒷모습이든, 비문의 내용이든, 그것을 머릿속에 간직하는 것은 바로 그것을 구원하는 일이라고 생각했습니다.

김재혁 지금까지의 선생님의 말씀을 종합해볼 때 이렇게 이해해도 되겠죠? 여행을 하려면 누구나 다 찾아 가는 그런 곳에 얽매일 것이 아니라 사소한 것이라도 사물과 친밀한 관계를 맺어 자기만의 것을, 은밀한 것을 가져와야 한다고요. 음식을 직접 맛보고 그 맛을 간직하듯이 말입니다. 문학교수나 역사교수가 해주는 것처럼 남의 설명만 들으면 오히려 사물과 거리감만을 느낄 뿐이지요.

릴케 그래서 나는《사랑하는 하느님 이야기》에서도 〈베네치아의 게토에서 가져온 한 장면〉을 통해 이 도시의 본질을 묘사해보려고 했습니다. 물의 도시 베네치아라고 해서 낭만만 있는 것은 아니니까요. 베네치아의 가난한 게토 지역에 주목해봤어요. 처음으로 말입니다.

김재혁 저는 이곳 베네치아에 와서 많이 걸어 다니며 보고 싶었지만, 충분히 그러질 못했습니다. 아직 그럴 만한 여유가 없는 것인지, 아니면 방법을 아직 몰라서인지 모르겠습니다.

릴케 많이 걷고 길을 잃어봐야 행복과도 마주치고 놀라움과도 마주치죠. 물론 고통과도 만나고요. 공공의 건물이라도 그 태연한 모습에서 자기 몫을 챙기는 것이 중요하죠. 자신과의 직접적인 관계를 형성하는 것 말입니다.

김재혁 그것은 어떤 경우에 가능한가요?

릴케 내면으로부터 이해할 때죠.

김재혁 여행안내 책자가 도움이 될까요?

릴케 아닙니다. 그냥 운명에 맡기는 거죠. 발길 닿는 대로 가다가 뭔가를 만나는 겁니다. 모든 것을 만날 수 있습니다. 베네치아는 어떤 여행안내 책자로 인도될 수 있는 곳이 아닙니다.

김재혁 그건 무슨 뜻인가요?

릴케 사람에 따라 도시 전체가 다 볼거리이거나 아니면 전혀 볼거리가 아니기 때문이죠. 여행안내서는 몇 가지만 선택해서 소개하죠. 그것이 잘못입니다.

김재혁 그런 경험을 통해서 얻는 게 뭘까요?

릴케 자기 존재가 변용되는 것을 느끼는 겁니다. 바뀌는 거죠. 베네치아처럼 유일무이한 장소가 어디 있겠습니까? 세상에 하나뿐이죠. 이곳은 소리 없이 떠올랐다가 꿈처럼 잦아듭니다.

김재혁 그러니까 뭔가를 일부러 잡으려 하지 말고 자기 속으로 들어오도록 놔두라는 말씀이군요. 여행책자를 들고 나대지 말고요. 그러려면 시간에 구애받지 말아야겠지요? 그런데 선생님은 대중적인 것을 싫어 하시면서도 널리 유행하던 여행안내서 《베데커》와 여행사 토마스 쿡을 이용하셨죠?

릴케 뭐, 그야 편리한 면이 있으니까요. 기차연결 같은 것도 그렇고 그곳을 통하면 값도 싸고요. 진정한 여행을 위해서는 몸을 움직여야 하고 그 다음에는 마음을 움직여 공감해야 합니다. 베네치아가 여태껏 만들어낸 것들에 대해 공감하고 함께 움직이는 거죠. 베네치아의 초점을 움켜쥐는 겁니다.

사진_김재혁

베네치아에서는 좁은 골목길을 헤매다가 자기만의 것을 만날 수 있다

위키피디아

베를린과 주변을 소개한 《베데커》 여행안내 책자

김재혁 선생님은 베네치아의 초점을 어디에서 보셨나요?

릴케 바로 아르세날레죠. 1100년경에 만들어져, 나중에 대폭 강화된 베네치아의 조선소 겸 병기창을 이릅니다. 베네치아의 심장이죠. 밤낮으로 쉬지 않고 일을 해서 모든 기관에 피를 보내고 힘을 불어넣어 주는 것은 바로 아르세날레이거든요.

김재혁 베네치아의 기관이란 무엇일까요?

릴케 베네치아의 궁전들입니다. 나라의 중심이 되는 궁전들 말입니다. 과거에 아르세날레가 힘차게 돌아갈 때 베네치아의 궁전들의 얼굴에는 환한 미소가 감돌았지요. 그 영향은 오늘날에도 느낄 수 있어요.

김재혁 아, 그렇군요. 관찰력이 예리하십니다. 베네치아를 예술의 도시로만 보시는 줄 알았는데요.

릴케 예술도 가난을 극복해야 가능하니까요. 개인의 가난이 아니라 한 나라의 가난이 문제이니까 더 그렇습니다. 그것은 뱃사람들의 의지, 총독들의 의지로 가능했던 거죠. 그 결과 베네치아는 아주 먼 도시들에게까지도 하나의 선망의 별로 뜬 겁니다.

김재혁 선생님이 베네치아에서 쓴 〈베네치아의 늦가을〉이라는 시는 지금까지 우리가 나눈 내용을 잘 담은 작품이라고 할 수 있는데요. 그 시를 한 번 읽어보겠습니다.

이제 어느새 이 도시는 물위로 떠오르는
모든 날들을 낚는 미끼처럼 떠돌지 않는다.
유리로 된 궁전들은 네 눈길에 닿아 더욱
깨질 듯이 소리를 낸다. 그리고 정원들마다

여름이 한 무리 꼭두각시들처럼 매달려 있다,

사진_김재혁

베네치아 국립 조선소
아르세날레

거꾸로, 피곤한 모습으로, 죽은 채로.
그러나 땅에서, 오래된 숲의 해골들로부터
의지가 솟아난다. 마치 지금이라도 하룻밤 사이에

그 해군 제독이 잠을 잊은 해군 조선소에서
갈레선 수를 두 배로 늘려 만들어야 하는 듯하다,
그리하여 곧 찾아올 아침 바람의 표면을

함대로 타르를 칠해야 한다, 함대는 힘차게 노를 저어
전진하다가 갑자기 깃발들을 휘날리며 새벽을 맞아,
큰바람을 만나리라, 빛나며 치명적인 큰 바람을.

김재혁 위 시에서 베네치아의 아르세날레 이야기가 "해군 조선소"라는 표현으로 등장합니다. 베네치아의 특징을 핵심적인 한마디로 말한다면 뭐라고 할까요?

릴케 의지이지요. 의지가 몸에 피를 돌게 하는 것입니다. 베네치아는 어떤 생명체보다도 왕성하게 피가 돌아요. 온 곳이 의지로 가득 차 있어요. 의지의 결과물들이죠. 궁전들, 그것들은 완전히 의지와 저항과 성공으로 만들어져 있는 것 같습니다.

김재혁 정말 사물을 보는 눈이 남다르신 것 같습니다. 베네치아 공부도 많이 한 것 같고요.

릴케 직접 보고 만져보는 모든 것들이 베네치아입니다. 다른 사람들이 눈길과 손으로 만져본 것을 넘겨받는 것이 아니라 자신이 직접 만지는 거죠. 공개서한처럼 대하면 안 되고 자기에게 친히 보내진 편지글을 읽듯 읽어야 하는 겁니다. 그래야 체험의 강도를 잃지 않아요.

김재혁 그런 베네치아를 다른 예술가들, 이를테면 화가들은 어떻게 표현했죠?

릴케 베네치아는 하나의 생명체로 그려져요. 베네치아는 화가들에게서 살아납니다.

김재혁 화가 중에서는 누구를 꼽을 수 있을까요?

릴케 단연 틴토레토(1518-1594)죠. 베네치아의 자존심이자 영광이죠. 틴토레토는 베네치아의 모든 것을 자신의 그림 속으로 가져왔습니다. 그는 베네치아의 역사를 엮어냈어요.

위키피디아

틴토레토

김재혁 더 흥미진진해집니다. 어떻게 그럴 수 있었을까요?

릴케 베네치아의 큰 건물에 가면 그의 그림이 있습니다. 마돈나 델 오르토 교회의 프레스코화 〈성전에 간 마리아〉를 보세요. 그리고 총독 관저의 〈최후의 만찬〉 그림도 보고요.

김재혁 선생님이 쓰신 연작시 〈마리아의 생애〉도 그 그림과 관련이 있나요? 선생님의 시는 그림에서 출발하죠. 그림을 해석하고 자기 생각을 집어넣고 응축하는 기법을 쓰시는 것 같은데요. 일종의 에크프라시스 아닌가요?

릴케 물론 나는 그림을 좋아하고 그것을 글로 풀어내는 데 관심이 많아요. 하지만 나는 마리아를 종교적으로 해석하지 않아요. 하느님을 위한 존재가 아니라는 겁니다. 그녀는 방황을 하지만 결국은 자신의 숭고한 상태로 돌아오는 축복받은 여성입니다. 자신에게서 우러난 희생이 스스로를 성스럽게 하는 겁니다.

김재혁 그림 자체가 선생님에게는 영감인 것 같습니다. 같은 그림을 보면서도 나름의 독창적인 생각을 하니까요.

릴케 결국 예술가는 대상을 그리면서 자기를 발견하는 거죠.

릴케는 포도주를 다시 한 잔 주문했다. 평소 믿음 깊은 수도사처럼 보이던 그가 인간의 길을 걷는 것 같았다. 다른 곳에서와 달리 이곳 베네치아에는 뭔가 야릇한 데카당스 같은 것이 있는 걸까? 그때 나는 토마스 만의 소설 〈베네치아에서의 죽음〉이 떠올랐다. 그가 포도주를 한 모금 다 마실 때까지 기다렸다가 물었다.

김재혁 베네치아 하면 저는 토마스 만의 〈베네치아에서의 죽음〉이 생각납니다. 만 특유의 아름다운 묘사가요.

릴케 김 선생님도 그 작품을 좋아하시는군요. 나도 1912년에 그 작품이 출간되자마자 구입해서 읽었습니다. 당시에는 나도 거의 베네치아 사람이었기 때문에 작품에서 느끼는 감동이 남달랐어요. 특별한 매력이 있었죠. 나는 전반부가 좋았습니다.

김재혁 저는 후반부에 접어들면서 주인공 아셴바흐가 전염병이 도는 가운데에서도 위험을 무릅쓰고 어린 소년에게 이끌리는 매혹의 흐름이 인상적이었습니다.

릴케 그래요? 나는 생각이 다릅니다. 나는 후반부가 당혹스러웠어요. 혼탁함과 냄새, 안개만이 보이더군요. 작가의 의도가 무엇인지 알 수가 없었죠. 왜 확실한 관점을 제시하지 않는 건지, 독자에게 알아서 상상으로 읽으라고 명한 것인지 모르겠습니다.

김재혁 그것이 토마스 만 특유의 데카당스가 아닌가 싶습니다. 어떻게 보면 현대예술의 기본 흐름이고요.

릴케 김 선생님은 예술에 대한 이해를 넓게 갖고 계시군요. 저 역시 그런 관점을 이해합니다. 다만, 작품의 초반부에 비해 후반부가 갖는 왜곡이 아쉬울 따름입니다.

김재혁 제가 뮌헨을 좋아해서 그런지 주인공이 초반에 뮌헨에서 소요하는 장면이 나왔을 때는 정감이 많이 갔습니다. 그러면서 주인공의 앞날이 어떻게 전개될지 궁금했지요. 하지만 후반부는 주인공이 추구하는 바대로 즉 예술가로서 현실에서 벗어나보려고 한 대로 흘러간 것이 아닌가 합니다. 왜곡은 아닌 것 같습니다.

릴케 나도 그런 생각을 하지 않은 것은 아닙니다. 토마스 만에게 거는 기대에 반해 그의 작품의 전개가 내가 생각했던 것과 다르게 되어서 안타까웠다는 것을 말씀 드린 거죠.

김재혁 그렇다면 혹시 선생님께서는 그 즈음에 추구하던 선생님의 예술관에 반하는 토마스 만의 자세를 안 좋게 생각하신 건가요?

릴케 물론 그런 면이 없지 않습니다. 당시에 나는《신시집》을 출간한 상태였고 글쓰기에서의 탄탄함을 추구하고 있었지요. 그런데 만의 〈베네치아에서의 죽음〉은 어딘가 모르게 알쏭달쏭함과 퇴폐의 기운을 풍겼어요.

김재혁 만의 작품이 하나의 탄탄한 건축물과 같은 건강한 구조를 지니지 못했다는 뜻이군요. 저는 오히려 그런 구조가 좋다고 생각했습니다.

릴케 김 선생님은 데카당스에 많은 점수를 주는 것 같습니다.

김재혁 베네치아는 보통 물의 도시라고도 하지만 가면의 도시이며 베일의 도시이기도 합니다. 겉으로 드러난 것과 속이 다르기 때문이죠. 표면이 전부인 것처럼 보이니까요.

슈테판 츠바이크는 릴케를 "금세공 하는 장인의 솜씨로 글을 빚는 언어의 대가"라고 표현한다. 나는 사실 릴케의 글이나 시를 읽으면서 그것의 비밀을 이미지를 직조해 나가는 정밀함에서 느꼈다. 그가 대학에서 잠시나마 미술사를 공부했고 미술에 조예가 깊은 데서 그것이 가능하지 않았나 생각했다. 그는 현실의 세계에서 이미지를 얻어와 그것을 언어로 조각해내면서 그것을 통해 신비스러움과 아름다움을 표현해낸다고 생각했다. 그의 사물시도 이런 배경에서 탄생한 것으로 보인다. 그래서 그림과 그의 시의 관계에 대해 물어보았다.

김재혁 그림과 시를 비교해보면 선생님의 시 창작 방식을 은근히 들여다볼 수 있을 것 같습니다. 선생님의 글쓰기는 큰 그림을 염두에 둔 당초무늬와 같습니다. 아주 노련하게 직조되어 있어요.

〈마리아의 성전 봉헌〉
(틴토레토, 1553-1556)

릴케 아, 그런가요?

김재혁 사실 선생님의 시에서 조형미를 많이 느꼈거든요. 앞서 말씀드렸던 선생님의 연작시 〈마리아의 생애〉는 그림과 긴밀하게 연결되어 있는 것 같습니다. 틴토레토의 그림 〈마리아의 성전 봉헌〉과 선생님의 시 〈성전에 간 마리아〉를 살펴보겠습니다.

릴케 그림과 나의 시 사이의 관계를 분석하신다고요? 오호! 그것 놀랍군요. 어디 들어볼까요?

김재혁 〈마리아의 성전 봉헌〉 그림은 틴토레토가 베네치아의 마돈나 델로르트 성당 문에 그렸죠. 예루살렘에 간 어린 마리아가 성당의 열다섯 계단을 올라가 당당하게 대사제 앞에 선 장면입니다. 거지들은 계단 양쪽에 서서 놀라워하고요. 아래쪽의 여인은 자기 아이에게 마리아를 본받으라고 손짓하죠. 모든 이의 눈길이 어린 마리아에게 쏠려 있습니다.

릴케 잘 알고 계시군요. 그때 그 그림을 보려고 여러 건물들 사이를 헤매던 생각이 납니다.

김재혁 〈성전에 간 마리아〉의 "아직 어린 그녀였지만, 내미는 모든 손을 뿌리치고,/그녀의 운명 속으로 갔다, 홀보다 높게 이미/마무리된, 집보다 더 무거운 운명 속으로." 같은 표현이 그렇습니다.

릴케 그렇게 쓰는 것이 언어의 응축에 도움이 되지요.

김재혁 선생님이 1924년에 쓴 미발표 시 중에 이런 게 있죠. "나를 나의 추락의 어둠에서/나를 달콤하게 알아보는 당신의 얼굴을 향해 들어 올려 주오." 고통 속으로 빠져드는 나를 구원해 달라는 뜻이죠. 마음의 공간을 이렇게 아름답게 구성하다니 정말 멋집니다.

릴케 그건 정말 내가 고통 속에 있을 때 쓴 시입니다. 어디서 그런 것까지…

릴케가
1906년 12월부터 1907년 5월까지 머물렀던 이탈리아 나폴리 근처 카프리 섬 전경.
릴케는 아름다움의 전시회장 같은 이 풍경을 처음에는 그리 좋아하지는 않았다.
관광객들의 발길이 드문 장소를 찾고서야 이 섬에 애정을 갖게 되었다

위키피디아

김재혁 우리가 보통 알고 있는 것을 선생님은 극도로 피합니다. 즉 일반적 정보나 지식과의 편차 혹은 차이가 색다른 표현법과 함께 선생님의 시적 창작의 특징이 아닌가 합니다. 선생님은 자연의 풍경도 그림으로 응축하여 마음속에 저장하는 것 같습니다. 그리고 표현법은 모방과 추상 사이를 오갑니다.

릴케 나는 외부와 내면이 늘 하나라고 생각합니다. 내가 말하는 "세계내면공간"도 같은 개념입니다. 외부는 우리의 내면이 아니면 어디에 존재할까요?

김재혁 그것을 "열린 세계"라는 개념으로도 말씀하셨죠?

릴케 그래요. 나는 산문 〈체험 I〉, 〈체험 II〉에서 카프리 섬의 정원에서 느꼈던 경험을 이야기해봤어요. 정원에서 들려오는 새소리가 나의 내면에서도 동일하게 들렸거든요. 외부와 내부는 내게는 중단되지 않은 공간일 뿐입니다. 막힘이 없이 열려 있는 거죠.

김재혁 시인에게는 세계가 닫혀서는 안 된다는 말씀이시군요. 그래서 위 시에서도 일단 마음속에 기둥을 만들고 반구천정을 올리고 계단을 만들어야 어린 마리아를 그곳으로 초대할 수 있다는 것이시죠.

릴케 나는 〈마리아의 생애〉를 성담모음집인 《레겐다 아우레아》를 보고 지었어요.

김재혁 그 책은 저도 읽은 적이 있습니다. "레겐다 아우레아"는 황금 전설이라는 뜻이죠. 13세기에 당시에 유행하던 성담전설들을 총괄해놓은 책입니다. 아주 흥미롭고 당시의 생활과 신앙을 알 수 있어요.

릴케 그러면 어린 마리아가 부모의 손에 이끌려 성당에 갔던 일도 알고 계시겠네요.

김재혁 물론이죠. 안나와 요아힘은 오랫동안 아이를 갖지 못했어요. 그러다가 낳은 자식이 마리아죠. 너무나 감사한 마음에 아이를 미사에 봉헌하죠.

성전에 데려갔더니 세 살짜리 아이가 대사제를 향해 높은 열다섯 개의 계단을 올라간 것이죠. 혼자 힘으로 말입니다. 놀라운 일입니다. 이미 이적은 거기서부터 일어나고 있는 거죠.

릴케 나도 그 책을 읽기는 했지만 내게 감명을 준 것은 그림입니다.

성담전설집《레겐다 아우레아》의 최근 판본

사진_김재혁

김재혁 선생님은 미술관의 그림들을 통해 시를 쓰시는 경향이 많은 것 같습니다.

릴케 프라하에서 대학을 다닐 때의 영향인지 그림에 관심이 많이 갑니다. 곳곳으로 옮겨 다니면서도 주로 들렀던 곳은 그곳의 미술관이나 박물관입니다. 이곳 베네치아에 있을 때 코레르 미술관과 아카데미아 미술관에 자주 들렀어요. 산타 마돈나 델로르토 성당의 그림도 즐겨 보았고요. 마리아의 생애와 관련해서는 티치아노나 틴토레토의 그림이 많습니다. 나는 그림의 건축구조를 언어로 바꾸어서 재건하는 데 관심이 있어요. 베네치아를 좋아한 이유도 이곳이 많은 미술과 조각을 갖고 있기 때문입니다. 한마디로 예술 성향의 도시이기 때문이지요.

김재혁 베네치아를 여러 편의 시로 노래하셨죠?

릴케 베네치아의 묘한 매력 때문이죠. 아마 일곱 편 정도 쓴 것 같네요.

김재혁 베네치아에서 선생님이 가장 눈여겨본 것은 마돈나 그림이죠.

릴케 그림들 속에서 그 도시의 진수가 드러납니다. 코레르 박물관의 카르파초의 그림을 보세요.

김재혁 선생님은 그림을 시로 써서 우리에게 그림 읽는 법을 가르쳐줍니다. 색채라든가 그림의 구성 같은 것 말이죠. 원 그림과 선생님의 시를 비교하다 보면 선생님의 창작 작업장을 직접 들여다보는 것 같습니다.

릴케 이거 정말 흥미롭군요.

김재혁 선생님은 역사적인 것, 시간적인 것도 공간적인 것으로 파악하는 데 일가견이 있어요. 베네치아에 대해서는《말테의 수기》에서도 특별히 언급하셨죠? 선생님의 베네치아 이야기에서는 아르세날레 이야기가 많이 나오고 또 유대인 게토 이야기가 흥미롭게 등장합니다. 그건 어떤 이유인가요?

릴케 다시 말씀드리지만 나는 아르세날레를 베네치아의 중심으로 보았어요. 그곳에서는 무기뿐만 아니라 베네치아의 틀을 이루는 배가 건조되었으니까요. 베네치아 인들은 약탈을 많이 했어요. 그리고 베네치아 인들은 유대인들을 대운하 카날 그란데 건너편으로 몰아넣었어요. 그들에게서 많은 세금을 걷고요. 거기 유대인 게토에는 단절된 그들만의 삶이 있었어요.

김재혁 선생님의 글은 현실과 전혀 관계가 없는 듯이 묘사되어 있지만 자세히 살펴보면 모두가 현실에 기반하고 있음을 알게 됩니다.

릴케 그런가요? 기본적으로 현실에 관심이 있으니까요. 유대인들을 박해한 것, 특히 재난이 닥쳐오면 그들을 희생양으로 삼은 것은 이미 이곳에서 시작된 것이죠.

김재혁 유대인 박해의 시발점이 이곳에 있다는 말씀이군요. 선생님에게서 정치적, 현실적 관심을 보니 새롭습니다.

릴케 나도 이 세상을 살아가는 사람입니다.

김재혁 아, 예. 이건 죄송한 말씀인데요. 선생님의 연애사는 베네치아에서도 예외가 아니었죠? 아까 잠깐 언급했던 미미 로마넬리로 알려져 있는 알데미나 말입니다. 곤돌라를 타고 1907년 11월의 어느 저녁에 그녀에게 사랑을 고백했지요? 그러고는 다시 선생님의 고독을 사랑해달라고 하면서 뒤로 빠졌지요. 선생님에게는 여성을 대하는 특이한 방식이 있는 것 같아요. 안 그런가요?

릴케 거 참! 이런 대화를 나눌 만큼 우리가 친해진 건가요?

그 말을 듣고 나는 머쓱해져서 나도 모르게 자리에서 일어났다. 릴케도 따라 일어났다. 우리는 카페를 나와 광장 오른편으로 걸음을 옮겼다. 산 마르코 성당의 파사드가 눈에 들어왔다. 햇살에 하얀 건물 파사드 위쪽의 검은 말 네 마리가 내게로 곧장 달려들 것 같았다. 나는 아무 말도 하지 않았다. 릴케도 아무 말도 하지 않았다. 물끄러미 네 마리 말을 올려다 본 뒤 우리는 산 마르코 광장을 가로질러 카날 그란데 방향으로 걸어갔다. 광장을 벗어나자 금방 망사처럼 성근 구멍이 난 흰색 건물이 나타났다. 두칼레 궁전이었다. 내가 다시 입을 열었다.

김재혁 선생님은 베네치아에 대해서 책으로도 많이 읽으셨죠. 깊은 곳에서 솟아나는 물이 더 시원하듯 선생님의 베네치아 글에서 그런 깊이감이 느껴지거든요.

릴케 두이노 성의 문고에 비치된 베네치아 관련 책도 읽었지요. 이탈리어어로 된 것이든, 프랑스어로 된 것이든, 독일어로 된 것이든 다 읽었어요.

김재혁 베네치아 출신의 유명한 여류시인 가스파라 스탐파(1523-1554)는 베네치아 도서관에서 발견하셨죠?《두이노의 비가》〈제1비가〉에 나오는 위대한 사랑의 여인 말입니다. 시를 잠깐 읽어볼까요? "너는 가스파라 스탐파를/깊이 생각해 보았는가, 사랑하는 남자의 버림을 받은/한 처녀가 사랑에 빠진 그 여인의 드높은 모범에서/자기도 그처럼 되었으면 하는 바람을 느끼는 것을?" 이런 구절이죠.

릴케 그 구절은 내가 지금 봐도 멋있네요. 나는 가스파라 스탐파의 시를 번역하려 했어요. 베네치아의 콜라토 백작과의 불행한 사랑을 시로 쓴 것입니다. 그의 버림을 받고도 죽을 때까지 그를 사랑했어요.

김재혁 한창 사랑할 때 그녀는 시를 썼습니다. 백작에게 바치는 311수의 사랑 시를 말이죠.

릴케 그렇습니다. 그러나 그녀는 버림을 받은 뒤 상대를 원망하지 않고 더 뛰어난 시들을 남겼어요.

김재혁 사랑의 고통을 시로써 승화시켰다는 말씀이군요.

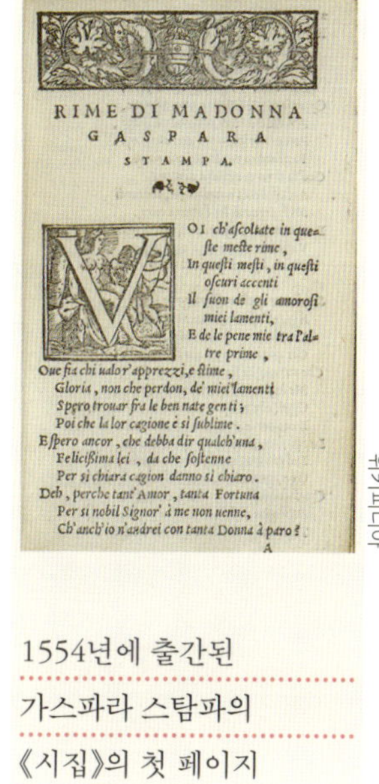

RIME DI MADONNA
GASPARA
STAMPA.

VOi ch'aſcoltate in queſte meſte rime,
In queſti meſti, in queſti oſcuri accenti
Il ſuon de gli amoroſi miei lamenti,
E de le pene mie tra l'altre prime,
Oue fia chi ualor t'apprezzi, e ſtime,
Gloria, non che perdon, de' miei lamenti
Spero trouar fra le ben nate genti;
Poi che la lor cagione è ſi ſublime.
Eſpero ancor, che debba dir qualch'una,
Feliciſſima lei, da che ſoſtenne
Per ſi chiara cagion danno ſi chiaro.
Deh, perche tant'Amor, tanta Fortuna
Per ſi nobil Signor' à me non uenne,
Ch'anch'io n'andrei con tanta Donna à paro?
A

위키피디아

1554년에 출간된 가스파라 스탐파의 《시집》의 첫 페이지

릴케에겐 사랑이든 대상이든 이상화하는 경향이 있었다. 그의 사랑은 감각의 세계보다 마음속에 있을 때 완벽했다. 릴케는 사실 사람 사귀는 것을 어려워했던 시인이다. '소유하지 않는 사랑'은 사랑의 대상과 거리를 둘 때 마음 편하게 사랑을 나눌 수 있다는 생각에서 나온 그만의 견해이다. 나는 화제를 다른 쪽으로 돌렸다.

김재혁 저 산 마르코 성당 파사드의 네 마리 말 형상은 성당하고는 좀 어울리지 않는 것 같습니다.

릴케 그래요. 정확한 말씀입니다. 베네치아가 1204년에 콘스탄티노플을 약탈하면서 가져온 것입니다.

김재혁 선생님은 시에서 산 마르코 성당의 외관만을 읽는 것이 아니라 거기에

사진_김재혁

산 마르코 성당의

사두마차

담긴 역사성도 읽고 있어요. 베네치아의 속성을 드러내는 것이죠. 시 〈산 마르코 성당〉의 "황금색 쪽빛 유리들 속에 묻혀, 속이 텅 빈 듯/무지개처럼 둥그런 모양" 같은 표현은 절묘합니다. 어떻게 이런 표현을 얻으셨죠?

릴케 우리가 성당에 직접 들어가보면 성당의 둥근 천정이 마치 채굴을 해낸 금광의 단면처럼 보이죠. 상황을 나타내는 대표성을 지닌 낱말을 찾는 거죠.

김재혁 선생님이 한 편지에서 베네치아 총독의 관저인 두칼레 궁전을 "국가의 가면"이라고 한 것 역시 너무 멋진 표현입니다. 어떻게 그런 생각을 하셨나요?

릴케 흠, 보면 그렇게 보이잖아요? 창문들과 뾰족하게 나온 부분들은 꼭 가면 모습이지요. 국가는 이런 가면을 쓰고 백성을 지배하는 겁니다. 그것이 어떤 의미인지는 시 〈어느 총독〉을 보면 알 수 있어요. 총독이 머물던 곳이 두칼레 궁전이니 서로 잘 연결될 겁니다.

김재혁 제가 시를 읽어보겠습니다.

어느 총독

외국의 사절들은 똑똑히 보았다, 그들이 그와
그가 하는 모든 일에 대해서 인색하게 구는 것을.
그들은 그를 위대함으로 자꾸만 부추기면서도
찬란한 황금빛 총독의 권좌 주위를 에워쌌다,

점점 더 강도를 더해가는 경계와 제한으로,
그들은 (마치 사자를 키우듯이) 그의 내면에서

사진_김재혁

베네치아 총독 관저인
두칼레 궁전

조심스레 키워온 그 권력이 그들을 해치지 않을까
두려웠기 때문이다. 그러나 그는,

반쯤 베일로 가려진 그의 감각의 덮개 아래서
그것을 깨닫지 못했으며 계속해서 힘을
키워갔다. 그 도시의 시의회가

그의 내면에서 제압해야겠다고 결정한 사항을
그는 스스로 제압했다. 그의 하얗게 센 머리 속에서
그것은 제압되었다. 그의 얼굴은 그 방법을 보여준다.

릴케 어떤가요? 베네치아가 어떻게 한 나라로 일어서게 됐는지 이해하겠어요?

김재혁 보통 우리는 베네치아를 궁전과 모험과 가면과 창백한 석호의 도시라고 합니다. 그런 분위기를 이 시를 통해 어느 정도 감지할 것 같습니다.

릴케 '총독'을 베네치아어로는 '도제Doxe'라고 합니다. 옛날 베네치아 왕국의 수장이죠.

김재혁 총독이 정말로 통치를 했나요? 선생님의 시에서는 겉만 수장이지 결국은 모든 제한 속에 갇힌 불쌍한 사람처럼 보이는데요.

릴케 총독은 귀족들이 뽑았어요. 그렇다고 엄청난 권력이 있었던 것은 아니고 그냥 위원회를 대표하는 지위였지요. 일종의 명예직이었던 셈입니다. 아주 형편없는 껍질뿐인 자리였어요. 그러니 호기심이 가는 시적 대상이지요. 총독은 대신 겉으로는 화려했어요. 실속은 없었지만 의복도 화려했고 궁전도 화려했죠. 입헌군주제처럼 한 개인이 권력을 가진 것이 아니라 국가가 가진 겁니다.

김재혁 선생님은 시에서 "어느 총독"이라고 했습니다. 하지만 누군가 이 시의 바탕이 되었겠죠?

릴케 그렇습니다. 보통 어느 지역을 여행하기 전에 나는 그곳에 대해 많은 공부를 하는 편입니다. 1907년에 베네치아 여행을 앞두고도 베네치아 역사를 많이 연구했어요.

김재혁 그렇군요. 그러니 시에서 응축성이 두드러지는 거군요. 제가 이 시를 연구하면서 알아낸 바로는 여기의 총독은 엔리코 단돌로라고 하던데요. 1203년 콘스탄티노플 정복 전쟁에 참가했던 사람이죠. 그런가요?

릴케 모르겠습니다. 기억이 나지 않네요.

김재혁 역시 생각했던 대로군요.

릴케 그것이 중요한 것은 아니니까요. 내가 쓴 것은 한 편의 시이지, 역사적

기록이 아니니까요.

김재혁 네, 맞는 말씀입니다. 선생님이 주목한 부분은 그러니까 보편적으로 말해서 무엇인가요?

릴케 갈등의 순간이죠. 인간들 간의 갈등 말입니다.

김재혁 그 하나는 "그들"로 표현된 귀족들이고, 다른 하나는 총독이군요. 귀족들은 나라의 대표로 허수아비 같은 총독을 뽑아놓고 혹시라도 그의 힘이 커질까 봐 두려워하는 거죠. 총독은 총독대로 권력을 실체로 만들고자 나름 다른 생각을 갖는 거고요.

릴케 그렇습니다. 겉으로 드러나는 것 속에 들어 있는 갈등의 순간이 내가 주목한 부분입니다.

김재혁 그러고 보니 두칼레 궁전의 파사드가 가면처럼 보입니다. 가면 속에 무언가 숨겨져 있을 것 같습니다. 선생님의 시 창작 비밀을 어느 정도 알 수 있었던 것 같고요.

릴케 어떻게요?

김재혁 사물을 관찰하고 그 속에 들어 있는 의미를 찾아내는 일, 그림을 읽어내 그것을 언어로 응축하는 것 등을 말입니다.

릴케 여기서 김 선생님에게 화두를 하나 던질까요?

김재혁 네, 좋습니다.

릴케 '허망하게 허물어진 궁전의 데카당스!'

그 말을 듣는 순간 나는 비토레 카르파초(1465?-1525/6)의 그림 〈두 애첩〉이 생각났다. 이탈리아어로 '코르티지아나'는 16세기에서 19세기까지 유럽의 상류층 사람들이 너나없이 부인 외에 거느리던 '애첩'을 이르는 말이다. 애첩 중에는 보통 세련되고 재치 있는 여성들, 특히 배우나 발레리나, 오페라 가

수 출신이 많았다. 릴케는 시에서 베네치아를 의인화하여 '애첩'에 비유한다. 평소 릴케는 베네치아의 화가 카르파초에게 많은 관심을 보였다. 베네치아가 우리의 애첩이 되는 까닭은 무엇일까? 사람들이 베네치아를 많이 찾는 이유는 바로 이 데카당스 때문이 아닐까. 우리의 내면에서 우리가 모르게 우리를 내모는 힘으로서의 데카당스. 〈애첩〉에서 릴케는 "나를 한번 본 사람은 나의 개를 부러워하죠,/그 어떤 불꽃에도 데이지 않는 나의 이 손,/상처입지 않는 치장된 이 손이 산란해질 때면,//이 개의 몸 위에서 푹 쉬며 회복하니까요./그리고 뻐대 있는 가문의 희망인 남자애들은/독毒에 취한 듯 내 입술로 인하여 몰락합니다."고 말한다. 우리는 그래서 섣부르게 베네치아에 취해서 몰락하는 것은 아닐까. 데카당스의 가면과 베일을 쓴 아름다운 베네치아, 그곳엔 도덕의 엄격함이 없어 편견에서 벗어난 자유가 있다. 릴케는 〈베네치아의 늦가을〉에서 말한다. "정원들마다/여름이 한 무리 꼭두각시들처럼 매달려 있다,/거꾸로, 피곤한 모습으로, 죽은 채로./그러나 땅에서, 오래된 숲의 해골들로부터/의지가 솟아난다." 이것이 그가 베네치아에 끌린 이유임에 틀림없다. 데카당스 속에 의지가 숨 쉬고 있으니까.

사진_김재혁

베네치아 가면

〈두 애첩〉

(비토레 카르파초, 1490)

다시
보릅스베데에서

마치 이때만을 위해 살아온 것처럼 기다려온 계절 중에서도 금싸라기 같은 시기인 가을의 한가운데 10월 중순이다. 정말로 나는 이 시기를 기다렸다가 학교 중간고사 기간을 이용해 다시 보릅스베데를 찾았다. 내 스스로 마음속으로 다졌던 과거와의 약속 때문이었다. 물론 단풍으로 물든 자작나무와 숲, 그 사이로 흐르는 깊지는 않지만 파란 시냇물이 보고 싶었다. 브레멘 역에서 내려 670번 버스를 타니 도로 양쪽으로 가을을 공연하는 가로수들이 종아리를 걷어 올린 채 캉캉춤이라도 출 표정을 짓고 있고 약간 외곽으로 나오자 가을 들판에 검은 소들이 생각에 잠겨 있다. 붉은 말들도 풀을 뜯고 있다. 릴케가 자주 다니던 길이다. 함메라는 작은 내를 지난다. 버스는 달리다 쉬었다 다시 달린다. 가을걷이가 끝난 들판은 지친 듯 납짝 엎드려 쉬고 있다. 가는 중에 릴케가 신혼생활을 시작했던 베스터베데라는 지명이 버스 모니터에 뜬다. 내게는 너무나 익숙한 이름이다.

사진_김재혁

브레멘 중앙역에서
보릅스베데로 가는 670번 버스의
흰색 모니터 아래쪽에
릴케가 신접살림을 차렸던 마을인
'베스터베데Westerwede'라는 글자가 보인다

릴케에게 특별한 감정을 준 인생의 세 집을 든다면 두이노 성과 뮈조 성이 당연히 첫 두 자리를 차지할 것이고 그 셋째 자리는 그 무엇보다 바르켄호프가 될 것이다. 집의 분위기는 그 사람을 만든다. 나는 릴케가 중요 기착지인 두이노로 가기 전 성인으로서의 그의 본격적인 삶이 시작된 이곳이 항상 궁금했다. 보릅스베데는 그를 조형의 시인으로 만들어준 곳이기도 하다. 나는 이번에는 보릅스베데의 한 지역인 카텐파트에 휴양용 주택을 하나 빌려 사흘 간 머물면서 마침 파리를 거쳐 이곳에 와 있는 릴케를 만나 이야기를 나누기로 했다. 하인리히 포겔러의 집 바르켄호프에서는 좀 떨어진 곳이었다. 이제 이 책에서 릴케의 보릅스베데 생활을 정리해야 할 때가 되었다. 나는 릴케와 가을 자작나무 길을 따라 산책을 하며 젊은 시절의 예술과 삶 그리고 결혼에 대해 물어보았다.

김재혁 이 곳은 다시 와 보아도 독일의 중심에서는 많이 떨어진 외딴 곳이라는 느낌이 듭니다. 이곳을 다시 들른 기분이랄까 소회를 한 말씀해주시죠.

릴케 내가 젊었을 적에 추구하던 예술과 삶이 하나 된 이상적인 고향을 이곳에서 찾았었죠. 나는 그 당시에는 그것을 이상으로 여겼었습니다. 예술가들의 공동체라니 얼마나 멋진가요!

김재혁 저는 예술가들과 공동체의 삶을 시작한 그 시점이 정말로 절묘했다고 봅니다. 시인으로서의 선생님의 생을 돌이켜 볼 때 그렇습니다.

릴케 그런가요? 어떤 면에서 그럴까요?

김재혁 정신적으로나 예술적으로 그렇게 보입니다.

릴케 듣고 보니 맞는 말씀 같습니다. 나는 당시 나의 인생이나 시인으로서의 길에 있어 일종의 분기점에 서 있었으니까요. 시대적으로 19세기에서

사진_김재혁

보릅스베데의 전형적 농가.
늪지라서 갈대가 많이 나는 까닭에
지붕을 두툼하게 갈대로 해 이었다

20세기로 넘어오던 그 시점은 전 유럽에서 문화적으로 새로운 분위기가 넘실대던 때였죠. 그런 공동체를 발견한 것은 성스러운 것을 본 것이나 다름없어요. 뮤즈들의 터전이라 할 수 있죠.

김재혁 보릅스베데에는 왜 그렇게 예술가들이 모여들었나요?

릴케 보릅스베데에 예술가들이 모여든 것은 빛 때문이었죠. 이 세상 어디서도 볼 수 없는 특별한 빛 때문이었습니다.

김재혁 그러고 보니 세잔의 엑상프로방스나 고흐의 아를에서 느끼고 보았던 강렬했던 햇빛이 기억납니다. 그 햇빛의 영향으로 그들의 그림 색채가 독특하게 전개되었나 봅니다.

릴케 이곳 보릅스베데 화가들의 그림도 색채가 독특해요. 이곳에서는 화가들이 빛의 양과 색채를 평범함에서 벗어나 색다르게 느꼈다고 생각합니다.

김재혁 그런 비밀이 있는 줄은 지금까지 이들의 그림을 보면서도 미처 깨닫지 못했습니다.

릴케 나의 색채 체험은 직접적으로 이들에게서 시작되었죠.

김재혁 《형상시집》의 시들에서 엿보이는 색채감을 보면 이해가 갑니다. 그 시절에서 가장 기억에 남는 사람은 누구인가요?

릴케 물론 하인리히 포겔러죠. 1898년 봄에 그를 피렌체에서 만났던 기억이 납니다. 화려하게 피어나는 장미넝쿨 지붕이 있는

바르켄호프의 '하얀 방'에서 내다본 정원 풍경

사진_김재혁

정원에서였죠. 시인 루돌프 보르하르트가 마련한 저녁모임이었어요. 모임은 내가 묵고 있던 베노이트 펜션에서 열렸습니다. 그곳에 하인리히 포겔러가 초대되어 온 거죠.

김재혁 사실은 우연한 만남이었군요. 아르노 강이 흐르는 도시에서요.

릴케 나중에 포겔러의 말을 들으니 내가 수도사 같은 느낌을 주었다고 그러더군요.

김재혁 그런 느낌은 저도 선생님을 만나기 전부터 작품에서 많이 느꼈습니다. 《기도시집》은 정말 경건함으로 가득 차 있습니다. 그런데 그 첫 만남에서 포겔러와 말을 텄나요?

릴케 아뇨. 그 사람도 나처럼 좀 수줍어하는 성격이었어요. 그는 어딘가 모르게 몸짓이 경쾌하면서도 차분했어요. 눈은 검은 색이었고 특별히 광채를 뿜는 스타일은 아니었어요. 목 위쪽까지 단추를 잠근 벨벳 조끼 차림이었죠. 사진에 나오는 사람 같더군요. 아주 먼 조상의 초상을 보는 것처럼 말이죠. 우리는 헤어질 때 악수만 했죠.

김재혁 말없는 만남, 어쩐지 두 분이 잘 어울리는 것 같습니다. 말은 없었지만 마음으로는 진정 통했을 것 같습니다.

릴케 둘 다 초기 피렌체 예술에 관심이 많았지요. 산드로 보티첼리의 작품을 좋아했어요.

김재혁 내면적이고 성찰적인 두 분의 공통점이 보티첼리를 좋아하는 거였군요. 피렌체의 초기 르네상스 예술에서 선생님은 봄의 느낌을 받으셨죠?

릴케 네, 그래요. 포겔러의 유겐트슈틸을 보고 감명을 받기도 했죠. 이름 그대로 유겐트 즉 젊은 시절로 가득 차 있으니까요.

김재혁 피렌체에서 그와 많은 이야기를 나누셨나요?

릴케 아닙니다. 다음 날 그를 찾아갔더니 이미 떠나고 없더군요. 그래서 편지로 서로의 소식을 물었습니다. 그러다가 반년이 지나 내가 베를린 슈마르겐도르프에 묵고 있을 때 포겔러가 나를 찾아왔어요.

김재혁 베를린 슈마르겐도르프라면 루 살로메 내외가 살던 곳이죠?

릴케 네, 그래요. 나는 그곳에서 멀지 않은 빌라 발트프리덴 호텔에 묵고 있었죠.

김재혁 저도 이번 여행길에서 베를린에 간 김에 슈마르겐도르프를 들러서 왔습니다.

릴케 아, 그랬군요. 빌라 발트프리덴이 아직 있던가요? 훈데켈레슈트라세 11번지로 기억하는데요.

김재혁 건물은 헐리고 이런 팻말만 남아 있습니다. '예전에 이곳에 있던 빌라 발트프리덴에 1898년부터 1900년까지 라이너 마리아 릴케(1875년 12월 4일-1926년 12월 29일)가 살았고, 시인은 이곳에서 1899년에 《기수 크리스토프 릴케의 사랑과 죽음의 노래》의 초고를 썼다.'

릴케 내가 지나간 흔적을 기념해 놓았군요. 내가 묵었던 집이 없어졌다니 아쉽습니다.

김재혁 그렇습니다. 세월의 흐름은 어쩔 수 없죠. 포겔러 이야기로 돌아갈까요? 포겔러의 어떤 면이 선생님은 좋았나요? 포겔러는 선생님과 비슷한 연배였죠?

릴케 나보다 세 살 많았지만 기질이 비슷해서 나의 예술적 도반道伴으로 생각했죠. 그와 함께 있으면 마음이 편안했습니다. 같은 신을 섬기는 사람들처럼 말이죠.

김재혁 이미 상당한 우정이 형성된 상황에서 포겔러가 선생님을 이곳으로 초대한 거군요.

릴케 포겔러는 이곳에 1894년부터 살고 있었어요. 이미 이곳의 중요한 인물이 되어 있었습니다. 예술이라는 거대한 과업을 함께 지고 갈 친구 같이 느껴졌습니다.

김재혁 그러면 선생님이 생각하는 신은 예술적 과업 쪽에서 볼 수 있겠습니다.

릴케 그 신의 기적을 보기 위해서는 우리는 서로 침묵해야 합니다. 너무 대놓고 말하면 안 되죠.

김재혁 같은 길을 가는 사람들만의 공모 같군요. 그렇게까지 친하게 되는 데에는 과정이 필요할 것 같은데, 포겔러와의 우정에 대해 좀 더 자세히 설명해주세요.

릴케 포겔러가 슈마르겐도르프의 빌라 발트프리덴에 찾아오고 나서 바로, 그러니까 1898년 성탄절에 나는 그의 어머니 집이 있던 브레멘으로 가서 즐거운 시간을 함께 보냈어요. 그의 어머니나 여자형제들 모두 마음씨가 좋고 명랑했어요. 아주 흥겨운 자리였습니다.

김재혁 그렇게 해서 브레멘과 인연을 맺게 되었군요.

릴케 브레멘에 며칠 머물렀는데 그때의 아름다움은 지금도 기억에 선합니다.

김재혁 브레멘을 떠올리면 기분이 좋아지시는 것 같습니다.

릴케 브레멘 때문만은 아닙니다. 날씨가 추우면서도 화창했던 성탄절 아침 포겔러와 함께 처음으로 보릅스베데까지 와보았죠.

김재혁 그때 이미 보릅스베데를 구경하셨군요. 저는 러시아 여행에서 돌아오면서 곧장 이곳을 찾은 것으로 알고 있었습니다.

릴케 보통은 그렇게들 많이 생각합니다. 그렇지만 전사前史가 이미 있었습니다.

김재혁 가장 먼저 들른 곳은 물론 지금 우리가 앉아 있는 이 바르켄호프였겠죠?

릴케 네, 그렇죠. 바이어베르크의 동쪽에 위치한 이 집은 원래 오래된 농가였어요. 포겔러가 모두 직접 수리한 겁니다. 이 하얀 합각머리 건물의 돌 하나하나, 의자 하나하나에 그의 손길이 가지 않은 게 없어요.

김재혁 그때 받은 인상이 정말 강렬했나 봅니다. 이 건물에 들어오면서 보니까

사진_김재혁

하인리히 포겔러가 설계한 보릅스베데 역 역사

사진_김재혁

바르켄호프 오른쪽 측면
문 입구 위에 적힌
릴케의 축복의 글

들보에 축복의 말이 적혀 있던데 선생님이 쓴 것 아닌가요?

릴케 네, 맞습니다. 그 해 해가 바뀔 때 바르켄호프를 위해 축복의 말을 하나 써서 포겔러에게 보내주었죠.

김재혁 어떤 내용을 썼는지 직접 읽어주시겠습니까? 여기 사진이 있으니까 보면서 읽어주시죠.

릴케 '이 집의 운명은 빛이어라./주인은 이 집의 심장이고/손이며/땅에 심어진 보리수들로/그의 집은/그늘이 지고 커지리라./1899년.'

김재혁 이 집이 정말 좋아할 만한 축복의 말입니다.

릴케 아, 그것이 끝이 아닙니다. 그 뒤에다 몇 마디 더 적었어요. '라이너 마리아 릴케가 친애하는 하인리히 포겔러에게, 새로운 해의 첫머리를 맞이하여 그리고 잘 마무리된 해의 추신으로서. 베를린 근교 슈마르겐도르프에서. 1898년 12월 29일.'

김재혁 정성을 많이 쏟은 글입니다. 그렇게 해서 선생님의 글이 이 집 참나무 들보에 적히게 되었군요.

릴케 포겔러는 그 글귀를 이 집 현관 위쪽의 들보에 새겨 넣었어요.

김재혁 이 헌시를 선생님은 2년 뒤에 하인리히 포겔러를 위해 펴낸 시집《보릅스베데에서 그리고 그 후》라는 시집에 넣으셨어요.

릴케 그 시집에는 포겔러가 삽화를 그려 넣었죠.

김재혁 그때 그의 아틀리에도 구경하셨겠죠?

릴케 그럼요. 그의 아틀리에를 구경하니 함께 일을 하면 좋겠다는 생각이 들었어요. 포겔러는 종합예술가입니다. 시도 쓰고, 건물도 짓고, 조각도 하고, 물건도 만들고, 그림도 그리고요. 이야기를 꾸며내는 재주 또한 뛰어났죠.

김재혁 그래서 그 뒤로 선생님의 시집에 포겔러의 표지 그림이나 삽화가 들어가게 되었군요. 1905년에 낸《기도시집》표지도 그의 솜씨죠. 포겔러가 선생님을 다시 초대한 것은 언제인가요?

릴케 1899년 7월 1일이었죠. 내게 장미가 흐드러진 바르켄호프를 봐야 한다고 편지를 보내왔어요. 작은 침실 하나와 나를 위해 마련해놓은 조용한 서재가 기다리고 있다고요. 기억해놓고 있다가 쉬고 싶을 때 나타나라고 했습니다.

김재혁 선생님에 대한 애정이 느껴집니다.

릴케 1899년의 첫 번째 러시아 여행에 돌아오면서 포겔러에게 헌시를 한 편 보냈어요. '성 게오르크의 인사를 받으라'고 먼저 썼죠. '나의 러시아 성자와 함께 친애하는 하인리히 포겔러에게 바친다'고 했습니다.

김재혁 러시아 여행을 하던 중 이곳이 생각났나 봅니다.

릴케 포겔러가 예술적 모티프로 성 게오르크를 좋아한다는 것을 이미 알고 있었어요. 나도 이 모티프에 관심이 많았죠. 베스터베데에서 〈용을 죽인 사나이〉라는 짧은 산문을 쓴 것도 같은 이유입니다.

김재혁 용을 죽인 사나이는 유럽에서 보호성인으로 받들어지고 있는 성 게오르크를 말하죠. 확실치는 않지만 기원후 3세기경에 살았던 인물로 알려져 있습니다. 예술가들은 이렇게 대가代價를 원치 않는 성자를 좋아하는 것 같습니다.

릴케 예술이 뭔가 대가를 원할 때, 그때는 바로 예술의 죽음이죠. 다 아는 이야기이지만. 뭔가 구속되는 순간 자유는 없어지고 속됨 속으로 빠져드는 겁니다.

김재혁 네, 그렇습니다. 백성을 괴롭히는 용을 죽이고도 아무런 대가를 원치 않는 게오르크가 정말로 성자이죠. 뭔가를 바란다는 것은 거기에 이미 사심이 개입되기 때문에 순수성이 상실된다고 보는 거죠. 친구 포겔러와의 협업은 다른 곳에서도 이루어졌나요?

릴케 물론이죠. 1899년 성탄절에 시집《나의 축제를 위하여》를 냈습니다. 하

사진_김재혁

10월 중순

아침 해가 아직 떠오르기 직전

어스름 속의 바르켄호프

인리히 포겔러가 아주 섬세한 그림으로 멋진 표지를 만들었죠. 정말 마음에 들었어요. 1900년 8월 말에 러시아 여행을 마치고 페테르부르크를 떠나 이곳 보릅스베데에 와서 친구들한테 시를 읽어줄 때도 그 시집을 애용했어요.

김재혁 선생님은 사실 나중에 가서는 초기에 쓴 시들은 인정하지 않으려 했는데 이 시집은 유난히 사랑하셨어요.

릴케 이 시집에 들어 있는 시들은 정말로 나를 보는 것 같거든요. 내 목소리가 그대로 들어간 첫 시집이라서 그럴 겁니다.

김재혁 또 한 가지 궁금한 것은 선생님의 작품에 음악이나 그림 같은 다른 예술장르가 끼어드는 것을 싫어하시는데, 포겔러의 삽화나 그림은 예외인 듯합니다.

릴케 그의 장식적인 그림은 내 시의 분위기를 돋우는 데 많은 도움이 된다고 봐요. 1900년에 창간된 잡지《인젤》에 내 시〈세 명의 동방박사〉가 나왔을 때 포겔러의 장식그림이 곁들여졌죠. 시를 감싸고 담쟁이 넝쿨처럼 뻗어나간 장식무늬들 속에서 나의 시가 유머러스하게 응답하는 느낌입니다. 그나 나나 이 모티프를 좋아했기 때문에 가능하지 않았나 싶습니다.

김재혁 두 분의 예술이 아주 성공적으로 협력을 이룬 경우입니다. 그 전에 아마도 두 분은 심정적으로 아주 가까웠던 것 같습니다. 선생님의 시에서는 음향이 반짝이고 포겔러의 장식문양에서는 우아하게 움직이는 수많은 장식 선들이 반짝이는 거죠.

Die heiligen drei Könige.
Einst als am Saum der Wüsten sich
auftat die Hand des Herrn,
wie eine Frucht, die sommerlich
verkündet ihren Kern,
da war ein Wunder: Fern
erkannten und begrüßten sich
drei Könige und ein Stern.
Drei Könige von Unterwegs
und der Stern Ueberall,
die zogen alle (überlegs!)
so rechts ein Rex und links ein Rex
zu einem stillen Stall.
Was brachten die nicht alles mit
zum Stall von Bethlehem. —
Weithin erklirrte jeder Schritt,
und der auf einem Rappen ritt,
saß samten und bequem.
Und der zu seiner Rechten ging,
der war ein goldner Mann,
und der zu seiner Linken fing
mit Schwung und Schwing
und Klang und Kling
aus einem runden Silberding,
das wiegend und in Ringen hing,
ganz blau zu rauchen an.

하인리히 포겔러가
릴케의 시 〈세 명의 동방박사〉에 그린 장식 그림.
잡지 《인젤》(1900)

릴케는 포겔러의 초대의 말을 늘 머릿속에 간직하고 있었다. 포겔러의 초대의 말이 너무 마음에 들었다. 1900년 6월 초에 이미 톨스토이의 농장인 야스나야 폴랴나를 방문하던 중 포겔러에게 편지를 썼다. "사랑하는 하인리히 포겔러! 나는 당신을 생각하고 있어요. 나는 약속을 지킬 것입니다. 8월에는 당신 곁에 있겠어요." 페테르부르크에서 그는 곧장 베를린으로 돌아왔다. 그는 베를린에 잠깐 머물렀다가 포겔러의 손님으로 바르켄호프의 푸른 합각머리 지붕 방에 6주 동안 묵었다. 그의 생의 전환점의 시작이다. 보릅스베데의 풍경은 그에게 점점 변해가는 시를 쓰게 한다. 그리고 그곳에서 만난 흰 옷의 아름다운 처녀들 역시 그에게 점점 더 붉은 장미를 노래하게 한다. 그의 아내가 될 클라라 베스트호프와의 만남 역시 그랬다. 그는 그때 몇 권의 책을 출간한 도시 출신의 대학생 시인이었다. 그렇지만 그것으로 돈을 벌지는 못했다. 그러나 그가 2년 뒤 보릅스베데를 떠날 때는 결혼한 남자였고 아버지였으며 새로운 책임감과 자의식이 덧붙여져 있었다.

이제는 돈을 벌어야 했다. 출판사와 계약을 해서 책을 쓰기로 했다. 그 첫 번째 작품이 전기 《보릅스베데》이다. 애당초 그가 보릅스베데에 들른 것은 러시아 여행의 인상들을 정리하고 러시아 예술에 대한 글을 써보려는 의도에서였다.

김재혁 세월도 많이 흐르고 했으니 부인과의 첫 만남에 얽힌 에피소드가 있으면 좀 들려주시지요.

릴케 네, 그러지요. 사실 나는 그 전에 파울라 베커의 화실에 종종 들렀었습니다. 그렇지만 클라라의 아틀리에는 나중에야 보게 되었어요.

김재혁 우연히 그렇게 되었나요?

릴케 그런 셈이지요. 그러다가 바르켄호프의 일요일 만남이 몇 번 지난 어느 날 새벽 날이 아직 어둑할 때 클라라의 화실 구경을 하기로 했어요. 그래서 우리 둘은 그녀의 아틀리에 앞에 서 있었죠. 그런데 그녀가 열쇠를 가져오지 않은 거예요.

김재혁 아니, 저런! 그래서 어떻게 하셨나요?

릴케 그래서 자물쇠를 부수기로 했죠. 조각가용 망치로 내리치다가 그만 클라라가 망치에 손을 맞았어요.

김재혁 무척 아팠겠습니다. 괜찮았나요?

릴케 아픔을 시끄럽게 소문내지 않고 견디려고 우리는 이야기를 하고 또 했어요. 그러다가 결국 자물쇠를 부수고 아틀리에로 들어갔어요. 이 조그만 사건으로 우리는 걱정과 놀람을 공유하는 사이가 되었죠. 공동체가 된 느낌을 받은 거죠. 그리고 위험이 늘 옆에 도사리고 있다는 것도 느꼈죠.

김재혁 그때 하나의 유대감이 형성되었군요.

릴케 유대감도 있었지만 그때 내가 느낀 것은 인간이 꼭 안전하게, 다치지 않고 살 수 있는 것만은 아니며 위험 속에 있는 것 역시 나쁜 것은 아니라는 것이었죠.

김재혁 뭔가 선생님의 삶에 대한 암시를 느낄 수 있습니다.

릴케 아무튼 우리는 그 일로 아주 가까워졌어요. 그리고 뭔가 위험도 느꼈고요. 너무 급격히 가까워졌으니까요.

김재혁 클라라의 아틀리에에서 가장 먼저 본 것은 무엇인가요? 뭔가 눈에 띄는 것이 있었을 텐데요.

릴케 클라라는 그때 막 시작한 작은 청동조각 〈앉아 있는 소년〉을 보여주었어요. 상당히 인상적이었습니다.

김재혁 시인의 눈으로 부인의 재능을 알아보셨군요.

릴케 앉아 있는 소년의 등으로 흐르는 부드러운 선이 마른 소년의 등에 보이는 각진 모양새를 넘어 엄청난 안정감을 주고 있었어요. 양팔에는 이미 몇 년 뒤면 남자의 일을 할 기운이 서려 있고요.

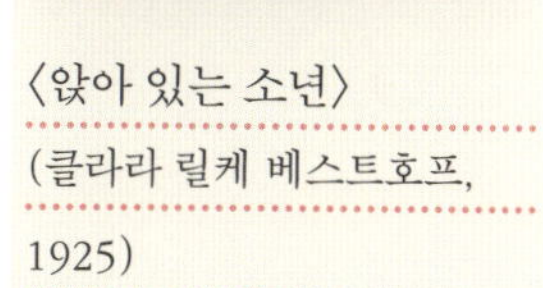

사진_카렌 블린도

〈앉아 있는 소년〉
(클라라 릴케 베스트호프, 1925)

김재혁 작품을 평하는 선생님의 직관적 묘사에서 2년 뒤에 시작한 〈로댕론〉이 느껴집니다.

릴케 그런가요? 사실 당시에 클라라가 로댕을 두고 얼마나 높이 평가하던지 내가 거기에 많은 영향을 받았어요. 파리 이야기도 아주 많이 했지요. 세잔 이야기도 많이 했습니다. 그것은 클라라뿐만 아니라 파울라도 그랬어요. 그래서 나도 한 번 가봐야겠다는 생각을 하게 됐어요. 무슨 일이 있어도 그 해 성탄절 지나고서 파리에 가서 그림도 보고 로댕도 만나봐야겠다고 생각했습니다.

김재혁 그러니까 로댕과 파리에 대한 관심이 클라라를 통해 암암리에 싹튼 거군요?

릴케　그렇다고 봐야죠. 그 사이에 내가 혼자서 소원하게 지내는 동안 소홀히 했던 것들을 만회하고 싶었던 거죠.

김재혁　보릅스베데는 그러니 아무리 생각해도 선생님의 예술적 발전에서 장거리 기차가 출발하는 역이었던 셈입니다.

릴케　나도 사실 그렇게 생각해요. 이곳에서 보냈던 1900년 가을의 그 몇 주가 아니었으면 나의 발전은 없었을 겁니다. 이제 드디어 나의 감정을 위한 객관적 형상들을 찾을 수 있게 되었으니까요.

그 당시 릴케는 바르켄호프의 하얀 방에서 두 젊은 여성을 비롯한 많은 사람들을 만나 시를 읽고 함께 이야기를 나누곤 했다. 베를린으로 잠시 떠나 보릅스베데를 그리워하면서 쓴 시가 있다. 파울라에게 1900년 10월 21일에 쓴 편지에 동봉한 시이다.

> 나는 여러분이 귀 기울이는 것을 알아요. 목소리 하나가 흐르고,
> 하얀 방에는 일요일 저녁이 있어요.
> 내 이마에 서린 고요는
> 시들어 창백해져요. 나는 다시 한 번
> 여러분이 귀 기울이는 것을 보고 싶어요, 음향의 기도를.
> 베토벤은 입을 열었지요… 나의 감각은 떨려오고,
> 내 안의 모든 어둠도 따라서 쏴아 소리를 내지요.

베를린으로 떠나온 그는 보릅스베데에서와 다른 고독을 느낀다. 그리고 그곳을 그리워한다. 그 하얀 방에서 피아노를 치며 노래를 부르던 사람은 파울라 베커의 언니 밀리 베커였다. 그때 나는 그곳을 찾은 다른 예술가가 있었는지 궁금해졌다.

김재혁 보릅스베데에 우리가 많이 이야기했던 예술가들 말고 이야깃거리가 될 만한 다른 사람은 없나요?

릴케 물론 있지요. 스치듯 지나갔던 아주 젊은 여성화가가 있어요.

김재혁 궁금하군요. 이름이 뭐였죠?

릴케 오틸리에 라이렌더라고요. 18살의 아주 앳된 여자였죠. 보릅스베데에 와 있던 모든 친구들 중 가장 어렸어요.

김재혁 어린 나이에 일찍 그림공부를 하러 나섰군요.

릴케 내가 가기 전인 1898년에 이미 그곳에 와서 파울라와 함께 마켄젠에게서 그림을 배웠다고 하더군요.

김재혁 재능이 풍부했나 봅니다. 어린 나이에 그 길로 나선 것을 보면.

릴케 그렇죠. 사람들이 이구동성으로 그곳에 와 있는 모든 젊은 숙녀들 중 최고 재능의 소유자라고 했습니다.

김재혁 인상은 어땠나요?

릴케 파울라의 백합 아틀리에에서 봤는데, 아직 어린애였어요. 볼은 통통하고 입술은 좀 무표정해 보였죠. 그 입술에서 경멸하듯이 짧은 문장을 그냥 툭툭 흘렸어요.

김재혁 좀 자유분방한 성격이었나 봅니다.

릴케 그때 마침 작별을 하러 왔던 거였어요. 그림 공부를 위해 파리로 떠나 파울라가 파리에서 쓰던 아틀리에를 쓰고, 보릅스베데에서 오틸리에가 쓰던 화실은 파울라가 쓰기로 했죠.

김재혁 1900년에 파리로 간 뒤로 선생님과 연락이 있었나요?

릴케 물론 서신교환을 했어요. 게다가 내가 파리나 로마로 갔을 때 서로 마주쳐서 그곳에서 만났죠. 나처럼 좀 방랑과 여행을 좋아했어요. 이탈리아 여행도 하고 1910년엔가는 멕시코로 떠났습니다. 그 뒤로도 1920년대까지 나와 쭉 편지로 연락을 했어요. 내 역량이 닿는 한 내 쪽에서 조금이라도 도움을 주려고 했었어요.

김재혁 이제는 보릅스베데의 잊힌 화가가 되었군요. 선생님 입장에서 그녀에 대해 뭔가 덧붙이고 싶은 이야기가 없으신가요?

릴케 그러려면 그녀가 그린 그림을 하나 보면서 이야기하는 게 좋을 것 같네요. 그녀가 보릅스베데에 있을 때 그린 그림인데 제목은 〈자매〉입니다. 전체적으로 어떤 느낌이 드나요?

김재혁 뭔가 보릅스베데적인 분위기가 풍깁니다. 원경의 모습이 특히 보릅스베데의 황갈색 들판과 거기에 가끔 서 있는 나무를 연상시키고요.

릴케 그렇죠. 그 정도는 누구나 할 수 있는 이야기라고 생각합니다. 내가 보기에 오틸리에의 경우 그림의 색채가 풍부한 질량감을 보여줍니다. 눈이 질릴 정도로 넉넉한 색상을 내놓고 있어요.

김재혁 그렇군요. 색채가 두 인물의 표정을 규정하는 것 같습니다. 앞쪽의 어린 동생과 뒤쪽의 언니는 색깔로서 그들의 인생이 서로 다른 방향으로 흐를 것 같은 느낌이 듭니다. 게다가 어딘가 모르게 오틸리에의 그림에서는 파울라의 향기가 느껴져요.

릴케 그렇죠. 시대와 갈등을 겪고 그것을 넘어서

오틸리에 라이렌더
(1882-1965)

〈자매〉
(오틸리에 라이렌더, 1900)

려는 자세 같은 도발성이 보입니다. 바로 그것이죠. 오틸리에 라이렌더는 바로 현대 회화로 넘어가는 다리를 놓은 중요한 인물입니다. 우리에게 잘 알려져 있지 않아서 그렇죠.

김재혁 예의 현대성이 있다는 말씀이군요. 저도 동감합니다. 물론 현대성은 표현주의 같은 화풍을 말하는 것이겠죠?

릴케 그렇습니다. 그림에서 화가의 개성이 독특하게 나타나는 것입니다. 수많은 세월이 흘렀는데도 자꾸만 그 시절 기억이 떠오르는군요.

릴케는 오틸리에 라이렌더의 그림을 보고 많은 것이 떠오르는 모양이었다. 오틸리에는 보릅스베데의 풍경뿐만 아니라 소녀들과 촌노나 멕시코의 나이든 사람들까지 그림의 소재로 삼았다. 그것은 대상에 대한 애정 없이는 불가능한 일이었다. 그때 불현듯 내 머릿속에는 다른 여인의 모습이 그림틀에 사로잡힌 채로 떠올랐다.

김재혁 포겔러의 부인 마르타에 대해서 알고 싶은데요. 그녀의 모습을 포겔러의 그림에서 자주 볼 수 있거든요.

릴케 하인리히 포겔러는 결혼하기 전부터 내게 자신의 신붓감 마르타 이야기를 자주 들려주었어요. 나를 신뢰하기 때문이었겠죠?

김재혁 그렇게 생각할 수 있습니다. 하지만 다른 한 편으로 스스로 자랑하고 싶은 마음 때문이 아닐까 해요.

릴케 김 선생님 말을 듣고 보니 그것이 더 맞는 것 같습니다. 마르타는 미인이었어요. 그래서인지 포겔러는 자기 부인만 그렸죠.

김재혁 그것이 문제의 핵심 같습니다.

릴케 포겔러는 늘 그녀 곁에만 머물렀어요. 실제로 그의 그림은 오로지 마르

사진_김재혁

보릅스베데 임 술루에 있는
마르타 포겔러의 집 겸 공방

타에게만 바쳐졌어요. 게다가 그녀를 위한 사랑시를 써서 시집을 내기도 했어요. 1899년에 인젤 출판사에서 출간했지요. 손으로 글을 쓰고 펜화를 그리고 장정까지 직접 했어요.

김재혁 보릅스베데 화가들 중 시를 쓴 사람은 포겔러가 유일했던 것 같습니다. 선생님은 그 시집을 읽어보셨나요?

릴케 물론이지요. 그가 직접 칼라로 그림을 그려 넣은 시집을 그에게서 선물로 받았어요. 나는 그 시집을 좋아했죠. 손이 저절로 가는 시집이었지요. 그 시집에 대한 소감으로 나는 〈나의 두 손은 앞서 갔지요〉라는 시를 쓰기도 했어요. 그의 시집에서 시를 한 편 소개해줄게요.

밝은 은빛의 밤마다 달이
너의 작은 방에 가만히 떠오르면,
너의 금발머리를 어루만지며 달이
너의 두 눈을 들여다보면,
달이 너의 부드러운 비단머리에 입 맞추면,
달은 네게 나의 인사를 전해주는 거라네.

김재혁 시가 아주 소박하군요. 사랑의 진실성이 느껴져요.

릴케 유겐트슈틸풍의 시죠. 돋보이는 것은 예술가 포겔러의 그림과 장정 솜씨입니다. 이 시집은 성공을 거두어서 오늘까지도 판매되고 있어요.

김재혁 선생님은 마르타를 처음부터 잘 알았나요?

릴케 그렇지는 않습니다. 마르타는 보릅스베데에 살던 친구들 중 유일하게 그 지역 출신이었죠. 그녀가 14살이던 1894년에 하인리히 포겔러를 알게 됐다고 하더군요. 나는 나중에 가서야 그녀를 알게 되었는데, 포겔러가 미리부터 그녀 이야기만 하는 바람에 막상 처음 만났을 때는 아주 친근하게 여겨졌죠.

인젤출판사에서 1899년에 출간한 하인리히 포겔러 시집 《그대에게》에게 실린 위 시작품과 포겔러의 삽화

김재혁 마르타도 그림을 그렸나요? 아니면 그냥 남편 그림의 모델이었나요?

릴케 그림도 그리고 수예도 했어요. 나중에는 넉넉히 보릅스베데의 일원이 되었죠. 그것도 세 딸을 낳고서 말이죠.

김재혁 혹시 선생님이 그녀를 위해 쓴 시는 없나요? 선생님은 사람과 친해지는 방법으로 헌시를 써서 선물하는 것을 즐기시잖아요.

릴케 물론 있죠. 〈신부〉라는 제목으로 써서 하인리히 포겔러에게 주었습니다. 나중에 시집《보릅스베데에서 그리고 그 후》에 실었습니다. 읽어볼게요.

나는 이 집에서 그녀를 느꼈네,
오래토록 외롭게 견뎌온 금발의 신부를.
모든 시간들은 그녀의 목소리로 노래하고,
소리들은 그녀의 발걸음을 지녔네.

날마다 내게 봉사해야 하는 사물들은
내가 그들에게 다가갈 때면 실망하며,
어느 미지의 여인을 그리워했네,
소박함에 소박함을 더하는 그녀를.

이 집의 무엇도 그녀를 소란스레 드러내지 않았고,
모든 것이 말했네, 나 따위는 중요치 않다고,
저녁이면 나는 이 방 저 방 드나들었고,
모든 거울은 내게 그녀의 고운 모습을 부탁했네.

김재혁 마르타가 무척 좋아했을 것 같습니다. 이 집이 마르타를 얼마나 아끼는지 알겠어요.

릴케 이 집의 물건들은 모두 하인리히 포겔러의 손길로 만들어진 것들이죠. 이 의자, 저기 책꽂이 할 것 없이. 그러니 시계가 종을 치면 그녀의 목소리를 흉내 내고, 모든 소리들은 그녀의 발걸음소리를 따라 하는 것이죠.

김재혁 이 곳의 사물들은 온통 그녀만 바라보고 살고 있군요. 그녀가 그들을 사랑해주니까요.

릴케 그래요. 그러니 나같이 낯선 남자가 다가가면 뜨악한 눈길로 실망을 표하면서 마르타를 그리워하는 겁니다. 나는 그녀만큼 소박하지 못하니까요.

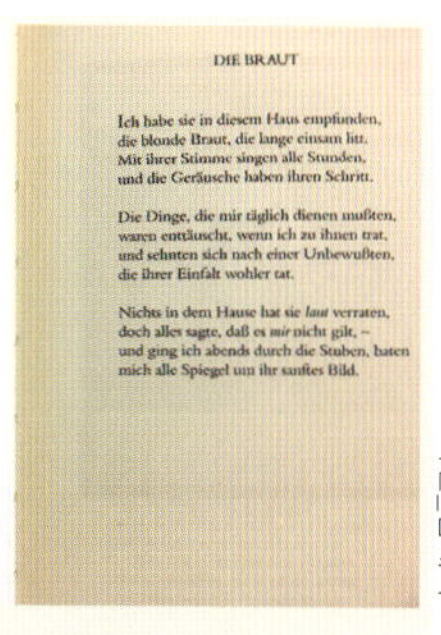

DIE BRAUT

Ich habe sie in diesem Haus empfunden,
die blonde Braut, die lange einsam litt.
Mit ihrer Stimme singen alle Stunden,
und die Geräusche haben ihren Schritt.

Die Dinge, die mir täglich dienen mußten,
waren enttäuscht, wenn ich zu ihnen trat,
und sehnten sich nach einer Unbewußten,
die ihrer Einfalt wohler tat.

Nichts in dem Hause hat sie *laut* verraten,
doch alles sagte, daß es *mir* nicht gilt, –
und ging ich abends durch die Stuben, baten
mich alle Spiegel um ihr sanftes Bild.

사진_김재혁

《보릅스베데에서 그리고 그 후》에 실린 시 〈신부〉와 포겔러의 삽화 〈1896년 봄〉

김재혁 선생님의 의인법 솜씨는 언제나 멋지게 잘 구사됩니다. 그녀를 아끼기에 사물들은 그녀가 나타났다고 소란스레 드러내놓고 떠들지 않는다는 구절도 마음에 듭니다. 선생님은 좀 힘들었겠어요.

릴케 왜요?

김재혁 이곳의 모든 물건들이 선생님 따위는 아무것도 아니라고 무시해서요.

릴케 괜찮습니다. 이곳 집안에 있는 사물들의 뜻을 들어주면 되니까요. 그냥 가만가만 조용조용 지내면 되는 거죠. 그러면 그녀의 '고운 모습'을 포겔러의 그림으로 볼까요?

릴케는 방안에 걸려 있는 포겔러의 그림들 중 1897년작인 〈봄〉을 가리켰다. 나도 그쪽으로 눈길을 돌렸다. 그곳에는 파란 봄이 와 있었다. 그리고 차가운 대기 속에서 하늘색 옷을 입은 젊은 여인이 잠자리처럼 나풀대며 서 있었다. 누가 봐도 그녀가 포겔러의 아내 마르타임을 금세 알 수 있었다. 자작나무들은 겨울을 견뎌내고도 어디로 가지를 못하고 그 자리에 그냥 서 있고, 푸른 하늘에는 심심찮게 구름들이 떠 있고, 작은 도랑은 하늘과 봄의 푸른빛과 그녀의 하늘색 옷빛깔을 반사하느라 바빠 보였다. 자작나무들은 겨울 동안 간직해온 비밀을 더 이상 감추지 못하고 흰 껍질에 적힌 비밀을 다 드러내고 있었다. 그것을 보고 새 한 마리가 나무 끝에 앉아 뭐라 지껄이고 있었다. 그녀 발치의 민들레 같은 들꽃들은 깔깔대고 웃고 있었다. 차가웠던 침묵의 껍질이 살짝 벗겨지며 봄의 재잘거림이 드러나는 순간이었다. 그 소리는 새를 응시하는 그녀의 안에서 들려오는 소리였다.

〈봄〉
(하인리히 포겔러, 1897)

김재혁 선생님은 시를 통해 여인들의 모습을 정말 잘 그려냅니다. 그만큼 여인들을 잘 이해하는 거겠죠?

릴케 이해하지 않고 어떻게 대상을 그려내겠어요?

김재혁 자꾸만 마르타가 쓴 글이 생각나서 말씀드려 봤어요.

릴케 마르타가 뭐라고 썼는데요?

김재혁 선생님은 좌중에서 존재감이 남달라서 선생님의 정신적 분위기만 방 안에서 떠도는 것처럼 보인다는 거죠.

릴케 나쁜 의미인가요?

김재혁 아닙니다. 선생님 옆에 있으면 그만큼 장엄함 같은 것을 느끼게 된다는 겁니다.

릴케 사실 나는 시나 산문을 낭송할 때가 가장 좋습니다. 촛불과 장미와 은제 그릇들이 마련되어 있는 곳에서 말이죠. 그때 여성들이 내 목소리를 들어주면 더 좋고요. 보릅스베데에서는 이 같은 분위기 속에서 〈사랑하는 하느님 이야기〉를 읽어주었는데 반응이 어마어마했습니다. 그때부터 낭송이 나의 삶 속에 자리 잡게 되었고, 그것이 내게 많은 후원자들을 만들어주었지요.

김재혁 그때 모습이 상상이 가네요. 그런 분위기 속에서 선생님의 글은 가장 생동감 있게 살아나는 것 같습니다.

릴케 나는 하인리히 포겔러를 비롯한 보릅스베데 사람들 속에서 내가 가야 할 길을 확실하게 찾았다고 생각합니다.

새벽, 릴케와 나는 흘러가는 가을 공기를 쐬러 산책길에 나섰다. 그는 말없이 걸었다. 함부르크로 가서 하우프트만의 연극 초연 공연을 본 다음 날 아침에 릴케는 파울라 베커와 클라라 베스트호프의 신발에 장미를 여러 송이 꽂아두기도 했다. 그들이 모든 것을 함께한다는 가치의 표식이었다. 그들의 삶은 장미 없이 지나가는 날이 없었다. 그때부터 고독이 자라기 시작했다. 잠시 머물다 떠나려 했던 곳에서 그는 시인으로서의 새로운 삶을 시작했다. 이 고장이 그에게는 폭풍에 나부끼는 나무들을 위한 드넓은 땅이 되어주었다. 그 가운데에 그는 있고 싶었다. 그는 일단 겨울 속에 있고 싶었다. 서두르지 않고 언젠가 만개한 꽃을 짊어질 봄을 위하여.

김재혁 베를린의 슈마르겐도르프에 새 집을 얻어 들어가서 보릅스베데의 파울라와 클라라에게 편지를 쓰셨죠?

릴케 그랬죠. 내가 책도 보내주고, 베를린 예술전시회에서 본 세잔 이야기도

사진_김재혁

바르켄호프 옆 건물에 걸린 릴케와 클라라의 결혼 시절 사진.
이 건물은 원래 농기구 등을 보관하던 헛간이었으나
지금은 포겔러 박물관의 일부로 쓰이고 있다

하고, 로댕 이야기도 하고 나중에 기회가 되면 로댕에 대한 글을 함께 써보자는 제안도 했죠.

김재혁 정말 활발한 예술적 대화가 오갔군요.

릴케 일상적인 이야기도 많이 했어요. 내가 새로 얻은 집 이야기도 했고요. 그들은 내게 집을 장식할 만한 거리들을 보내주기도 했죠.

김재혁 구체적으로 말씀해주시죠.

릴케 마가목 열매, 밤나무 잎 같은 가을의 선물들이죠. 마치 가을이 손을 내

밀어 내게 건네주는 것 같은 느낌이 들었습니다. 거기에다 밤 목걸이도요. 손가락 사이로 돌리면서 밤톨 하나하나에서 사랑을 느낄 수 있었죠.

김재혁 특별히 클라라에게 선물을 보낸 것이 있나요?

릴케 캘리포니아산 귀리죽을 한 봉지 보내주었죠. 자세한 조리법과 함께. 그리고 클라라의 생일인 11월 21일에는 달콤한 꿀로 만든 황금을 보냈습니다.

김재혁 달콤한 꿀로 만든 황금이라니 정말 재미있는 표현입니다. 당시에 클라라에게 조촐한 저녁식사를 준비하는 법을 편지로 썼다고 들었는데 여기서 그 일부를 간단히 소개해주시죠.

릴케 내가 기억하기로 그때 차를 준비하는 것에 대해 이렇게 썼던 것 같습니다. 큼직한 레몬을 조각으로 잘라주면 제 반짝이는 과육으로 차에 부드러운 빛을 뿌리면서 태양이 내려앉듯 차의 황금빛 어스름 속으로 내려앉죠. 차의 맑고 매끈한 표면은 밑에서 올라오는 새큼한 즙 때문에 몸서리를 치죠. 호두껍질 속에 이탈리아 비단천이 뭉쳐 있듯 하나의 여름이 조그맣게 접혀 들어가 있는 붉은 귤도 있으면 좋겠죠.

김재혁 차를 만드는 과정에 대한 묘사가 한 폭의 정물화를 보는 것 같습니다.

릴케 이곳에 와서 그림 그리는 사람들 사이에서 살다 보니 표현의 조형성을 더욱 얻게 되었어요. 외부에서 오는 자극은 늘 필요하니까요.

김재혁 선생님의 편지에 대해 클라라는 어떻게 답했나요?

릴케 싱싱한 포도송이를 보내왔지요. 베스터베에서 딴 포도송이였지요. 그것을 받고 〈베스터베데의 포도를 받고〉라는 시를 썼습니다.

김재혁 외부로부터 자극을 받는 순간 선생님은 내면의 보물을 인식하여 그것을 시로 만들어내는군요. 그러니까 늘 외부에서 오는 자극을 원하시는 것 같습니다. 선생님에게 외부세계는 곧 내면세계를 향해 불어닥치는 세찬 바람입니다.

〈5월 아침〉
(하인리히 포겔러,
1900)

릴케와 나는 다시 바르켄호프로 돌아왔다. 그리고 벽에 걸려 있는 포겔러의 그림 〈5월 아침〉을 함께 바라보았다. 그의 눈빛 속에서 세월이 환등기처럼 돌아갔다.

릴케 내가 좋아하는 그림입니다. 아침이지만 지붕 왼쪽 하늘에 별이 하나 떠 있어요. 간밤의 하늘이 아래로 끌고 내려온 것 같지요? 그림 속에서 집이 혼자 서 있으니 거의 마지막 집처럼 고적하게 보입니다.

김재혁 네, 시선이 가장 먼저 그 별에 가서 닿는군요. 새벽이고 아직 정원이 잠에서 깨어나기 전인 것 같습니다. 오른쪽 창문에 어리는 남자의 모습은 혹시 선생님 아닌가요?

릴케 글쎄요, 나 같기도 합니다. 아마도 일찍 깨서 먼 곳을 바라보는 중이었는지도 모르겠습니다. 나는 창문을 좋아하거든요. 먼 곳과 아침으로 가득 찬 창문 말이죠. 김 선생님은 그림에서 뭐가 가장 인상적인가요?

김재혁 몽환적 색채랄까요. 전체 화면을 물들이는 노란 색이 시선을 몽롱하게 만듭니다. 아직 잠에서 깨지 않은 듯한 분위기라서 그런가요?

릴케 나는 가운데 계단이 돋보이고요. 집의 얼굴에서 광활한 미래가 보이는 것 같습니다. 기적을 기다리는 듯한 계단을 올라가 창문에서 바라보면 아까 말한 별이 보이겠죠. 그렇게 미래를 바라보는 것이죠.

김재혁 독일어의 '바르켄호프'라는 이름에서 '범선'을 떠올리게 됩니다. 독일어로 '바르크'가 '범선'이라는 뜻이니까요. 마지막 남은 별을 향해 떠가는 배의 모습이죠. 선생님이 꿈꾸었던 미래가 이 그림에 나타나 있군요.

릴케 당시 하인리히 포겔러가 추구했던 유겐트슈틸의 분위기가 그림에 잘 표현되어 있습니다. 아르누보라고도 불리는 이 예술을 나는 당시에 아주 좋아했습니다. 그쪽으로 나를 이끌고 싶었지요. 그때 나는 바르켄호프라는 범선을 타고 대항해의 길에 들어섰던 것입니다.

사진_김재혁

바르켄호프 2층의
릴케가 즐겨 머물던 하얀 방에 있는
둥근 테이블

릴케는 테이블 위의 나무 나룻배를 손에 들고 뚫어져라 쳐다보았다. 그리고 눈을 들어 새벽빛이 번지고 있는 바르켄호프 저 너머 하늘을 올려다보았다. 거기에는 별이 하나 밝게 빛나고 있었다. 나는 릴케의 눈에서 광활한 바다 위를 홀로 떠가는 범선의 외로운 모습을 보았다. 뱃머리는 새벽하늘에 유일하게 남은 별을 향하고 있었다.

두이노 성에서의 생활

예술과 종교

이탈리아 반도의 동쪽 베네치아에서 오른쪽으로 치우쳐 있는 슬로베니아 옆의 소도시 트리에스테. 그 바다의 수면이 부드러운 바닷바람에 은실처럼 반짝이는 한여름에 나는 두이노 성을 찾았다. 베네치아에서 만났던 릴케는 두이노 성을 어서 보고 싶다며 나와 헤어져 먼저 트리에스테로 간 뒤였다. 릴케의 마음속에는 두이노 성이 마법의 성처럼 짙은 안개 속으로 늘 우뚝 솟아 있는 것 같았다. 며칠 머물렀던 베네치아 산마르코 광장 근처의 작은 호텔에서 워터택시를 불러 산타루치아 역으로 갔다. 대운하를 헤치고 양쪽으로 물을 튀기며 워터택시가 달리는 동안 릴케가 옛날에 머물렀던 호

오른쪽의 11세기에 지어진 옛 두이노 성 아래쪽에 있는 이른바
'단테 바위'.
이곳에서 망명 중이던 단테는 이 바위에 앉아《신곡》을 구상했다고 한다.
이 바위는 "다마 비앙카"(백의의 여인)라고도 불린다.
한 여인이 흰 바위로 변했다는 전설이 있다

사진_김재혁

텔들과 그가 말했던 교회들이 붉고 푸르게 나타났다가 뒤로 멀어졌다. 카날 그란데 운하를 거쳐 너른 바다로 나오자 무엇보다 릴케가 베네치아의 심장이라고 불렀던 조선소 겸 병기창 아르세날레가 웅장한 방벽을 자랑하며 서 있다가 역시 뒤로 물러섰다. 산타루치아 역을 출발하여 오는 내내 바깥 풍경은 집들과 들판과 바다와 언덕이 교차했다. 가끔 바다와 면한 높은 절벽에는 고성들이 서서 조용히 바다를 내려다보고 있었다. 그때마다 사진으로 보았던 두이노 성의 모습이 떠올랐다. 베네치아에서 기차로 2시간을 달려온 뒤 트리에스테 중앙역에 내려 택시를 잡고 두이노 성을 찾아간다고 하니까 이탈리아의 말 많은 운전사는 미라마레 성이 정말 멋지다고 추천한다. 미라마레 성 이야기는 내 귀에 들어오지 않았다. 시인 라이너 마리아 릴케를 아느냐고 묻자 그는 갑자기 입을 다물었다. 《두이노의 비가》를 쓴 시인이라고 하자 눈만 멀뚱거렸다. 릴케가 이곳 사람이 아니니 당연한 일이라고 생각했다. 트리에스테 해안가에서는 무슨 행사가 있는지 사람들과 차들이 즐비했다. 트리에스테는 일리 커피로 유명하지만 1857년부터 1918년까지는 오스트리아 황제국의 유일한 항구였다. 이 항구도시를 통해 지중해로 나갈 수 있었다. 제1차 세계대전에서의 패전으로 이탈리아 땅이 되었다. 차를 타고 오는 중 본 트리에스테의 바다는 유난히 새파랗다. 멀리 해안이 나타날 때 바다 위로 우뚝 솟은 바위 위에 오롯이 서 있는 중세의 성이 바로 두이노 성이다. 현재의 두이노 성에서 바로 건너다보이는 옛 두이노 성의 폐허 아래쪽에 시인 단테가 피렌체에서 유배되어 와서 가끔 명상에 잠기던 장소가 있다. 이른바 단테 바위이다. 그 바위는 두이노 성의 창문 밖으로 내다보면 언제나 늘 보던 책의 한 페이지처럼 펼쳐져 있다. 그 바위를 향해 나는 릴케와 함께 두이노 성의 측문으로 나와 산책을 하는 중이다. 고성 안은 언제든 명상이 가능할 정도로 고요하다. 이곳 마법의 성에서는 왠지 곳곳에서 일찍 죽은 자들의 말소리가 들리는 것 같다.

김재혁 선생님은 처음에 이곳에 어떻게 오시게 됐나요?

릴케 1909년 12월에 파리에서 이 성의 주인인 마리 폰 투른 운트 탁시스 후작부인을 처음 만났어요. 그 다음 해 1월에 후작부인으로부터 초대의 편지를 받았지요. 이곳을 처음 찾은 것은 1910년 4월 20일이었습니다. 그땐 딱 일주일 머물렀어요.

김재혁 이미 시인으로서 명성을 떨치고 있을 때였군요.《기도시집》과《형상시집》,《신시집》이 출간된 후였으니까요. 후작부인은 예술과 문학의 애호가였던 것으로 알고 있는데요.

릴케 그렇죠. 유럽 곳곳에 성을 갖고 있던 귀족가문 출신이었는데 음악가와 시인들을 성으로 초청해서 음악회도 열고 시 낭송회도 가졌어요. 작가 단눈치오와 호프만스탈, 음악가 리스트도 이 성의 손님으로 와 있었죠. 후작 부인은 인품도 뛰어나고 피아노 연주도 잘 했지요.

김재혁 후작부인과는 원래부터 알던 사이였나요?

릴케 아뇨, 루돌프 카스너라고 골상학자가 다리를 놓아줬지요.

김재혁 그러니까 처음 와서는 일주일간 머무셨군요. 그땐 어느 방에 묵으셨나요?

릴케 저기 왼쪽에 바다를 면한 방이 보이죠? 바로 저 방입니다.

김재혁 아, 정말 좋았겠군요. 선생님은 탁 트인 공간을 좋아하시는 것 같습니다.

릴케 네, 그래요. 뮈조 성에서도 마찬가지로 그런 우주공간과의 거리낌 없는 대화가 좋았어요. 무한히 바다를 향해 우뚝 솟은 이 성의 테라스에 서서 텅 빈 공간을 바라보노라면 이 성 자체가 많은 창문을 가진 인간들의 현존재처럼 느껴져요. 그중에 나의 창문도 하나 있는 거죠.

김재혁 선생님의 사고 속에서 물질과 추상이 섞이는 순간이군요. 바다가 물고기의 비늘처럼 반짝입니다. 마치 물고기가 튀어오를 것 같은 모습이네요. 저것도 뭔가 시적인 것으로 환원될 것 같습니다.

릴케 그때도 바로 저런 물결이었죠. 바닷바람에 쏠리는 모양이요.

김재혁 '그때'라면 《두이노의 비가》의 첫 비가에 나오는 소리를 들었다는 그때를 말씀하시는 건가요?

릴케 지금은 한여름이지만, 그때는 한겨울이었죠. 성을 향해 바람이 몹시 불어닥치던 오후에 바람결에 들려온 그 미지의 목소리를 받아 적었던 거죠. 그 수첩이 바로 이것입니다.

릴케는 안주머니에서 수첩을 꺼냈다. 세월의 흔적이 쌓여 누렇게 바래 있었다. 릴케는 1911년 10월 22일부터 다음 해 5월 9일까지 이곳에 머물렀다. 그때가 두 번째 방문이었던 셈이다. 그곳을 찾은 예술가들은 두이노 성의 '황제의 방'에 모였다. 사방의 벽은 붉은 벽지로 되어 있고 책과 아름다운 도자기가 가득한 서가가 사방에 즐비한 곳이다. 문을 열고 나가면 육중한 테라스가 꽃나무로 장식되어 있고 그곳에서 아드리아 해의 바닷바람과 파란 물결이 릴케의 눈길을 기다리고 있었다.

김재혁 후작부인은 어떤 분인가요? 예술을 사랑하는 것 외에.

릴케 나보다 스무 살이 위이신데요, 열정이 넘치는 분이죠. 유머도 있고요.

김재혁 그렇다면 선생님과 잘 어울리는 분이네요.

릴케 어떤 면에서요?

김재혁 선생님도 은근히 유머가 있고 내면에 눈 덮인 화산 같은 열정을 숨기고 있지 않나요? 그 열정을 아마 끝까지 잘 응원해주었을 것 같아요.

릴케 김 선생님은 정말 나를 꿰뚫고 있군요.

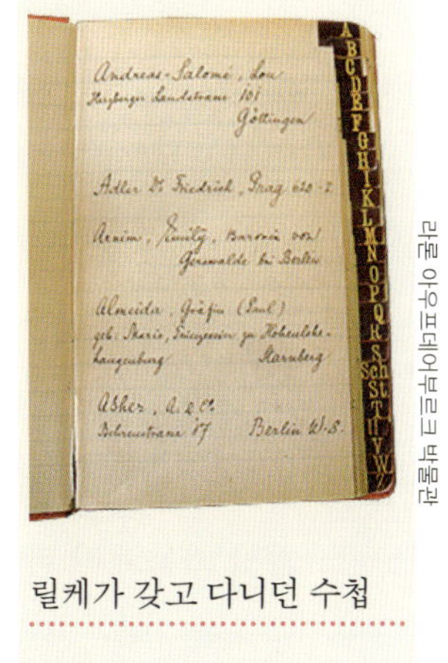

라로 아우프데어부르크 박물관

릴케가 갖고 다니던 수첩

사진_김재혁

두이노 성의 '황제의 방'

김재혁 반면에 후작부인에게도 선생님은 중요했을 것 같습니다. 정신적으로 무언가 중심이 필요한 분 같기도 하거든요.

릴케 사실 귀족은 많은 연회를 베풀죠. 그때 그곳의 중심 역할을 할 수 있는 사람이 있으면 아주 좋은 거죠.

김재혁 그러면 선생님이 그 역할을 하셨겠네요.

릴케 그분은 나를 "도토레 세라피코"라고 불렀어요.

김재혁 그건 무슨 의미인가요? 혹시 어떤 수사의 이름과 관련된 건 아닌가요?

릴케 네, 라틴어 "독토르 세라피쿠스"를 이탈리아어식으로 약간 변형시켜서 만든 말인데, 원래 이름은 보나벤투라(1221-1274)로 프란체스코 교단 소속의 수사로서 영향력 있는 추기경이었죠. 위대한 스콜라 철학자로 신비주의자이기도 했어요. 인간의 의식을 탐구한 분이었고요.

김재혁 후작부인이 선생님에게 딱 맞는 별명을 지어주었습니다. 도토레 세라피코 선생님! 도토레 세라피코로 불리는 그 보나벤투라에 대해 좀 더 알려주시겠어요?

릴케 보나벤투라는 인간에게는 세 개의 눈이 있다고 했습니다.

김재혁 일단은 육체의 눈이 있을 거고요. 다른 두 가지는 무엇인가요?

릴케 두 번째는 이성의 눈이고 세 번째는 명상의 눈이죠. 이성의 눈으로는 사물을 논리적으로 파악하고, 명상의 눈으로는 사물을 정신적으로 체험하는 것이지요.

김재혁 눈은 빛에 반응하니, 세 개의 눈은 모두 빛과 관련이 있겠습니다.

릴케 네, 맞습니다. 육체의 눈도 빛이 있을 때 사물을 보고, 우리가 이성의 눈으로 뭔가를 파악하면 머리에서 빛이 떠오르지요. 명상의 눈이 작용할 때는 득도의 빛이 켜지는 겁니다.

김재혁 다시 들어도 선생님의 세계를 잘 표현해주는 이름이라고 생각합니다.

나는 그때 문득 루돌프 카스너의 말이 생각났다. '황제의 방의 문이 열리며 소년 같은 모습의 사나이가 연회실에 나타나면 사람들은 누구나 할 것 없이 그를 자기 옆에 앉히려고 했다.' 여기의 "그"는 다름 아닌 릴케이다. 그렇게 릴케는 사람들에게 인기가 많았다. 왜 그랬을까?

김재혁 이곳을 찾는 손님들이 선생님을 각별히 좋아했다던데요. 어떤 비결이 있었던 건가요?

릴케 어쩌다 보니 그렇게 된 거죠. 내게 특별한 재주가 있는 것은 아니고요.

김재혁 바로 그렇게 생각하시는 게 사람의 마음을 끄는 게 아닌가 합니다. 선생님 특유의 겸손함이랄까.

릴케 아닙니다. 내 말을 들어주는 분들의 끈기가 분위기를 그렇게 가져간 거

사진_김재혁

두이노 성의 대연회장

죠. 후작부인 역시 내가 소소하게 집 이야기나 친구들 이야기를 해도 잘 들어주었습니다.

김재혁 문학 이야기도 많이 했을 것 같습니다.

릴케 물론이죠. 내가 우리 식구 이야기를 했더니 성탄절엔 내 딸 루트에게 선물을 보내주기도 했어요.

김재혁 아, 그랬군요. 선생님이 이런 성을 거처로 삼는 것은 창작과 관련이 있는 건가요?

릴케 그렇습니다. 내게 필요한 것은 무엇보다 고독이거든요.

김재혁 그 엄정한 고독의 결과가 아까 말씀하신 그 창조의 첫 순간으로 넘어간 거군요.

릴케 《말테의 수기》를 끝내고 나는 마치 가슴과 머리가 텅 빈 것 같은 시간을 수도 없이 흘려보냈어요. 아무것도 쓸 수가 없었던 거죠.

김재혁 고독에 고독이 이어지다가 한 순간에 터져 나온《두이노의 비가》의 그 시구는 정말 여태까지 선생님이 쓰신 모든 것들을 뛰어넘는 것이었지요.

릴케 과찬의 말씀이세요.

김재혁《두이노의 비가》의 첫 비가와 두 번째 비가를 완성했으니 엄청난 회오리를 맞으신 거죠.

릴케 아닙니다. 그런 여건을 만들어준 후작부인께 감사드려야죠. 그래서 1922년 2월에《두이노의 비가》가 완성되었을 때 나는 이곳의 후작부인을 생각해서 시 전체를 후작부인에게 바쳤습니다.

김재혁《두이노의 비가》가 다 여기서 태어난 것은 아니죠?

릴케 세 번째 비가의 일부까지 이곳에서 썼어요. 그리고 세 번째 비가는 1913년 늦은 가을에 파리에서 완성했습니다.

김재혁 그랬군요. 그러니까 세 편이 이곳에서 발아된 거군요. 작품이 완성된 곳은 물론 이곳이 아니고요. 일부는 다른 여행지, 이를테면 스페인의 론다에서도 썼죠?

릴케 맞습니다. 1915년 말에 뮌헨에서 네 번째 비가를 썼어요.

김재혁 그러면 나머지는 스위스의 뮈조 성에서 완성한 건가요?

릴케 여섯 편의 비가를 1922년 2월 스위스 시에르의 뮈조 성에서 완성했습니다.

김재혁 저도 그런 폭풍 속에 한 번 서 있고 싶습니다.

릴케 김 선생님도 그럴 수 있다고 생각해요. 단, 창작을 향한 고민과 열정이 일 분 일 초라도 그쳐서는 안 됩니다. 마음이 언제나 그 쪽을 향하고 있어야지요.

우리는 두이노 성의 정원에서 바다 쪽으로 내려가는 숲길 한쪽의 벤치에 가서 앉았다. 그곳에서도 단테 바위가 잘 보였다. 그 바위에 앉아 단테는 아마도 《신곡》의 천사들의 합창을 생각했는지도 모른다. 이곳 두이노 성의 두꺼운 성벽과 벼랑 아래로 펼쳐진 바다를 내려다보려니 '종교'에 대한 릴케의 생각이 문득 궁금해졌다. 그에게 종교는 과연 무엇일까? 표주박으로 떠먹어도 자꾸만 솟아나는 바위틈 샘물처럼 그 질문은 내 가슴 속에서 끝없이 솟아났다. 어디선가 비슷한 질문을 한 것 같은데도 나는 릴케에게 또 물었다.

두이노 성 아래 쪽 벼랑. "릴케가 《두이노의 비가》를 쓴 테라스"라는 팻말이 붙어 있다

사진_김재혁

김재혁 선생님에게 종교란 무엇이죠?

릴케 보통 종교라고 하면 기성종교의 판에 박힌 틀을 생각합니다. 예식이라든가 도그마 같은 것 말이지요. 그러나 그런 종교는 내게 아무 의미도 없어요. 나는 빈 들처럼 텅 비어 있는 마음 상태에서 신성을 느끼고 경험하는 것이 중요하다고 생각해요.

김재혁 텅 비어 있는 마음 상태에서 신성을 어떻게 느끼죠?

릴케 광활한 공간이나 원시림 속에 있을 때 그런 느낌을 받을 수 있어요. 신의 손길을 느끼는 거죠. 한없이 드넓게 존재하는 신성을 체험하는 겁니다.

김재혁 신의 존재를 경험한다는 말씀인가요?

릴케 네, 그래요. 마음으로 신성을 느낄 때 비로소 신이 존재함을 알게 되죠. 원시림에서 불어오는 바람을 느껴보는 거죠. 그것은 그리움이 있는 사람에게만 가능합니다.

김재혁 중세 신비주의자 마이스터 에크하르트와 비슷한 생각인 것 같습니다.

릴케 에크하르트가 말했지요. 먼저 그대가 찾아 나서라. 그러면 그대가 찾아 나선 그분이 이제 그대를 찾을 것이다. 젊은 날 나는 에크하르트의 책을 읽고 그의 제자가 되기로 마음먹었어요. 그분의 생각이 나를 대변해 주었으니까요.

김재혁 네, 그런 말씀을 어디선가 읽은 기억이 납니다.

릴케 신성의 체험을 표현할 때 그것을 경외심이라 부르던, 놀라움이라 부르던, 아니면 사랑이라 부르던 그것은 아무 상관없어요. 억지로 믿음을 강요하는 것이 문제이지요.

김재혁 신과의 직접성을 말씀하시는 거군요. 그러니까 신을 마음으로 직접 느끼는 것 말입니다.

릴케 네, 그래요. 자신이 있는 곳에서 신의 존재를 느끼는 것이 중요합니다.

신 앞에 외경심을 느낀다면, 신과 인간을 연결시켜주는 고리가 외경심밖에 없다는 말이지요.

김재혁 그 외경심을 다른 것으로 대체하기는 힘든가요?

릴케 겉으로는 두려움이지만 그 두려움은 껍질에 불과해요. 과일의 껍질처럼 말이죠. 안쪽은 말로 표현할 수 없는 달콤함이 가득합니다. 그 달콤함에 길을 잃을 정도이지요.

김재혁 선생님의 신 찾기에서는 아무래도 예술적인 향취가 느껴집니다. 기존의 틀에 박힌 것을 벗어나 새로움을 찾아 나서는 진정한 예술가의 자세 같은 것 말입니다.

릴케 예술가는 눈에 보이는 것들을 경외심을 가지고 눈에 보이지 않는 것으로 변용하는 사명을 가져야 합니다. 나는 곳곳에서 신의 흔적을 느낄 수 있는 사람만이 진정한 예술가의 자격이 있다고 생각해요.

김재혁 선생님의 말씀은 상당히 종교적입니다. 하인리히 포겔러 같은 화가가 회상했듯이 선생님에게서 수도사 같은 면모가 풍기기도 하고요.

릴케 그 종교적이라는 표현은 기존의 도그마를 두고 하는 말씀은 아니시죠? 나는 그런 틀을 두고 신을 말하는 것은 아닙니다.

김재혁 네, 저는 시와 예술을 향한 선생님의 자세에서 그와 같은 헌신을 읽었기 때문에 그렇게 말씀드렸습니다.

릴케 인간은 신을 경험해야 합니다. 어떤 지식으로가 아니라. 신은 우리가 찾는 거울이고 그 거울에 비친 자신의 모습을 발견할 때 우리는 진정으로 신을 경험하는 것입니다.

김재혁 그런데 신을 우리는 어떻게 느끼고 체험할까요?

릴케 물론 심장으로죠. 마음입니다.

김재혁 어디선가 말씀하셨던 "마음의 방향"이라는 것은 바로 신을 향한 태도를 지칭하는 것 같습니다.

두이노 성 탑에서 바라본

성의 정원과 마을 모습

사진_김재혁

사진_김재혁

두이노 성의 서재

릴케　그렇습니다. 이 말로 모든 다양한 종교를 다 포괄할 수 있어요. 신은 하나뿐이니 어떤 형태의 종교를 통하든 마음의 방향만 맞으면 궁극에는 신과 접할 수 있지 않을까요?

김재혁　신을 달콤한 맛으로 표현하신 것이 아무래도 제 가슴에 와서 각인되었습니다. 이것은 체험의 강도를 말씀하신 듯합니다.

릴케　신비주의적 사랑이죠. 이른바 신과의 신비주의적 합일 말입니다. 맛을 봐야 진정으로 과일을 알게 되죠. 종교는 학문으로 익히는 것이 아닌 위대한 내면의 확신입니다.

그때 바다 쪽에서 시원한 바람이 불어왔다. 두이노 성 근처에 있는 어느 과수원에서인가 포도 향기가 풍겨왔다. 나의 마음의 방향이 흐르는 곳에 포도밭이 있었다. 그쪽을 바라보았다. 바다에서 멀지 않은 곳에 포도나무들이 바닷바람에 다리를 드러내고 서 있었다. 포도를 가슴에 하나 가득 품고서. 나는 이른바 마음의 방향이라는 말에 홀려서 갖고 있던《말테의 수기》중 끝부분을 펼쳐 읽었다. 신을 향한 사랑을 자동사적인 사랑으로 묘사한 부분이었다.

김재혁《말테의 수기》의 다음 부분을 읽어보겠습니다. "예전에 가끔 나는 왜 아벨로네는 그녀의 숭고한 감정의 칼로리를 신에게로 향하지 않는 걸까 하고 내 스스로에게 묻곤 했다. 그녀가 자신의 사랑에서 모든 타동사적인 면을 덜어내려 갈망했음을 나는 잘 알고 있다. 그런데 그녀의 진실한 마음이 신은 사랑의 대상이 아니라 사랑의 방향이라는 것을 어찌 몰랐던 것일까?" 이 구절에서 가장 눈에 띄는 것은 "신은 사랑의 대상이 아니라 사랑의 방향"이라는 말입니다.

릴케 사랑에의 헌신이 그만큼 중요하다는 것이죠. 무엇을 추구할 때 그 한없는 방향성, 그것이 우리에게 주어진 과제입니다.

김재혁 결국 신을 이야기하면서도 선생님의 말씀은 예술로 귀착되는 것 같습니다.

릴케 예술이나 종교나 자기 헌신의 극한을 가야 한다는 점에서는 유사하다고 봅니다. 그렇기 때문에 어디까지 도달하면 이미 목표를 달성하여 더 이상 갈 데가 없는 그런 것이 아니라는 것이죠. 목표를 이루고 나면 더 이상 할 일이 없어지니까요.

김재혁 아까 말씀하신 "마음의 방향"이 "사랑의 방향"이라는 말로 바뀐 것이 이채롭습니다.

릴케 마음이나 사랑이나 한 가지입니다. 신비주의적인 뜻으로 보면 사랑이겠죠. 신과의 합일을 위한 사랑.

김재혁 선생님은 가만히 보면 예술에서나 종교에서나 '사랑'을 강조하고 있습니다. 《말테의 수기》에서도 "신을 향한 기나긴 사랑"을 말씀하고 있죠. 궁극적으로는 "나의 신, 즉 사랑!"이라고까지 하시잖아요. 사랑을 이렇게 강조하시는 이유는 무엇인가요?

릴케 우리의 일상이 한없이 덧없는 것들로 가득 차 있어도 유일하고 항상성을 지닌 것은 사랑뿐이니까요. 세월이 흘러 얼굴에 주름이 가득해도 사랑의 감정은 늘 그 자리에 있지 않나요?

김재혁 종교에 대한 생각을 거쳐 그리고 예술에 대한 생각을 거쳐 궁극에는 사랑을 노래하시는군요. 역시 릴케 선생님답습니다.

사진_김재혁

밑에서 올려다본

두이노 성

사진_김재혁

저녁,

트리에스테 해안가 마을 숲에서 본 두이노 성

그의 종교관은 예술관과 하나이다. "마음의 방향"이다. 릴케의 종교와 예술에 대한 이런 견해 속에는 그가 늘 창작을 위해 고독하게 영위해온 삶이 중요한 역할을 한 듯하다. 두꺼운 성벽으로 가려진 고독 속에서 신과 접하고 에너지로 가득한 고독 속에서 신을 향한 열망을 예술로 승화시킨 그의 삶을 떠올리자 내 안에 몇 가지 질문이 다시 떠올랐다. 나는 손에 들고 있던 물통에서 물을 한 잔 따라 그에게 권하고 나도 한 잔 들이마셨다. 뜨거운 이탈리아의 7월 말의 대기 속에서 물은 한결 시원하게 느껴졌다. 우리 머리 위의 너도밤나무가 바람에 살짝 흔들리며 가벼운 소리를 냈다.

김재혁 선생님의 삶에서 고독이 그렇게 중요했나요? 사람들과 많은 교류를 하면서도 늘 고독을 찾아 이곳저곳 많은 도정을 하셨던 것 같습니다. 그 많은 여행도 거의 혼자서 하신 것 같고요. 선생님에게 고독이란 무엇인가요? 다른 곳에서도 몇 번 이야기가 나왔으니 이번엔 좀 더 구체적으로 말씀해주시면 좋겠습니다.

릴케 사람을 만나서 인연을 쌓는다는 것은 중요한 일입니다. 그러나 지나친 인연은 소모적이기도 합니다. 상처를 주기도 하고요. 그때 고독은 무언가 치유를 가능케 해주는 영혼의 깁스 같은 것입니다.

김재혁 "영혼의 깁스"라는 말이 특별합니다. 다친 영혼이 나을 동안 보호를 해주는 것이 고독이군요. 고독이라는 것이 종교생활의 기본이기도 합니다. 그런데 선생님은 종교서도 많이 읽으셨죠? 성경을 늘 가지고 다니셨다고 《젊은 시인에게 보내는 편지》에서 고백하셨죠?

릴케 나의 생각을 표현하기 위해서 나는 구약과 신약 그리고 코란에서도 많은 이미지와 상징을 가져왔어요. 시인으로서 수사와 같은 고독을 지키며 살다 보니 종교 경전들이 내겐 큰 의미를 가졌지요.

E. 카우첸이 번역한 구약성경

김재혁 이를테면 성경의 경우엔 어떤 것을 많이 보셨나요?

릴케 《신시집》과 《말테의 수기》를 집필하던 시기에는 1770년에 민덴에서 인쇄된 루터성경과 E. 카우첸이 번역한 구약성경을 빌려서 현대어로 쓰인 성경과 비교하면서 보았어요.

김재혁 방대한 성경의 내용 중 선생님은 주로 어느 부분을 관심을 갖고 읽으셨나요?

1770년에 민덴에서 인쇄된 루터성경

릴케 가장 애착을 가지고 읽은 부분은 시편입니다. 그 부분을 보면 붉은색으로 밑줄도 많이 쳐져 있고, 여백에 메모도 아주 많을 겁니다. 성경은 내가 본 나라와 풍경들 외에 나의 문학적 소양에 가장 직접적으로 영향을 주었던 책입니다.

김재혁 제가 당시의 성경 두 권을 가져왔는데요. 이

것과 같은 것을 읽으셨나요?

릴케 네, 내가 보았던 바로 그 성경이네요. 그래요. 나는 1770년 민덴에서 인쇄된 그 판본하고 카우첸이 번역한 구약을 읽었어요.

김재혁 코란도 읽으셨다고 했는데, 어떤 판본을 보셨죠?

릴케 아랍어에서 직접 프랑스어로 옮긴 책인데 1883년에 클로드 사바리가 펴낸 것입니다. 뮌헨의 한 고서점에서 구한 것이죠.

클로드 사바리가 아랍어에서 프랑스어로 번역한 코란. 릴케 소유의 이 책의 〈부활〉 시작 부분에는 마른 제비꽃이 책갈피로 꽂혀 있다

김재혁 독일어 판본은 안 보셨나요?

릴케 물론 보았지요. 북아프리카와 스페인 여행 때는 독일어 판본을 읽었어요.

김재혁 그런데 왜 프랑스어 판본을 구하셨나요?

릴케 1914년 1차 세계대전이 발발했을 때 파리에 내 짐이 있었고, 개인 사정상 나는 그곳을 지키지 못하고 있었죠. 그런데 집 주인이 내가 없는 틈에 내 소유의 짐을 몽땅 경매 처분한 것입니다. 내 책과 그 밖의 소중한 물건들을 그때 잃었습니다. 그때 코란의 독일어 판본도 사라졌어요.

김재혁 안타까운 일입니다. 그런데 제가 궁금한 게 하나 있습니다. 아무리 시인이지만 자신의 문학적 이용만을 위해 종교적인 서적들을 그렇게 많이 보았다고만은 생각되지 않거든요. 선생님이 신이라든가 성자들에게 관심을 쏟은 데에는 또 다른 이유가 있었던 것은 아닌가요?

릴케 사실 나는 아주 예민한 편입니다. 그래서 우울증도 많이 앓았고요. 나의 이런 성격에 위안을 주는 것이 바로 종교서적들이었습니다. 내겐 실존적인 버팀목이 되어주기도 한 것이죠.

김재혁 시를 쓰면서 그 서적들의 내용을 그대로 되풀이하시지는 않으셨죠?

릴케 그 책들을 즐겨 읽다 보면 나만의 생각이 떠올랐습니다. 그때마다 나의 생각으로 새롭게 해석해서 시로 옮기거나 산문으로 다르게 되살렸지요.

김재혁 선생님의 그런 글쓰기 경향은 평생 동안 줄곧 이어졌던 것 같습니다.

릴케 예술과 종교에 대한 생각이 늘 함께 친구처럼 어울렸습니다.

김재혁 네, 저도 선생님의 초기 시부터 후기까지 쭉 읽다 보면 늘 종교적인 생각과 예술적인 생각이 함께 어우러지는 것을 느낍니다.

릴케 예술이 종교가 되고, 종교가 예술이 되는 것이지요.

김재혁 어찌 보면 선생님은 새로움을 추구하면서도 신학적인 면과 철학적인 면에서 전통을 많이 받아들이는 것 같기도 합니다.

릴케 단적으로 예술작품은 하나의 기도라고 할 수 있거든요.

김재혁 네, 선생님은《두이노의 비가》를 "하나의 크고 강력한 기도"라고 하셨죠. 베토벤은 "시를 읽는 것은 다른 사람의 기도를 듣는 경험"이라고 말했습니다. 베토벤의 말이 선생님이 말씀하시는 기도와 같은 맥락으로 이해됩니다.

릴케 네, 맞습니다. 영감에서 비롯하는 그와 같은 하나하나의 치열한 기도입니다. 그런 기도 하나하나를 거쳐 우리는 신을 만들어가는 겁니다. 우리의 신은 과거에 있었던 신이 아니라 앞으로 우리의 손자, 증손자, 그 후의 자손들이 만들어갈 아름다운 신입니다. 예술가들의 온갖 심혈로 지어질 신이죠.

김재혁 저는 그것을 고통을 승화시킨 이상적인 인간상으로 이해하겠습니다.

릴케 물론 그렇게 이해하셔도 좋아요. 어떤 정답이 있는 것은 아니니까요.

김재혁 선생님의 작품에서 많은 사람들이 위안을 받는 것도 그런 이유가 아닌가 합니다. 하인리히 하이네의 시도 상당히 아름답지만 하이네는 어딘지 이성적인 쪽이 강한 것 같습니다.

릴케 아, 그런가요? 나도 젊었을 때는 하이네의 사랑 시를 많이 흉내 냈었는데요.

김재혁 하이네의 시에서는 감정의 진한 위안을 느끼기가 힘들거든요. 아마도 그의 시에 들어 있는 냉소적인 반어 때문인지도 모릅니다. 그가 사회성을 추구하는 시인이기 때문이기도 하겠지요.

릴케 시의 존재 이유는 각각 다르다고 생각합니다. 사람의 삶의 모습이 각각 다르듯 말입니다. 독자들이 나의 시에서 위안을 느낀다면 그것이 나의 시의 운명이라고 생각합니다.

김재혁 네, 역시 선생님답게 열린 생각에서 나온 말씀이시군요.

다시 바람이 한 줄기 불어왔다. 두이노 성 아래로 보이는 얼마 안 되는 집들이 조금은 어두워진 것 같다. 그 중 하나는 내가 식사를 하는 레스토랑 '일 카발루치오'였다. 릴케와 나 사이에 오고갔던 대화는 황혼 속으로 묻혀 들어갔다. 과연 예술은 종교를 대신할 수 있을까? 나는 자신이 없었지만, 릴케는 자신감에 얼굴이 환하게 빛났다. 그의 얼굴에는 신을 향한 끝을 모르는 사랑이 불빛처럼 타올랐다. 나는 자리에 그대로 앉아 릴케가 말하는 예술과 종교의 관계에 대해 다시 생각해보아야 했다. 바람이 한 줄기 불어온다면 자리에서 일어나려 했으나 바람이 불지 않아 그와 나는 그 벤치에 그대로 앉아 어둠을 맞이했다. 그때 파도에 풍기는 듯한 소금냄새가 느껴지면서 내 머리에는 그가 이탈리아 남쪽 서해의 카프리 섬에서 지은 시 〈바다의 노래〉가 떠올랐다. 시의 부제로 붙은 '피콜라 마리나' 즉 '작은 항구'가 우리가 지금 앉아 있는 저 아래 작은 두이노 만灣과 닮았기 때문일까? 나는 릴케가 이곳 두이노 성의 테라스에서 느꼈을 바람을 생각하며 시를 조용히 읊조려 보았다.

트리스테 해안 두이노 만의 저녁 풍경

사진_김재혁

바다의 노래

카프리. 피콜라 마리나

바다에서 불어오는 태곳적 바람아,
밤에 부는 바닷바람아,
너는 그 누구를 찾아서 불어오는 것도 아니다.
이 밤에 깨어 있는 사람이라면

너를 견디어 내기 위한
나름대로의 방법을 모색해야 하리라.
　바다에서 불어오는 태곳적 바람아,
너는 오로지
태고의 바윗돌을 위해서만
저 멀리에서
순수한 공간을 찢으며 불어오는데…

아, 저 높이 달빛 속에서
싹을 틔우는 무화과나무는
너를 어떻게 느낄까.

1923년 인젤출판사에서 간행된 초판본《두이노의 비가》(김재혁 소장)

시집과 각 비가의 제목은 초록색으로, 내용은 검정색으로 인쇄되어 있다

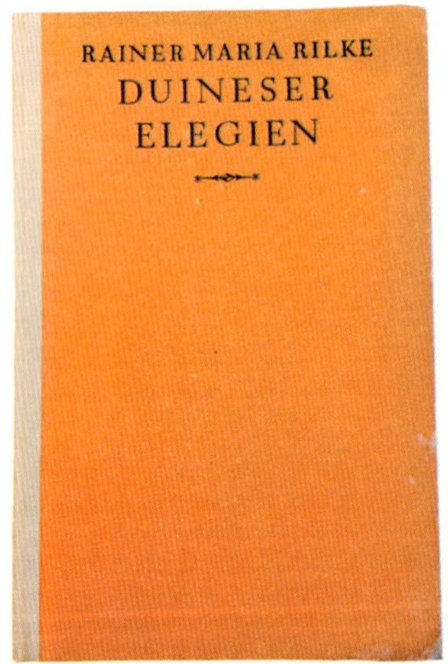

사진_김재혁

'릴케 테라스.'

오른편의 계단 위쪽으로 릴케가 트리에스테 바다를 바라보곤 하던 테라스가 보인다. 야생포도와 등나무덩굴과 쇠창살로 이루어진 부분이다. 가끔은 갑작스레 릴케의 애용 장소인 이곳이 두이노 성 손님들의 저녁식사 자리가 되기도 했다

릴케에게는 언제나 바람이 불었다. 그의 얼굴을 스치는 바람이 아니라면 그의 마음속으로 강하게 바람이 몰아쳤다. 그가 가는 곳에는 그곳이 두이노 성이든 카프리 섬이든 늘 바람이 불었다. 그리고 그는 바람을 사랑했다. 보통 인간이 겪어낼 수 있는 것 이상의 바람을 사랑했다. 그는 방랑을 사랑했다. 섬을 사랑하고 자연풍경을 사랑하고 바다를 사랑했다. 특히 세찬 바람을 사랑했다. 그는 카프리 섬에 있을 때 한밤중에도 바람을 맞이하러 몇 번씩 해안으로 내려갔다. 거대한 폭풍이 몰아치고 달빛이 소리 내어 가슴을 칠 때면 더욱 그랬다. 그는 폭풍 속에 있고 싶어 했다. 그리고 언제나 폭풍 속에 있었다. 얼굴을 때리거나 아니면 가슴을 때리는 폭풍 속에 있었다. 그는 태고의 바람을 평범한 우리 인간들과는 다르게 느끼는, 깊은 곳에서 높은 곳까지 뿌리와 가지를 뻗은 한 그루 무화과나무였다. 소리 없이, 보이지 않게, 세찬 바람 속에서 싹을 틔우는 무화과나무였다. 그는 강력한 삶의 바람을, 시의 바람을 맞으며 마침내 꽃을 피워냈다. 그의 공간은 우리가 늘 접하는 세속의 공간이 아니라 환한 달빛 속의 다른 공간이었다. 《두이노의 비가》는 그가 어디선가 말했듯 거대한 범포帆布 같다는 생각이 들었다. 그 범포를 펼치고 릴케의 사고는 무한의 바다를 향해 떠나가는 것이다.

그때 돌연 바람이 세차게 불어오자 릴케는 자리에서 벌떡 일어나 탁 트인 밤바다를 향해 마치 큰 기도를 올리려는 듯한 자세로 양손을 머리 위로 치켜 올렸다. 늘 그랬듯이 그는 실제로 기도의 말을 읊조렸다. 그것은 삶의 대양을 향한 그리고 그가 꿈꾸는 예술의 첨탑을 향한 기도였다. 그리고 릴케의 모습은 어둠 속에서 두이노 만의 파도 속으로 사라져갔다. 두 팔을 벌린 채로. 그의 두 팔 위에서는 무화과나무가 싹을 틔우며 흔들리고 있었다. 태고의 바람 속에는 그만이 느끼는 태고의 목소리가 들어 있었다. 밤 공간을 헤치고 들려오는 파도소리 속에서 그는 그의 말대로 "목소리들로 이루어진 부처"의 말소리를 들었을지도 모른다.

에필로그

여행의
마지막 역에서

1... 라론으로 가는 길

한여름 오전 11시, 며칠 머물고 있던 스위스의 조용한 소읍 시에르에서 기차를 타고 20분 남짓 달려 역무원의 안내방송이 프랑스어에서 독일어로 바뀌는 것을 들으며 라론의 시골 역에 내렸다. 시에르에는 지금은 시청이 되었지만 과거 릴케가 묵었던 벨레뷔 호텔도 있고 릴케 박물관도 있고 뮈조 성도 있지만 라론에서 나를 기다리는 것은 중세부터 내려오는 오래된 교회당과 릴케의 무덤뿐이었다. 기찻길 밑의 굴다리를 지나 한적한 시간을 맞이하며 밖으로 나왔다. 여름을 즐기는 풀들이 늘어선 환한 오솔길로 올라섰다. 한여름이었지만 햇살은 초가을처럼 느껴졌다. 햇살이 주삿바늘로 찌르듯 따끔했다. 라론 마을로 들어가는 초입의 작은 숲을 지나자 튼튼한 철제 다리가 나타났다. 다리 밑으로 거친 강물이 육중한 물 덩어리를 이루며 푸른 석회 빛으로 바위가 구르듯이 흘러내렸다. 론 강이었다. 프리드리히 니체가 프로방스에서 노래했던 미스트랄 바람을 몰고 불어닥치는 차가운 강이었다. 멀리 보이는 검은 산꼭대기에는 만년설이 하얗게 반짝였다.

마을 입구에서 조그만 우체국을 만났다. 반가웠다. 릴케가 지금 살았더라면 아마도 이 작은 우체국에 자주 들러 편지를 보내고 우편물을 찾아가고 했을 것이다. 앞에 펼쳐진 환한 길을 따라 큰 수양버들이 늘어져 있고 한 가족인 듯한 사람들 넷이 걸어가다 눈이 마주쳐 인사를 나누었다. 루체른에서 와서 하이킹 중인 스위스 사람들이었다. 수양버들 위쪽에 바위산이 있고 그 꼭대기에 교회가 뾰족하게 하늘을 향해 우뚝 서 있었다. 사실 기차역에서 봤을 때도 교회는 이미 보였었다. 하지만 반신반의했다. 그렇게 금방 나타날 리 없다고 생각하면서 길을 따라 올라갔다. 해가 점차 중천으로 떠오르자 호흡 속에서 더위가 묻어났다. 풀숲을 헤치고 나무들 사이를 지나 산길을 오르다 보니 큰 나무가 그늘을 던진 곳에 작은 돌벤치와 우물이 있었다. 목을 축이고 잠시 다리를 쉬었다. 나무 아래에는 시에르 지방 곳곳에서 볼 수 있는 나무십자가가 마을 어귀의 지킴이처럼 서 있고 거기엔 독일어로 "하느님의 뜻은 선이고, 하느님의 마음은 사랑이니, 그분이 행하는 말은 선하도다"라는 내용의 글이 적혀 있었다. 릴케와의 직접 대면을 위한 시간의 소중함을 조금이라도 더 맛보려고 그의 무덤이 있는 교회를 향한 발걸음을 잠시 더 미루었다. 그 교회는 다름 아닌 릴케의 주검을 품어주고 있는 부르크키르헤였다.

그의 무덤을 찾아 기차를 타고 가는 내내 여류화가 루 라사르가 자서전《릴케와 거닌 길》에서 묘사한 대목이 떠올랐다. 지금은 여름이지만 그의 장례를 지내던 날은 한겨울 살을 에는 추운 날이었다.

> 아, 그 겨울날 아침, 시에르에서 라론까지 눈 내리는 머나먼 길을 걸어갈 때의 메어질 것 같던 나의 가슴이여! 주변의 괴상한 모양의 산들은 바닥에서 풀려난 듯 짙은 안개뭉치 위로 솟아올라, 마치 하늘에 비친 산의 영상과 같았다. 우중충하고 변화무쌍한 구름들은 때때로 떠오르는 태양빛을 받아 밝은 줄무늬를 그리며 갈라졌다. 황금빛과 푸른빛을 띠며 나팔 소리처럼 날카롭게 찢어졌다. 그 모든 것이 릴케가 하는 일 같았다. 마침내 높은 바위산 꼭대기에 조그만 교회당이 마치 하늘에 찍힌 느낌표처럼 나타났다. 계곡 위에 우뚝 솟아, 산들의 위엄 있는 바닥과 대비를 이루며, 하늘의 천장이 그 위로 쏟아져 내린 듯한 작은 교회당은 지나가는 모든 바람들과 마음을 나누고 있는 것 같았다. 그리고

사진_김재혁

라론 역

갑자기 구름을 뚫고 불어닥친 장엄한 돌풍은 모든 영혼들 중 가장 찬란하게 타오르던 릴케의 영혼의 마지막 폭풍의 반영처럼 느껴졌다.

한때 릴케를 사랑했던 루 알베르 라사르는 릴케와 함께 보냈던 시간을 떠올리며 애달픈 마음으로 경사진 그 길을 장례행렬을 따라 올라갔을 것이다. 나는 릴케 묘지를 찾아가면서 이 구절을 머릿속에서 되뇌어보았다. 계절은 달랐지만 그 하늘과 그 바위 그리고 그 교회는 여전히 똑같았다. 산의 모습들, 그 위에 떠 있는 구름들, 햇살에서 그 분위기를 느낄 수 있었다. 릴케는 죽기 전에 이곳을 자신이 묻힐 곳으로 정했다. 그의 무덤은 부르크키르헤 교회 앞쪽에 다른 무덤들과 함께 있지 않고 교회 뒤편의 햇볕이 잘 드는 곳에 홀로 자리 잡고 있다. 절벽 아래로 라론 계곡이 내려다보이는 앞이 훤히 트인 곳이다. 그가 묻힐 땐 숲이 우거진 골짜기였지만 지금은 각색의 주택들로 가득 차 있다. 이곳은 릴케가 생전에도 자주 산책을 나오던 곳이다.

고적하게 홀로 있는 릴케의 묘비를 몇몇은 물끄러미 바라보고, 프랑스 말을 하는 한 여대생은 릴케의 묘비를 쓰다듬으며 뭔가를 생각한다. 작은 햇살 하나가 그녀의 손등 위에 놓여 있다. 나폴레옹 제정 시대에 새겨진 남의 비문을 반들반들하게 지우고 그 위에 새겼다는 릴케의 비문에는 햇살에 교회의 그림자가 어른거렸다. 그의 비문은 여전히 이승의 햇살을 먹고 살아 있다. 릴케는 이제 사람들의 마음속에 살아 있다.

2... "피어나라, 꽃나무야"

릴케는 자신의 시 속에 은연중에 자신이 바라는 인생의 비전을 적어놓곤 했다. 그중 그의 삶을, 그의 미래를, 그 열망을 잘 드러내는 작품 중 꽃나무를 노래한 시가 있다. 젊은 릴케가 창창한 앞날의 길을 앞에 두고 자신의 삶을 향해 드리는 조용한 기도이다. 릴케는 싱그럽고 아름다운 정원을 머리에 그리며 간곡한 말로 이렇게 읊조리고 또 읊조린다.

피어나라, 피어나라, 꽃나무야,
사랑스런 정원 한가운데에서.
피어나라, 피어나라, 꽃나무야,
내 그리움의 제일 아름다운 꿈을
나는 여기서 기다리련다.

피어나라, 피어나라, 꽃나무야,
여름이 네게 보상해줄 터이니.
피어나라, 피어나라, 꽃나무야,
보아라, 나는 여기서 햇살로
옷 가장자리에 술을 달고 있다.

피어나라, 피어나라, 꽃나무야,
머지않아 성숙의 계절이 올 테니.
피어나라, 피어나라, 꽃나무야.

내 그리움의 가장 아름다운 꿈을,
그 꿈을 잡는 법을 가르쳐다오.

꽃나무에게 어서 피어나라고 시인은 주문을 건다. 반복적으로 주문을 걸고 매 연의 끝에 자신의 소망을 적어놓는다. "내 그리움의 제일 아름다운 꿈을/ 그 꿈을 잡는 법을 가르쳐다오."라고 하면서. 시인의 나이 23살 때인 1898년에 나온《강림절》에 실린 작품이다. 앞으로 자신이 한 그루의 아름다운 꽃나무로 피어나기를 극진하게 소망하고 있다. 그에겐 하늘이 고향이었고, 집이 아닌 방랑과 기다림이 그의 재산이었다. 그는 젊은 시절부터 먼 곳에 있는 것들을 그리워했고, 그것은 그 자신의 미래상이었다.

라론에 있는 아주 소박한 그의 무덤에는 장미가 피어 있다. 세상을 뜨기 1년 전인 1925년에 쓴 그 자신의 묘비명의 글에도 장미가 피어 있다. 눈을 꼭 감은 모습으로.

장미여, 오, 순수한 모순이여,
겹겹이 싸인 눈꺼풀들 속
익명의 잠이고 싶어라.

사진_김재혁

라론의 부르크키르헤 교회 뒤편에 있는 릴케 무덤과 묘비

사진_김재혁

라론 마을에서 올라가는 길에서 본 부르크키르헤 교회.
1500년대 초반에 건축가 울리히 루피너가 지었다

릴케는 장미를 향해 외친다. 자신은 장미처럼 피되 익명으로 남고 싶다고, 눈꺼풀들 뒤로 숨고 싶다고 말한다. 스물여덟 살 때인 1903년, 스웨덴의 교육철학자 엘렌 케이에게 쓴 4월 3일자 편지에서 릴케는 "익명으로 남고 싶은 열망이 내 마음을 가득 채우고 있어, 나는 과거의 어떤 민족 뒤로 숨듯 내 노래들 뒤로 사라지고 싶습니다."라고 그 자신의 묘비명에 밝힌 생각을 젊은 나이에 이미 선취하여 드러내 보이고 있다. "눈꺼풀들"은 독일어로 "Lidern"이다. 이 낱말의 발음은 '노래들'에 해당하는 'Liedern'과 같다. 장미의 꽃잎들 속으로 숨고 싶은 마음 뒤편에는 자신이 쓴 노래들 뒤로 익명으로 남고 싶은 릴케의 젊은 시절의 소망이 살아 숨 쉬고 있는 것이다. 시인은 꽃의 소망에 자신의 그리움을 실어 보낸다. 꽃의 소망이 자신의 소망이고 꽃이 피어나는 것이 자신의 인생이 피어나는 것이다. 꽃이 만개하여 열매로 완성된 다음 그의 생도 완성되어 이제 익명의 세계로 들어간다. 문학작품의 가장 큰 보편성은 익명성에 도달할 때이다.

시인은 창작을 실현하는 시점에 가장 참되다. 릴케는 그렇게 말한다. 자기실현은 궁극적으로 무엇이 되어서가 아니라 매순간 시를 써서 자신의 정체성을 찾을 때 찾아온다. 릴케는 매순간 그것을 기다렸고 그것을 실현하려 노력했다. 장미가 붉은 빛깔을 내려고 매순간 온 근육에 힘을 돋우듯이 말이다. 그가 죽었을 때 그의 병실에는 그를 위해 간호사들과 친구들이 읽어주었던 문학작품들이 가득 쌓여 있었다. 그는 죽는 순간까지도 문학에서 손을 놓지 않았던 것이다.

릴케는 어느 도그마에도 얽매이지 않고 끝없는 기다림과 방랑의 자유로운 삶을 살다가 어두운 대지 속으로 사라졌다. 수도사 프란체스코처럼 릴케가 지나간 곳에는 발의 고통과 돌의 칼날 너머로 그의 생명의 흔적이 그가《기도시집》에서 노래한 대로 시냇물과 수풀에 남아 노래를 부르고 있다.

사진_김재혁

릴케의 무덤에서 정면으로 바라본 라론 계곡

그리고 그가 이름도 없는 듯 홀홀히 죽어갔을 때
그는 사방으로 흩어졌습니다. 그의 씨앗은 냇물을 따라
흘러내렸고, 나무들 속에서 노래 불렀으며
꽃 속에서 그를 조용히 바라보았습니다.

그는 본디 "누구의 아들도 아닌 사람Niemandes Sohn"이 되고자 했다.《말테의 수기》에 나오는 말대로 그는 이 세상의 그 누구의 아들이 아닌 신에게 바쳐진 존재가, 예술에 바쳐진 존재가 되고자 했다. 그는 이런 인물이 되고자 평생을 방랑했고 어느 부모의 아들이 아니라 인간존재를, 충만한 삶을 노래하는 시인이 된 것이다. 그의 잠은 잠들지 않는 자의 잠이다. 고향 없이 예술에 바쳐진 존재의 잠은 잠들지 않는 것이 특징이다. 그는 우리의 가슴속에 늘 깨어 있다. 그의 고향은 드넓게 펴져 있는 평원 위의 아득한 하늘이었을 것이다. 그는 '누구의 것도 아닌' 만인의 시인이 되었다.

3… 책을 마무리하며

좋은 사진을 찍는다는 것은 평소 우리의 눈에 평범하게 보이던 사물이나 풍경의 가려진 부분을 각을 잡아 표현해내는 것이라고 생각한다. 릴케는 누구나 보고 누구나 똑같은 이야기를 할 수 있는 사물의 측면과 풍경의 흔한 면을 피했다. 그는 세상에 대해, 사물에 대해 그만의 고유한 관계를 갖고 싶어 했다. 그것은 독창성을 추구하는 것이며 사물 인터넷으로 연결되어 있듯이 사물과 진정한 교감을 나누는 것이다. 그것은 그만의 언어의 힘에 의해서 가능했다. 그 힘으로 그는 보통사람들에게는 닫혀 있는 사물의 고유함의 세계 속으로 들어갈 수 있었다. 나는 이 책을 쓰면서 그와 유사한 시각을 가져보려고 노력했다. 책을 쓰는 내내 릴케와 함께했다. 그의 영혼과 함께했고 그의 시와 그의 편지와 함께했으며 그의 여행지와 함께했다. 그러면서 지금까지 유명 관광지나 건물의 외관처럼 누구에게나 흔히 알려진 면을 벗어나 그의 새로운 면을 부각해보려고 하였다. 그가 바라보는 풍경에서는 시가 울렸고 종교의 향기가 풍겼다. 그는 신을 찾고 예술을 찾는 구도자였다. 그가 시를 쓰기 시작하면서 초기에 추구했던 세계는 그의 말년에도 변함없이 그대로 남았다. 러시아의 시인 마리나 츠베타예바는 릴케는 독일인도 아니었고, 오스트리아 사람도 아니었고, 보헤미아 사람도 아니었으며, "나라 없는 사람"이었다고 말하면서 '라이너 마리아 릴케'라는 이름 자체가 한 편의 시였다고 말했다. 릴케가 찾아다닌 것은 결국 '생성되어 가는' '나' 자신이었다. 마지막 기착지 라론에서 그는 프라하를 떠나 뮌헨으로 시작한 방랑길 끝의 완숙한 시인이 된 그 자신을 만났을까? 이 책을 시나리오로 하여 한 편의 영화를 만든다면 그의 변화해가는 모습을 눈에 선하게 볼 수 있으리라. 이 책을 읽는 독자는 한 편의 '릴케 영화'를

릴케의 묘비 앞에는 소박한 나무십자가에 가로로
'라이너 마리아 릴케'의 약자 "R. M. R."이 새겨져 있다.
세로 막대의 "1875"와 "1926"는 그의 생몰연대를 알려준다.
왼쪽 아래 붉은 장미가 피어 있다

사진_김재혁

본다고 생각하고 마음속에 스크린을 펼친다면 좋겠다.

이제 내 손에서 모두를 놓아줄 때가 되었다. 오랜 시간 함께 여행을 하며 더욱 친해졌지만 이제 릴케를 놓아주고 내 손에 들어왔던 그의 시와 내가 찍은 사진들, 내가 쓴 글들을 세상에 풀어놓아야 할 때가 되었다. 그러나 릴케가 머물렀던 인상 깊은 장소를 따라 그 풍경 속으로 들어가 그의 목소리를 찾아내려고 노력했던 기억은 내 마음속에 남아 있다. 릴케를 본격적으로 공부하기 시작했던 초창기의 기억과 함께. 강물의 상류에서 폭이 좁게 시작했던 공부가 어느덧 중류를 지나 넓은 하류 쪽으로 접어들고 있다. 환하고 따뜻한 봄이 찾아왔던 곳에는 어느새 어둡고 짙은 가을이 세월의 자국을 그리고 있다. 그렇다고 모든 것이 다 끝난 것은 아니다. 일을 '성스러운 것'으로 생각하고 일에서 '인생의 중심점'을 찾아야 한다고 생각했던 릴케처럼 앞으로도 나의 작업은 계속될 것이다.

이제는 100세 장수의 시대로 접어들어 무의미해졌다고도 할 수 있지만 올해로 나이 만 육십이 되도록 33년 동안 늘 나의 옆을 지켜준 아내 김교숙金敎淑과 함께 이 책의 출간을 자축하고 싶다. 소중한 한 권의 책으로 세상에 나올 수 있도록 도움을 준 고려대학교출판문화원에 깊은 감사의 마음을 전한다.

2019년 봄

김재혁

참고문헌

김재혁(2014): 복면을 한 운명—릴케의 고통의 해석과 인문학. 고려대학교출판문화원.

______(2017): 서정시의 미학—독일 서정시의 창작과 번역. 세창출판사.

니체, 프리드리히(김재혁 옮김, 2019): 네 가슴속의 양을 찢어라. 민음사.

릴케, 라이너 마리아(김재혁 옮김, 2000): 기도시집 외. 책세상.

______(김재혁 옮김, 2000): 두이노의 비가 외. 책세상.

______(김재혁 옮김, 2010): 말테의 수기. 펭귄클래식코리아.

라사르트, 루 알버트 지음(김재혁 옮김, 1998): 내가 사랑한 시인 내가 사랑한 릴케. 하늘연못.

지브란, 칼릴(류시화 옮김, 2018): 예언자. 무소의 뿔.

Betz, Otto(2009): Jetzt, da ich sehen lerne... Rilke auf Reisen. Verlag Karl Stutz.

Binder, Hartmut(1994): Mit Rilke durch das alte Prag. Ein historischer Spaziergang mit zeitgenössichen Fotografien zu Rilkes <Larenopfer>. Frankfurt am Main und Leipzig.

Bohlmann-Modersohn, Marina(2017): Clara Rilke-Westhoff. Eine Biographie. München.

Brück, Michel von(2015): Weltinnenraum. Rainer Maria Rilkes <Duineser Elegien> in Resonanz mit dem Buddha. Freiburg im Breisgau.

Brunkhorst, Katja(2006): 'Verwandt - Verwandelt'. Nietzsche's Presence in Rilke. München.

Czernin, Monika(2004): Duino, Rilke und die Duineser Elegien. Photographien von Wolfgang Balk u.a., München.

Demetz, Peter(1953): René Rilkes Prager Jahre. Düsseldorf.

Emer, Funda Kiziler(2017): Das Engelbild der Duineser Elegien und sein Bezug zum Islam. Rilkes Welt- und Kunstverständnis aus hermeneutischer Sicht. Frankfurt am Main.

Geffken, Rolf(2014): Die große Arbeit. Worpswede in Leben und Werk Rainer Maria Rilkes. Bremen.

Gibran, Khalil(2014): Der Garten der Liebe. Worte des Propheten. Köln.

Gundolf, Elisabeth(1965): Stefan George. Zwei Vortäge mit einem Vorwort von Lothar Helbing. Amsterdam.

Hausenstein, Wilhelm(2014): Kairuan. Eine Geschichte vom Maler Klee. Herausgegeben von Michael Haerdter und Kenneth Croose Parry. Mit einem Vorwort von Peter Härtling und einem Essay von Michael Haerdter. München.

Haustedt, Birgit(2006): Mit Rilke durch Venedig. Literarische Spaziergänge. Frankfurt am Main und Leipzig.

Kopp, F. Peter(2008): Rilke und die Lebensreform. In: Blätter der Rilke-Gesellschaft. Band 29. Rilkes Dresden. Das Buch der Bilder. S. 137-150.

Kuschel, Karl-Josef(2010): Rilke und der Buddha. Die Geschichte eines einzigiartigen Dialogs. München.

Lamping, Dieter / Engel, Manfred(1999): Rilke und die Weltliteratur. Düsseldorf ; Zürich.

Nietzsche, Friedrich(2013): Haupwerke: Menschliches-Allzumenschliches, Also sprach Zarathustra, Jenseits von Gut Böse. Nikol Verlag.

Paulus, Jörg(2016): Rilkes Florenz / Im Welt-Bezug (Blätter der Rilke-Gesellschaft). Wallstein.

Pettit, Richard(2000): Rainer Maria Rilke. In und nach Worpswede. Worpswede.

Riedel, Sven(2005): “In deinem Anschaun steh es gerettet zuletzt”. Rainer Maria Rilkes Duineser Elegien in systematischer Darstellung. Marburg.

Rilke, Rainer Maria / Andreas-Salomé, Lou(1952): Briefwechsel. Zürich.

Rilke, Rainer Maria / Junghanns, Inga(1959): Briefwechsel. Wiesbaden.

Rilke, Rainer Maria(1923): Duineser Elegien. Leipzig.

______(1907): Neue Gedichte. Leipzig.

______(1908): Der neuen Gedichte anderer Teil. Leipzig.

______(1933): Briefe und Tagebücher aus den Jahren 1907 bis 1914. Herausgegeben von: Ruth Sieber-Rilke und Carl Sieber. Insel Verlag.

______(1950): Briefe. 1 Band. Hrsg. Rilke-Archiv in Weimar. In Verbindung mit Ruth Sieber-Rilke, besorgt durch Karl Altheim. Wiesbaden.

______(1973): Tagebücher aus der Frühzeit. Frankfurt am Main.

______(1991): Briefe in zwei Bänden. Herausgegeben von Horst Nalewski. Frankfurt am Main und Leipzig.

______(1996): Werke. Kommentierte Ausgabe in vier Bänden. Hrsg. von Manfred Engel, Ulrich Fülleborn, Horst Nalewski und August Stahl. Frankfurt am Main und Leipzig.

______(1998): Mit Rilke durch die Provence. Herausgegeben von Irina Frowen. Mit farbigen Fotografien von Constantin Beyer. Frankfurt am Main und Leipzig.

______(2000): Tagebuch. Westerwede. Paris 1902. Taschenbuch Nr. 1. Transkription aus dem Nachlaß herausgegeben von Hella Sieber-Rilke. Insel Verlag. Frankfurt am Main und Leipzig.

______(2002): Les Quatrains Valaisans / Die Walliser Gedichte. Ars Vivendi.

______(2002): Les Quatrains Valaisans / Die Walliser Gedichte. Zweisprachige Ausgabe. Ins Deutsche übertragen von Yvonne Goetzfried. Cadolzburg.

______(2015): "Im ersten Augenblick". Bildbetrachtungen. Insel-Bücherei Nr. 1407. Berlin.

Schiwy, Günther(2006): Rilke und die Religion. Frankfurt am Main und Leipzig.

Schwilk, Heimo(2016): Rilke und die Frauen. Biographie eines Liebenden. München/Berlin.

Sommerkamp, Sabine(1984): Der Einfluss des Haiku auf Imagismus und Jüngere Moderne. Studien zur englischen und amerikanischen Lyrik. Hamburg.

Sünner, Rüdiger(2018): Engel über Europa: Rilke als Gottsucher. Europa Verlag.

Tavis, Anna A.(1994): Rilke's Russia. Evanston.

Umbach, Kathrin(2015): Die Malweiber von Paris. Deutsche Künstlerinnen im Aufbruch. Berlin.

Vogeler, Heinrich(2015): Dir. Mit Zeichnungen des Autors. Dieser Reprint folgt einem handkolorierten Exemplar der Ausgabe von 1899. Insel Verlag.

Wendt, Gunna(2002): Clara und Paula. Zwei Freundinnen und Künstlerinnen. Hamburg/Wien.

______(2010): Lou Andreas-Salomé und Rilke - eine amour fou. Insel Verlag.

릴케의 시적 방랑과 유럽 여행

예술과 종교의 풍경 속으로

초판 발행 2019년 4월 30일
초판 3쇄 2019년 12월 10일

지은이 김재혁
펴낸곳 고려대학교출판문화원
www.kupress.com
kupress@korea.ac.kr
(02841) 서울특별시 성북구 안암로 145
Tel 02-3290-4230, 4232
Fax 02-923-6311
찍은곳 한국컴퓨터인쇄정보

ISBN 978-89-7641-993-4 03850

값 23,000원